ちくま新書

幕末史

佐々木 克
Sasaki Suguru

1096

幕末史【目次】

第4章 日本を立ち直らせるために 1865-1866 181

はじめに

†屈辱を抱きしめながら

幕末の日本は、ザワザワと波立つ国際社会に、屈辱を胸に抱きしめながら、漕ぎだしていかねばならなかった。しかし失意に沈み込んでいたのではない。日本を立ち直らせるために、屈辱をバネにして、強い決意のもとに、意欲的に立ち向かっていったのである。

日本に開国を求めるアメリカ大統領の国書を携えて一八五三（嘉永《かえい》六）年六月三日に来航したペリーは、翌四日には江戸湾内海に無断で入り込んで測量を始め、六日にはミシシッピ号が護衛する測量船が小柴《こしば》沖まで接近した。ミシシッピ号には新型のパクサンズ砲が搭載されていて、江戸城はその射程距離の内にあった。当時の日本は、一番大きな船が千《せん》石船《ごくぶね》で、大砲を搭載した軍艦というべきものはなかった。測量を阻止する手段はなく、小船に役人が乗って抗議したのがせいいっぱいの行動だった。

†挙国一致でなければ

ペリーショックの実態は、巨大な軍事力の差を見せつけられたことであり、戦う前に敗北するという屈辱だった。

このたえがたい現実に対応する手段は、しかし限られたものだった。開国・通商に断固として反対する前水戸《みと》藩主の徳川斉昭《とくがわなりあき》は、アメリカにたいする回答をのらりくらりと引き伸ばすという、しかし今何よりも必要なことは、武家はもとより百姓・町人にいたるまで心と力を一つにすることだと主張する。

また彦根《ひこね》藩主の井伊直弼《いいなおすけ》は、策略として開国・通商して、軍艦を購入し、軍事技術を学ぶべきだというが、重要なのは人心《じんしん》を一致させることだと提言した。開国か否か、正反対の意見だった二人だが、日本の将来のため、今なすべき緊急の課題は、人心を一致させ挙《きょ》国一致《こくいっち》の体制を築くことだと主張していた。幕末の日本をつらぬくスローガンであり、国家的最重要課題となった「挙国一致」がこの時に誕生したのである。

第二の屈辱は日米修好通商条約にあった。欧米の近代国家は、国家独自の立場から、輸出入品に課税する権利（関税自主権）があるという共通理解の上で貿易がおこなわれていて、現在でも変わらない原則である。しかしハリスは日本にはその権利を認めなかった。

その理由は、日本は文明開化半ばの国（半開の国）だから、欧米近代諸国と対等なレベルで条約を結ぶことはできない、というものだった。

†破約攘夷を国家的課題に

この屈辱的な条約を全面的に破棄し、そのうえで対等な条約を結びなおす。そのためにこの方針を国家の最重要課題（国是《こくぜ》）と定め、天皇を中心とした挙国一致の体制を築いて外国側と交渉し実現をめざす。このような主張が一八六二（文久《ぶんきゅう》二）年の半ばから京都を中心に燃え上がった。尊王攘夷論《そんのうじょうい》である。幕末には条約改正という言葉がない。条約を改めようという主張も、そのための外交交渉も、一言で表現すれば〈攘夷〉となる。幕末の攘夷論は明治の条約改正論なのである。

挙国一致で列強にたちむかわないと、屈辱の根を断つことができないとわかっている。朝廷、幕府、藩が密接な協力体制を築き、公家《くげ》と武家《ぶけ》と庶民が一体となることで挙国一致の体制となるのだが、実現に至るのはたやすくなかった。破約攘夷をめぐって強硬論の長州《ちょうしゅう》と現実論（穏健論）の薩摩《さつま》が対立し、禁門の変で朝敵となった長州の処分をめぐっては、幕府が世論に耳をふさいで長州征討戦争を強行する。これでは挙国一致となならない。一致ではなく分裂である。

幕末の日本を、このままでは「新アメリカ」になってしまうと、岩倉具視《いわくらともみ》の同志である公家の中御門経之《なかのみかどつねゆき》が強くうったえていた。アメリカの植民地になってしまうという意味になるが、アメリカに特別な動きがあったからというわけではなく、欧米列強の代名詞として用いられているのである。

†清国の道を歩んではならない

日本と通商条約を最初に結んだアメリカ、イギリス、ロシア、フランス、オランダの諸国に、日本を植民地にしようとする政策方針があったかどうかという点は別として、東アジアにおける現実の国際環境をみるかぎり、列強による植民地化の方向は強まっていた。

孝明《こうめい》天皇が、インドの轍《てつ》を踏まないよう、強い気持ちを持たなくてはならないと、廷臣《ていしん》に呼びかけたのは、東洋の覇者であった清国が大きく傾いた現実をふまえてのものだった。清国は太平天国《たいへいてんごく》の民衆反乱を、イギリス軍隊の力をかりてようやく鎮圧したが、その結果イギリスの介入が一段と強まり、あたかも植民地化が進んでいるかのような状態に見えていたからである。

長州藩士高杉晋作《たかすぎしんさく》は一八六二（文久二）年の夏に、幕府の上海《シャンハイ》市場調査団に加わって二カ月ほど滞在した。そこで目にしたのは清国人がイギリス人の前で卑屈にふるまう姿だった。清国は大きく傾きつつある、と高杉の目に映った。そして対外戦争よりも内乱が国家を傾ける原因だと確信する。この思いは高杉だけではなく、広く日本の人々に共有された。そして清国と同じ道を歩んではならない、これが合言葉となったのである。

†内乱の危機

日本にも内乱の危機があった。一八六三（文久三）年八月、長州藩の下関《しものせき》攘夷戦争（外国船砲撃と列強の報復攻撃）の際に、対岸の小倉《こくら》藩が長州を応援せず傍観していたという理由で、小倉藩の処分（藩主小笠原忠幹《おがさわらただよし》の官位剝奪と領地一二万石没収）を朝廷の会議（朝議《ちょうぎ》）で内決した。京都に滞在する長州藩士や真木和泉《まきいずみ》らの強硬論者が、同志とする三条実美《さんじょうさねとみ》らの朝廷内攘夷強硬論者にせまったことによる。

しかしこの処分には、在京していた鳥取藩主池田慶徳《いけだよしのり》、岡山藩主池田茂政《もちまさ》、米沢藩主上杉斉憲《うえすぎなりのり》らが強く反発した。このような過酷な処分では小倉藩が受け入れるわけがなく、小倉と長州の対決・戦争となり、ひいては内乱にまで突き進む恐れがある、と心配したからである。彼らは攘夷論に理解を示していた諸侯だったが、内戦・内乱を避けることを何よりも重視したのである。京都の政局はきわどいところで理性をとりもどし、八月十八日の政変により攘夷強硬論者が京都から追放されて、小倉藩処分はおこなわれなかった。

幕府と長州の戦争（第二次長州征討）は、よりいっそうの危機をはらんでいた。譜代《ふだい》、外様《とざま》を問わず有力藩は戦争に反対の声をあげ、その背景には民衆の動きがあった。大坂と江戸の民衆が、米価の急騰を理由に蜂起したのである。パンをよこせと声を挙げて暴動となった、フランス革命とロシア革命の民衆に通じる動きで、内乱の赤い火種が見えていたにもかかわらず幕府は征長戦争を強行した。

†朝廷と幕府の危機的状態

しかも朝廷がこの戦争を支持していた。直接には一橋慶喜《ひとつばしよしのぶ》の剛腕に押し切られた結果だったが、朝廷は相次ぐ政争のあげくに人材が枯渇し、幕府と同様に理性的な判断ができなくなっていた。挙国一致の中心となり、日本国家を支えるべき幕府と朝廷が、このように深刻な状態におちいっていたのである。

この危機的状況をどのように打開するのか。緊急の課題だったが、方向は見えていた。「幕府は自ら倒れる」と西郷隆盛《さいごうたかもり》は言い切っていたが（一八六五・慶応《けいおう》元年八月、大久保利《おおくぼとし》通《みち》・蓑田《みのだ》伝兵衛《でんべえ》宛書簡）、大久保利通《おおくぼとしみち》は「朝廷これ限り」もう何も期待しないと、朝彦《あさひこ》親王に言葉を投げ返して去った（『朝彦親王日記』一八六五・慶応元年九月）。幕府も朝廷も自力で回復することはないと見切ったのである。

頼りになるのは有力藩（雄藩《ゆうはん》）なのだ。雄藩がどれだけ結集できるのか、日本再建のカギはここにある。西郷隆盛と大久保利通の構想はこうだ。まず薩摩と長州が手を結ぶ。薩長二藩だけで日本を再建するには力不足だから、同志の輪を広げなければならない。

†将来のために誓約を

その方法を坂本龍馬《さかもとりょうま》はこのように提言する。自分が東西を奔走するのは薩長のためではない。日本の将来のことを思うからだ。薩摩と長州が日本の将来のために固く誓うことを出発点とするべきだと。西郷隆盛と木戸《きど》孝允《たかよし》は龍馬の提言を理解した。そして薩長の誓約となったのである。

薩長誓約《さっちょうせいやく》（薩長同盟あるいは薩長盟約と言われてきたが、後に命名されたものである）は秘密協定ではない。日本の将来のためであることを、有志の藩や人物にアピールすることを主旨としていた。身分を問わず、雄藩、幕府、朝廷、庶民にいたるまで、薩長誓約の高い志を本当に理解する人材に声をかけるのだ。

幕府が朝廷をまきこんで長州征討を強行し、日本分裂の危機を強めたことで、幕府にたいする批判とともに大政奉還の声が強まった。有力藩の連携と有志の同志的結合は着実に広がっていた。一八六七（慶応三）年六月二十二日に結ばれた薩摩と土佐の盟約は、以上のような状況を背景に、将軍職を廃止したうえで、新しい政府（日本国家の行政府）を創設することを目標に掲げたもので、幕末の国家構想・政権構想の到達点であった。

†新政府の誕生と課題

王政復古（一八六七・慶応三年十二月九日）はこの構想を実現したものだった。幕府と朝廷という政治組織を廃止し、この両者を母体としない、全く新しい行政府が誕生したのである。諸藩全体の合意には時間を要するから政変の形となったが、政変に連なった有力諸侯は、各々その政権構想に温度差があったものの、新政府創設という基本線で合意がなされており、最後の将軍徳川慶喜もこの点では異論がなかった。新政府は薩長討幕派の政府などではなかったのである。

将来のため、という言葉がむなしく響くほど今の日本は動かない。幕末は違った。幕末の危機的状況がしぼりだしたこの言葉は、人と国を大きく動かした。長州に声援を送りたい者も、幕府に恩義を感じる者も、立つ位置を超えて日本の将来のために肩を組んだ。幕末の日本は多少の異論は大きく包み込んで、前に進んでいったのである。

新政府は年明け（一八六八・慶応四年）の一月十五日、外国との交際は「和親」の方針であること、ただし通商条約には弊害があるから「改革」を目指す方針であることを公布した。幕末の国家的最重要課題であった破約攘夷（条約改正）が新政府の方針として引き継がれたのである。条約改正がきわめて困難であることを政府は承知している。欧米列強が日本を近代国家と認めなければ、条約改正交渉のテーブルに着くことさえ難しいとも認識していた。

ここに近代化が国家的重要課題となり、官民一体となって近代化の達成をめざすことになった。廃藩置県によって一つの国家・一人の元首の体制が成立し、政府と国民が重要な国家目標を共有して、挙国体制で近代化の達成にまい進した。そして幕末の駕籠《かご》の時代から、わずか十数年で汽車の時代となる、世界でも類を見ないスピードで近代化を達成したのである。

一八八九（明治《めいじ》二十二）年に国会を開設し、その前に憲法を制定すると宣言した。イギリスが条約改正に応じようとしたのは、日本の近代化を評価したからだった。ペリー来航以来、胸中に張り付いていた屈辱感を剝《は》がし取る、その時が見えてきていたのである。

本文中で史料からの引用と、部分的に現代文にあらため言葉をおぎなったものをカギカッコに入れて示した。また年齢は、満年齢または満年齢に近い数を表記した。

第１章

屈辱の出発 1853-1859

「武州潮田遠景」近晴画（黒船館蔵）

1 ペリーショック

†パクサンズ砲の威力

アメリカ東インド艦隊司令長官ペリーが、アメリカ大統領フィルモアの日本に開国を勧める親書をたずさえて、四隻の軍艦とともに浦賀《うらが》に来航したのが、一八五三（嘉永六）年の六月三日だった。

江戸湾は観音崎《かんのんざき》（神奈川県）と富津《ふっつ》（千葉県）を結ぶラインで、ひょうたんのようにくびれて（直線距離で約七キロメートル）、奥を内海《うちうみ》、太平洋への出口を外海《そとうみ》（浦賀水道）と呼んでいた。浦賀（神奈川県浦賀市）は古くから知られた良港で、幕府はここに浦賀奉行の支配下に番所《ばんしょ》を設け、浦賀水道から内海に入る船を厳重に検査していた。ペリーは日本の事情をよく知ったうえで浦賀に入港していたのである。

ところが翌日からアメリカは、ことわりなしに内海に入り込んで測量をはじめた。当時の国際法によると、入口が直線距離で六カイリ（約一一キロメートル）より狭い湾や内海は、その国の領土とみなされる。だから江戸湾の内海は日本の領土だ。ペリーは領土侵犯

年代	出来事
1853　嘉永6	6月、ペリー浦賀に来航、翌日から江戸湾の測量開始。
1854　安政1	1月、ペリー再来し、日米和親条約調印。
1855　安政2	10月、江戸大地震おこる。
1856　安政3	8月、米国駐日総領事ハリスが下田に総領事館開設。
1857　安政4	12月、日米通商条約の交渉開始。翌年1月、妥結。
1858　安政5	2月、老中堀田正睦が条約勅許を求めて上京。4月、彦根藩主井伊直弼が大老に就任。6月、日米修好通商条約調印。和歌山藩主徳川慶福が将軍継嗣に決定を公表。8月、天皇が井伊大老を批判する勅語を水戸藩に伝える。9月、梅田雲浜が逮捕され安政の大獄がはじまる。10月、老中間部詮勝が上京、条約調印について関白九条尚忠に釈明し、いずれ和親条約に引き戻す（破約攘夷）と発言。12月、天皇が幕府にたいする疑惑が氷解したと伝え、破約攘夷の密約となる。
1859　安政6	8月、水戸藩家老安島帯刀が切腹、10月、橋本左内、吉田松陰が斬に処せられる。

であることを承知の上で、測量を命じていたのである。

六日には小柴沖一・三キロメートルに近づいた。測量船ボートは軍艦ミシシッピ号に護衛されていた。ミシシッピ号は全長六九メートル、一六九二トン、大砲一二門、乗員二六八名の外輪《がいりん》式フリゲート艦（中型快速艦）である。当時の日本には軍艦というものがない。最も大きい千石船でさえ一五〇トンで乗員二〇人、もちろん大砲はない。

幕府は数艘《そう》の番船に幕府の役人と兵士を乗せて、測量にたいする抗議と阻止の意思を示したが無視された。この軍事力のちがいでは圧力にもならないのである。ミシシッピ号には新型の大

「ペリー提督・横浜上陸の図」(横浜開港資料館蔵)

砲パクサンズ砲が搭載されていた。その有効射程距離は六〇〇〇メートルをゆうに超えるから、江戸城はやすやすと攻撃が可能な、射程距離の内にあったのである。

ペリー来航の当日、浦賀奉行の与力《よりき》中島三郎助《なかじまさぶろうすけ》がオランダ人の通詞《つうじ》(通訳)を伴って、番船でペリー艦隊四隻の旗艦サスケハナ号に漕ぎよせ、最初の交渉となった。ペリーは大統領の親書を持参していることを告げて、日本政府(幕府)の高官に面会したいと、中島に求めた。下船の際、中島は船尾に足を運んだ。そして巨砲を目にすると、船員にパクサンズ砲ではないかとたずね、有効射程距離はどのくらいかと質問した。中島は外国の新鋭兵器について、かなりの知識を持っていたのである。

†砲艦外交の屈辱

パクサンズ砲については、すぐに中島から浦賀奉行に、ついで老中に報告された。この時点で幕府は、ペリーの測量行動にたいして、よけいな刺激をあたえるような過剰な抗議を断念した。アメリカ国務省はペリーに、武力を行使することを禁じていたから、江戸城の砲撃などあり得ないことだったが、幕府が知るよしもなかった。

幕府は目の前にいる領土侵犯者にたいして、抗議の意志をつたえるだけで、ほかには何一つ打つ手がなかった。戦《いくさ》にもならない。戦う前に敗北していたのである。武士にとってこの光景は屈辱以外のなにものでもなかった。くやしいが、なすすべがなく屈辱をかみしめる。これが日本の姿だった。ペリーショックとは、アメリカとの巨大な軍事力の差を、まざまざとみせつけられたことだった。

この日（六月六日）の夜、幕府はアメリカ大統領の親書を受理すること、すなわち外交交渉に臨むことを決断しなければならなかった。親書授受の場所について、幕府は長崎を主張し、ペリーは大統領の命令である江戸を要求した。交渉の末、授受の場所は浦賀の南方の久里浜《くりはま》（横須賀市）でと合意が成立した。両方が譲歩して妥協が成立した形となったが、幕府は外交交渉は長崎でおこなうとする、国法を曲げた結果だった。強力な軍事力を背景にした砲艦外交に、逆らうことはできなかったのである。

六月九日、幕府は親書を受け取り、ペリーは明春に再訪することを告げて、十二日に浦賀を出港した。親書を受理した以上は回答しなければならない。幕府が誕生して以来の最大の難題を残してペリーは去った。

†大統領親書にたいする意見

七月一日、老中首座阿部正弘《あべまさひろ》（福山《ふくやま》藩主）は、親書にたいする対応について諸大名に意見を求め、幕臣にも諮問《しもん》した。これまで政治や軍事・外交などについて、大名に意見を求めたことなどなかった幕府だが、こんどばかりは次元の異なる問題だった。

通商・開国は国家の基本（鎖国の国家体制）を変える大問題である。戦争となるような事態は避けなければならないから、一方的な拒絶はできない。まさに国家の危機に直面していたのである。朝廷の意見を聞く必要もあるが、まずは国家防衛の責任を負う武家の総意で、対処しなければならないとの判断だった。

有力大名（大廊下《おおろうか》、大広間《おおひろま》、溜間詰《たまりのまづめ》の大名四九家）のうち三一家から回答があった。通商拒絶意見が一四、通商肯定意見が三、拒絶が望ましいとするもの一〇、延期論が二、幕府に一任が一、拒絶か容認かどちらともいえないというのが一、という結果だった。戦争となったら勝ち目がない、したがって毅然とした対応ができないことがわかっているから、歯切れの悪い回答となるのである。

拒絶論の代表が、前水戸藩主徳川斉昭だった。アメリカと全面対決とならないように、当分は用心深く、のらりくらりと真意を明らかにしないような戦術で対応し、そのあいだに軍事力の増強に努める。ただし今なすべき緊急の課題は、武士はもとより百姓・町人にいたるまで、心と力を一にして外国にたちむかう姿勢と体制、すなわち挙国一致の体制を築くことが肝要だ、という意見だった。

通商・開国を主張したのが彦根藩主井伊直弼である。バタビア（現インドネシア）のオランダ東インド商館に、日本の商船を派遣して交易し、その利益で軍艦を新造して海軍の充実をめざす、という。ただし今は、まず人心を一致させることが重要だと述べる。この点では斉昭の主張と共通するものだった。

もっとも直弼の最初の意見は拒絶論だった。しかしロシアのプチャーチンが長崎に来航して（七月十八日）開国を求めたことを知り、意見を変え

勝海舟

たのである。このあとイギリスそしてフランスと列強が続いたら、拒絶を通すことは困難だ。むしろ早急に富国強兵策に着手するべきだ、との判断だった。

幕臣で開国論を主張したのは勝麟太郎《かつりんたろう》（海舟《かいしゅう》）一人である。国家防衛に欠かせないのが軍艦だから、その購入資金を捻出するために、積極的に交易するべきだという。そして海防・軍制改革とともに政治改革（とくに首脳部への人材登用）が必要だと、率直な提言だったた。

拒絶論者斉昭と通商論者の直弼が、ともに人心の一致・挙国一致が緊急の課題だと主張していたるように、この点は諸大名にも共通する認識だった。アメリカにたちむかう手段が、これ以外になかったのが、残念ながら当時の日本の実情だったのである。

2　和親条約と通商条約

†日米和親条約の調印

約束した通り、ペリーは一八五四（嘉永七・安政《あんせい》元）年一月十六日、六隻の軍艦を率いて来航。測量済みの小柴沖まで入り込んで錨《いかり》をおろした。交渉の場はペリーの要求で神奈川（横浜）となった。幕政参与《さんよ》となった徳川斉昭がペリーとの交渉に反対するなど、幕府閣僚の方針が固まっていなかったが、拒否することはできない。

三月三日、日米和親条約が調印された。要点をあげておこう。

①日米両国は「永世不朽の和親」を結ぶ。
②下田《しもだ》と箱館《はこだて》を開港して、薪水《しんすい》・食料・石炭その他の欠乏品を供給し、代金（金銀銭）を受け取る。
③アメリカの役人を下田に置く（領事の駐留）。
④日本がアメリカ以外の第三国に許可した条約を、アメリカが望むなら交渉なしで、同じ条件をあたえる（片務《へんむ》的最恵国《さいけいこく》待遇）。

見ての通り、通商にかんする条項はない。また国交についてふれたものもない。幕府は一八四二（天保《てんぽう》十三）年に、薪水給与令を国内に発令したが、和親条約はその延長線上のものであり、したがってこの条約は開国を意味する条約ではなく、国家の体制を変更するものではないとの理解だった。それゆえ天皇・朝廷、大名からも異論は出なかった。

しかしペリーの認識は、日本側とはかなりの開きがあった。アメリカは自国の漂流民が条約で保護されることを重要課題としていたから、日本が譲歩して下田と箱館を開港したことは大きな成果だった。そして通商は次の課題としたのだが、その布石として、幕府は意味をよく理解できなかったようだが、下田に領事を駐留させることを認めさせた。

またペリーは、日本政府がアメリカに許可していないことを、他の国に許可した場合は、協議することなしで、同様のことをアメリカにも許可すると定めた「最恵国条款《じょうかん》」を日本に認めさせ、しかも日本には、この権利をあたえなかった（片務的条款）ことを大きな成果だと自認していた。幕府役人は国際法についてかなりの知識を持っていたが、この不平等な条款について日本側が気づいたのは、明治政府になってからである。

†ペリーショックへの対応

和親条約で日本とアメリカは、永世に変わらぬ友好関係を約束したが、アメリカの軍事力にたいする恐怖が消えたわけではない。

パクサンズ砲についての知識はあった。しかし、その新鋭大砲が軍艦に搭載されて、目の前に現れたことは衝撃的だった。このとき新型の大砲はおろか、軍艦というものさえ日本には存在しなかったのである。幕府はこの現実に、どのように対応しようとしたのか。

幕府はとりあえず一六三五（寛永十二）年に発令した大船建造の禁令を、この年九月に廃止して、諸藩に洋式軍艦の建造を奨励した。そして浦賀では洋式軍艦鳳凰《ほうおう》丸建造の準備を開始した。また八月から、品川台場の建造に取り掛かったが、五基を完成させただけで、資金難から計画の途中で断念した。沿岸に台場を並べても、大砲が旧式のものでは勝ち目はない。この現実は、長州下関の攘夷戦争で、長州藩の砲台がことごとく破壊されたことで明らかとなる。台場の防衛力には限界があることがわかっていたと思う。

ペリー来航から二年たった一八五五（安政二）年十月、幕府はオランダ海軍の士官・機関士らを教官として雇い入れて、長崎海軍伝習所を創設し、幕臣と諸藩から選抜された者に伝習を開始した。幕臣では勝海舟、中島三郎助などが第一期生として教育を受けたが、四年後（一八五九・安政六年）には諸種の事情で廃止となり、海軍建設の姿勢は腰砕けとなってしまった。

幕府が軍制・軍事改革に着手するのは、三年後の一八六二（文久二）年からである。ペリー来航から九年もたっていた。ただしこの時点でも、海軍の建設を急ごうとはしない。幕府が所有した軍艦は全部で七隻だが、安政年間に所有した四隻のうち、最初に所有したのは一八五五（安政二）年にオランダ国王から贈呈されたものである。ついで咸臨《かんりん》（一八五七・安政四年）と朝陽《ちょうよう》（一八五八・安政五年）をそれぞれ一〇万ドルで購入した。ともに中古船で、列強の軍艦を追い払うことなど不可能である。

その後六年の空白があって、一八六五（慶応元）年に富士《ふじ》を二四万ドルで購入した。一八六二（文久二）年にオランダに発注した四〇万ドルの開陽《かいよう》丸が横浜に到着したのは一八六七（慶応三）年の五月だった。海軍の建設は明治政府の課題として引き継がれたが、海軍の軍備拡張が本格化するのは一八八六（明治十九）年以降であり、ペリー来航から、なんと三〇年以上も経っていたのである。

†外交に活路を

島国でありながら海軍がない。この国家防衛上の致命的な弱点をもちながら、幕府は海軍建設には積極的ではなかったというべきだろう。財政難が理由の一つだが、すべてではない。むしろ強大なアメリカの海軍をまのあたりにして、一挙にその差を縮めることは不可能と判断し、武力での対抗を断念したのが真相であろう。

軍事的弱小国家が、国際社会の過酷な競争の中で、いかにして生き延びていくのか。古今東西の歴史が物語るように、外交・交渉に活路をみいだし、術《じゅつ》を磨く。この方法があるのみだ。日本もこの方法を選んだが、賢明な道だったと思う。もっとも武士が武力を封印したのである。ここでも屈辱を胸に押し込めた。しかし日本の武士は、ここで終わらない。長崎でイギリス人水兵が、何者かに殺害される事件が起こり（イカルス号事件。一八六七・慶応三年）、坂本龍馬の海援隊士《かいえんたい》に犯人の疑いがかけられた。イギリス公使パークスが土佐《とさ》の高知に乗り込んで、土佐藩参政《さんせいご》後藤象二郎《とうしょうじろう》との談判となった。後に犯人は福岡藩士であることがわかるが、後藤の対応に不満なパークスは、テーブルを叩き、床を踏み鳴らすなどして傲慢な態度で威嚇した。

しかし後藤はひるまない。大英帝国の外交官・紳士が、そのような節度のない粗野な態度ではいかがなものかと、逆にたしなめる。上海領事時代の手法は、日本では通用しないことを突きつけられて、パークスは態度を改めざるをえなかった。卑屈にならず、ぶれず、礼節をわきまえ、高い志を持つ。この幕末日本の外交姿勢は、当時のアジア、アフリカ諸国とは明らかに違っていて、日本を侮っていた列強をたじろがせたのである。

†通商へ踏み出す

アメリカ総領事ハリスが、下田の玉泉寺《ぎょくせんじ》に領事館の旗をかかげたのが一八五六（安政三）年八月だった。ハリスは内密にしていたが、アメリカ大統領ピアースから、日本と通商・開国条約を調印する権限をあたえられて来日していた。

幕府が各奉行《ぶぎょう》、海防掛《かいぼうがかり》、大小目付《だいしょうめつけ》などの要職に、将来の海外貿易について検討するように命じたのが、おなじ八月である。これは長崎オランダ商館のクルチウスから、イギリスが通商を求めて渡来するとの情報が提供され、腰の重い幕府も、通商へ前向きに取り組まざるをえない状況に直面したことが、背景となっていたのである。

老中首座も阿部正弘から堀田《ほった》正睦《まさよし》（佐倉《さくら》藩主）に引き継がれていた。正睦が力を入れたことで、佐倉が関東における蘭学の拠点となったように、正睦は開明《かいめい》派として著名な大名だった。おなじく開明派大名として知られた薩摩藩主島津斉彬《しまづなりあきら》は、幕府は通商の方針となったのだろうと発言しているが、堀田自身ははっきりと、通商・開国へ舵を切っていたように思える。しかしまだ幕府内に抵抗勢力が少なくない。

ハリスは直接将軍に、アメリカ大統領の国書を奉呈したいと、下田奉行に江戸行の許可を求めていたが、幕府は拒んでいた。そうしたなかで翌一八五七（安政四）年七月二十日、下田にアメリカの軍艦ポーツマス号が入港した。ハリスは軍艦で小柴沖まで行って、江戸城への登城を求める手段を得たのである。下田奉行の井上清直《いのうえきよなお》が、ハリスに登城の許可をあたえたのが八月六日だった。

十月二十一日、ハリスは登城し、将軍家定《いえさだ》に謁見して国書を提出、翌日、老中首座堀田正睦と会見した。ここでハリスの演説が二時間ほど続いたが、要点は次のようなものだった。イギリスの清国における野望とアヘン貿易の害を強調し、イギリスが艦隊を派遣して、日本に通商・開国を迫る前に、日本との親密な友好関係を望んでいる平和主義国家アメリカと、条約を結ぶことが得策だと。

アメリカがトルコのアヘンを清国に運んでいること。メキシコ戦争でカリフォルニアを手に入れたことなどの情報を、幕府は入手していた。だからハリスの演説を、そのまま信じたわけではない。会見の後で、老中はじめ担当官僚の評議がおこなわれ、そこでハリスとの交渉に臨むことを、最終的かつ自主的に決断したのである。

†不平等条約

外交担当官僚の井上清直（下田奉行）と岩瀬《いわせ》忠震《ただなり》（目付）が全権委員に任命され、十二月十一日からハリスとの交渉が始まった。ハリスが提出した条約草案をもとに、前後一三回の商議を重ねて、翌一八五八（安政五）年一月十二日、条約案の全部を議了し、合意となった。

ハリスとの交渉は、彼の要求に日本側が制限を加える形で進行したが、おおむねハリスの要求を容《い》れることになった。その結果、日本に不利な条項を含む、不平等条約となり、条約改正が明治政府の最重要課題として引き継がれるのである。

では、どの点が平等ではなかったのか。

一つは、和親条約の際にふれた片務的最恵国条款で（二九ページ）、この通商条約に引き継がれた。二つめは、日本に、本来あるべき関税自主権を認めなかったことである。

この点について、説明しておこう。

独立して主権を行使できる国家（主権国家）は、国家独自の立場から、輸出入品に、自主的に課税する権利がある。当時の欧米近代国際社会は、このような「関税自主権」の共通理解をもとに貿易がおこなわれ、現在でも変わらない原則である。しかし通商条約では、この原則が無視された。なぜ、そうなったのだろう。

条約の第四条と付属貿易章程《しょうてい》に関税の取り決めがあり、日米両国の協議で、関税率は輸出税五分、輸入税原則二割と定める「協定関税」方式で決定された。この方式では両国の力関係に左右されるのが当然で、のちのちまで日本にとって障害となった。

このようになったのは、日本に関税自主権についての十分な知識がなかったからであり、いっぽうハリスは、日本が権利を主張できるような近代主権国家であると認めなかったからである。彼らは世界の国々を、開化（近代文明化）した国、半開の（近代化が遅れた）国、未開の国と、三つに分類する。ハリスの基準によると、日本は半開の国で、アメリカのような文明国と、対等には扱えないということだった。

三つめは、第六条の領事裁判規定。具体的に述べると、領事ハリスが、日本に在留するアメリカ人に関する民事・刑事の裁判を、アメリカの法に基づいて裁判する制度。当然、自国民（アメリカ人）に有利な裁判となる。この制度は十九世紀を中心に、欧米諸国がアジア・アフリカの後進国に押しつけた裁判制度である。したがってアメリカ在住の日本領事には、この裁判権は与えられない差別待遇である。

ハリスとの交渉にあたった井上清直と岩瀬忠震は、この三カ条を不平等だと反論する知識を持っていなかった。しかし彼らを責めるのは酷に過ぎる。領事裁判は、ほとんど居留地内で起こる、外国人同士の犯罪に限られるとの理解であったことだろうし、協定関税によって、当初日本が圧倒的な不利益をこうむったわけでもない。

しかし日本は、数年後には欧米国際法の知識を獲得した。そのときにわかったのは、日本が半開の国であると、屈辱的なレッテルを貼りつけられたことだった。このときから日本は、列強と対等な条約を結びなおすこと、すなわち条約改正を、国家の最重要課題としたのである。

ハリスは巧妙だったが、井上と岩瀬も奮闘した。ハリスが強く要求した内地解放（アメリカ人が日本国内を自由に旅行し、商業活動することを許す）については、強硬に反対して承認しなかった。これは特筆に値する。結果論的ではあるが、明治政府の条約改正交渉の際、内地解放は日本側の切り札として、用いられることになったのである。

幕府にとっては、当初の想定のようにはならなかったが、柔軟な姿勢で、許容可能な限度内で妥協した結果だった。すすんで条約を結ぶことによって、大きな摩擦を避け、欧米の近代諸国と友好関係を築いて通商することが、将来的には国益になるとの判断だった。

3 通商条約調印をめぐって

†天皇の裁可を経て発令

ペリーが来航したときと違って、このころには有力大名の多くが開国論者となり、朝廷の首脳部でさえ、積極的とはいえないまでも開国を容認する意見となっていた。ハリスとの商議には、このような追い風が吹いていたのである。

交渉が合意に達すれば、次は調印となる。徳川将軍とその政治組織である幕府は、天皇から大政（政治、軍事、外交など諸々の権限）を委任されているとの理解を前提に、国家を運営していた。したがって慣例に基づけば、幕府の責任で調印し、諸大名と朝廷にはあとで報告すれば済むことだった。

しかし今回は国家の根本にかかわる重大な条約である。ハリスとの交渉にあたった全権委員井上清直と岩瀬忠震は連名で、つぎのような上申書を老中に提出していた。

……将軍臨席のもとで、尾張《おわり》、紀伊《きい》、水戸《みと》の御三家《ごさんけ》、親藩《しんぱん》、譜代、外様の各大名が、開国条約について、遠慮なく率直に議論して意見をまとめる。この場には老中はじめ外交担当の官僚も出席して、全体の合意（一決方式で、多数決を採用しない）で結論となったものを国是（国家の最高基本方針）と決める。そのうえで天皇に奏上《そうじょう》し、裁可《さいか》を得たところで、全国に発令する……。

鎖国から開国へと、国家の基本を転換して新国家となるのである。異論が生じて混乱しては、外国の侮りを受けるのが必定だ。時間がかかるのを厭わず、衆議をつくし、武家の総意として開国を国是とする。そして朝廷と天皇に報告・説明して、納得してもらう。そのうえで通商条約に調印したことを、全国に発令するという意見だった。

将軍、大名、天皇、朝廷。すなわち武家と公家が、議論をつくして意見を一致させることが重要で、そうでなければ農商民が納得せず、したがって挙国一致の体制と力を生み出すことができないのだ。また意識改革をふくめて、幕政改革に取り組まなければならないと言うが、これまで「禁中並公家諸法度《きんちゅうならびにくげしょはっと》」（一六一五年）以来、政治にはかかわるべきではないとしてきた天皇を、国家の政治決定の場に位置づけた点とともに、幕府のみならず国家の政治の根幹にかかわる画期的な提言だった（『幕末外国関係文書』）。

天皇の裁可とは、条約の調印を勅許《ちょっきょ》することである。老中はこの提言を受け止め、天皇に勅許を要請した。大政委任の原則から、勅許は難しくないとの判断だった。ところが、これがはからずも幕末の政治と社会が大混乱となる原因となったのである。

†勅許を要請

幕府はハリスに、正月五日（一八五八・安政五年）、条約の調印は天皇の許可（勅許）を得たうえで、三月五日までに終えたいと意向を告げた。老中堀田正睦が京都に着いたのが二月五日で、期日の一カ月前である。何事にも、もったいぶって対応が遅い朝廷・公家が、調印の勅許を例外とするのだろうか。もしそのように思っていたのなら、幕府と朝廷の政治的力関係を過信した、現実離れした楽観論だったことになる。

二月九日、老中堀田正睦は禁裏《きんり》御所に参上（内裏《だいり》に参上することから参内《さんだい》という）して、朝廷に勅許を要請した。また堀田老中は同行した岩瀬忠震（アメリカ応接掛《おうせつがかり》）と川路聖謨《かわじとしあきら》（ロシア応接掛）とともに、京都の宿舎本能寺に、朝廷の代表（議奏《ぎそう》と武家伝奏《ぶけてんそう》［朝幕間の伝達を任務とする役職］の公家）を招いて、ハリスとの交渉過程と、条約草案をしめして具体的に説明した。ついで国際情勢と欧米列強の軍事力にふれ、開国の要求はアメリカだけのものではなく、列強の一致した要求であることを丁寧に説いた。こうすることによって、朝廷は理解を示してくれるだろう、というのが堀田の思惑で、楽観論の根拠の一部もこの点にあったように思える。

関白九条尚忠《くじょうひさただ》から堀田老中に返事が届けられたのは、二月二十三日。条約調印は国家の重大事だから、三家以下諸大名が議論したうえで、もう一度奏上せよとの天皇の言葉(勅　諚《ちょくじょう》)が伝えられた。例外扱いとはならなかったが、再度奏上すれば、承認されることを言外に含ませたもので、慣例ではそのように理解されるのである。

将軍家定の指示が京都に届いたのが、ハリスと約束した三月五日だった。同日、調印の承認を請う書面が朝廷に提出された。実はこの書面は、九条関白の指示で、堀田が前もって作成済みのものだった。また九条関白のほうでも、これにたいする勅諚の案文を作成していた。内容は、幕府において、よく考えて対応するよう「頼む」とするもので、要するに幕府に一任するというのである。

勅諚の案文を、関白が作成することは異例ではない。また幕府との交渉過程で、いちいち天皇の指示を仰ぐこともない。九条は幕府との対立を避けることを心がける、関白の基本姿勢を守り、すべて慣例にしたがって処理しようとしていたのである。

しかし今回は、課題が重要かつ大きすぎた。

†主張する天皇

何よりも問題となったのが、関白が幕府のために用意した案文が、孝明天皇の意志とかけ離れていたことだった。

前関白・内覧《ないらん》鷹司政通《たかつかさまさみち》、関白九条尚忠など朝廷の要職にある人物のほとんどが、条約の調印を容認する意見になっていたのだが、天皇は堀田老中が京都に到着する以前の一月末に、条約調印に反対であることを明らかにしていた。九条関白は知っていながら、天皇の意志をくみ取ろうとしなかったのである。

近世の朝廷・公家社会において、関白は天皇よりも力を持っていた。関白は、天皇が逸脱しないように言動を監督し、朝廷と公家社会の統制と調整を任務としてきた。幕府はそうした関白の役割を評価し、経済的にも支援してきたのである。特に鷹司政通は三四年間も関白職にあり、九条尚忠に関白職を譲った(一八五六・安政三年八月)あとも、朝廷の重鎮として隠然たる力を発揮していた。

天皇は鷹司政通との話し合いで、いつも多弁な政通に圧倒され、自分の意見はほとんど通らないと不満を明らかにしていた。この時、政通は六八歳で天皇は二六歳。調印について混乱を生じるような意見は許さない、というような態度だったのではなかろうか。近世の天皇の中にあって、孝明天皇は異色の、個性的で自己主張の明確な人物だったから、政通にたいする反発は、並みのものではなかったと思う。

　天皇は幕府の政治・軍事・外交について、意見を述べることを制約されていた。また朝廷の人事や賞罰についても同様で、私的に感想を漏らすことはあっても、朝議を経て関白が承認したことに、異論を述べることはなかった。近世の天皇の慣例である。鷹司と九条は、孝明天皇に、慣例に従うことを求めていたのである。

　しかし孝明天皇は自分の意志で、伝統と慣例から抜け出ようとしていた。天皇が調印に反対していたのは、鷹司と九条にたいする反発心もあったろうが、それだけではない。公家の間で十分に議論されてはおらず、かつ武家の総意ともみなしがたいという理由があったからだった。井上と岩瀬の上申書では、武家が議論をつくして開国の国是を決定するとしているが、実際には武家全体の評議はおこなわれていなかったのである。

孝明天皇

†勅許せず

　異例のことだが、天皇は朝議《ちょうぎ》（朝廷の最高会議。関白、内覧、左大臣、右大臣、内大臣、議奏四名、武家伝奏二名の一一名で構成される。後に親王が参加し、時により人数に多少の変動がある）のメンバーに入っていない上層の公家に意見を求めた。中山忠能《なかやまただやす》、正親町三条実愛《おおぎまちさんじょうさねなる》ら一三人の公家が、九条関白の案文を書き改めるべきだとの意見を提出した。

さらに三月十二日には、中・下級の公家八八人が、案文の書き直しを求めて、突如参内した。列参《れっさん》といわれるデモンストレーションである。公家の家は一三七家。複数の人数が参加した家もあるが例は少ない。およそ三分の二の家から代表が出た抗議運動で、この中心に天皇の近習《きんじゅう》岩倉具視がいた。

天皇の異論は、普段なら私的なものとしてあつかわれる。しかし思いつきや気まぐれのものではなく、正当な理由があるものと受け止められた。天皇の発言は、公家社会および朝廷内の空気の流れを、はっきりと変える力を持つようになっていたのである。

三月二十日、天皇は小御所《こごしょ》で老中堀田正睦と対面し、九条関白に代わって左大臣近衛《このえ》忠《ただ》熙《ひろ》が天皇の言葉（勅諚）を口頭で伝えた。……鎖国の良法を変革すれば、人心の行き着くところにかかわる、公家の群臣《ぐんしん》も国体に関係することだから、のちのちのことなどを心配している、だから再度、三家、諸大名で衆議して、もう一度言上《ごんじょう》するように……というものだった。含みをもたせているが、当面は勅許しないという意思表示だった。幕府の独断ではないか、という疑いをぬぐいきれなかったのである。

4 大老井伊直弼と条約調印

†エースの登場

江戸に帰った堀田老中は、調印を半年先にできないかとハリスに交渉したが、七月二十七日を期日とすることに落ち着いた。限られた時間の中で、武家の合意形成を急がなければならない。しかし結局、大名会議が開催されることはなかった。

四月二十三日、彦根藩主井伊直弼が大老に就任した。大老は老中の上に位置し、重要な問題があったときに選任される、常には置かれない特別な役職である。直弼には、強烈な個性の徳川斉昭とわたりあって、引けを取らない強靭さがあり、問題の処理能力もあった。そして彼自身大老に就任することを意識してきたように、意欲的だった。条約の調印と病弱な将軍家定の後継者を誰にするか、いわゆる将軍継嗣《けいし》（世子《せいし》）問題の二つの大難問をかかえて、譜代筆頭の藩主が幕府のエースとして登板したのだった。

直弼の大老就任には、彼の政治能力を評価していた、将軍家定の意向もあった。家定は病弱なうえ、人前に出ることを好まなかったため、障害者と見る向きもあったが、はっきりと意見を述べる将軍だったのである。

将軍世子（次期将軍候補者）は、和歌山藩主徳川慶福《よしとみ》（一一歳）と前水戸藩主徳川斉昭の七男で一橋家の養子に入った慶喜（二〇歳）の、二人にしぼられていた。しかし将軍家定は慶福支持の意向をしめし、幕府閣老の評議を経て、四月末には徳川慶福に内定していた。宗家《そうけ》の当主は、将軍の意見を尊重し、幕府が決めることだとの意思表示である。

慶喜を推していたのが、実父の徳川斉昭をはじめ、越前藩主松平慶永《まつだいらよしなが》、薩摩藩主島津斉彬、土佐藩主山内豊信《やまうちとよしげ》、宇和島《うわじま》藩主伊達宗城《だてむねなり》などの有力藩主で、俗に一橋派の大名ともいわれる。彼らが慶喜を推した理由は、英明であると評判だった慶喜の、政治的リーダーとしての手腕に期待したからである。また慶永らの諸侯は、権限が集中する老中政治を改め、諸大名の意見を反映できるような政治体制に改める、いわば幕政改革を慶喜の英断でおこなってほしいとの期待があったようだ。難局を切り抜けるためには、力の結集・協力体制の構築が不可欠だとの理解だった。

†調印とイギリスの影

条約の調印は思わぬ展開となった。六月十三日、アメリカ軍艦ミシシッピー号が下田に入港して、第二次アヘン戦争に敗北した清国が、イギリス、アメリカ、フランス、ロシアと天津《てんしん》条約（北京《ペキン》に公使の駐在を許し、外国人の国内旅行を許可した開国条約）を結んだことをハリスに伝えた。ハリスは続いて入港したポーハタン号で小柴沖に来泊し、十八日の夕方、井上清直と岩瀬忠震に面会して、天津条約について報告し、次のように忠告した。

……イギリスの軍艦が来航し、日本に開国と通商を迫るに違いない。だから先にアメリカと調印すれば、日米条約を基準として対応することが可能だ。そうすればイギリスの過大な要求を退けることができるだろう……。

イギリスが日本に目を向けていることを幕府は知っている。第二次アヘン戦争のため来日が遅れていること、しかし世界の最強国イギリスの渡来は、時間の問題となっていることも承知していた。ハリスの発言に説得力があることを認めた幕府首脳部は、関係閣僚とともに、翌十九日の朝から、対応のための評議をおこなった。

まず井伊大老から発言があって、勅許なしで調印することは避けたいという。しかし積極的に支持する者はいなかった。この際、大政を委任されている幕府の権限内のこととして、ハリスの勧めをいれて、調印せざるを得ないだろう、もはや選択の余地はない、というのが多数意見だった。そしてこの日（十九日）の午後、ポーハタン号艦上で、井上清直、岩瀬忠震とハリスとの間で、日米修好通商条約が調印されたのである。ハリスの忠告から一日も経っていなかった。イギリス海軍の巨大な影に動揺している姿が目に浮かぶ。

大老は井上と岩瀬を送り出した後でも、悩み続けていた。側役《そばやく》の公用人宇津木《うつぎ》六之丞《ろくのじょう》からなぜ緊急に諸大名を招集して、意見調整をしなかったのかと問われた大老は、そのことに考えが及ばなかったと後悔し、辞職の気持ちがあることさえ口にしていた。新出の宇津木六之丞の記録「公用方秘録」によれば、大老は最後の最後まで悩みぬいていたのである（母利美和『井伊直弼』）。

大老の悩み

定説となっていた吉田常吉氏の『井伊直弼』によれば、大老は勅許を待たないで調印する罪を責められても、一身で甘受する覚悟で、調印を決断したのだとされる。吉田氏の説は東京大学史料編纂所所蔵の「公用方秘録」に記された大老の言葉「勅許を待たざる重罪は甘んじて我ら一人に受候決意」とあるのを根拠としている。

しかしこの史料は、一八八七（明治二十）年ころ井伊家から政府に提出されたもので、内容が書き改められていた。原本と推定される新出の「公用方秘録」には、引用した大老の言葉は記されていない。大老の心中を書き加えたのは井伊家だが、どのような意図があったのだろう（『史料　公用方秘録』彦根城博物館叢書）。

調印の最終的責任は大老にあることは自明のことだから、大老に批判が集中するのは当然で、甘んじて受け止めなければならないとは、口には出さないが覚悟の上の事だったと思う。ただし大老が、違勅《いちょく》は「重罪」にあたる、と意識していたとは思われない。この言葉は、まさに明治時代の発想そのものである。幕末の勅命は、一部の公家によって取り消されるなど、明治期のような重い扱いではない。井伊家は、責任感の強い、日本国家の将来を重んじて決断する、大老の英断とその姿を記したかったのだと思う。

井伊直弼

老中堀田正睦は、大老に井伊が就任する三日前の四月二十日、京都から江戸に帰着した。しかし天皇の発言にあった、大名による総評議の動きはなかった。ハリスの忠告を受けた際、せめて江戸滞在の大名を緊急に招集して、意見調整をおこなうことは可能であったと思う。幕府・大老の対応が緩慢だったことは否めない。

その背景には、大政を委任されている幕府の、臨機の権限で調印するのだから、いずれ承認を得られるとの判断があったと思う。とはいうものの、武家の意見調整が遅れたことは事実で、大老の悩みの一端もこの点にあった。しかしこの時点では、おそらくほとんどの大名が調印を容認していたから、時間が解決する問題でもあった。

大老の悩みの中心は、武家の総意を示すことが遅くなり、天皇・朝廷が幕府に不信を抱き、さらには天皇・朝廷と幕府の亀裂を深めることになりはしないかという点にあったと思う。覚悟していたように、大老に対する批判の声があがった。しかし、それは公家ではなく身内の武家からのものだった。

†大老批判

調印後の六月二十四日、徳川斉昭と水戸藩主徳川慶篤《よしあつ》、名古屋藩主徳川慶恕《よしくみ》が突然登城（不時登城）して大老に面会を求めた。

斉昭は老中列座のもとで対面した大老に、調印は違勅の罪にあたると面詰《めんきつ》し、松平慶永を大老にせよと主張した。職制上、大老二人は考えられないから、慶永と交代しなさいと迫ったのである。同席した老中は取り合わなかったが、斉昭は幕府の強化が必要であることを、重ねて強調した。つまり慶喜を将軍世子にせよとの意味である。世子は慶福に内定しているが、まだ公表していなかった。

徳川慶恕も同様の発言をして大老を責めた。さらに遅れて許可なく登城した越前福井藩主松平慶永も違勅調印を非難し、慶喜を世子にと主張した。斉昭、慶恕、慶永ともに条約調印はやむを得ないと理解していたから、非難は勅許を得ていない点だけである。彼らが主張したかったのは、慶喜を世子とし、あわせて井伊大老の辞職を求めることだった。

翌二十五日、将軍世子は、和歌山藩主徳川慶福に決定したことを公表。ついで七月五日、大老は徳川斉昭に謹慎《きんしん》を、徳川慶恕と松平慶永に謹慎・隠居《いんきょ》を命じた。不時登城と大老批判に対するものとしては厳しい処罰である。その理由の一つに、斉昭が将軍を押し込め、慶喜を将軍にしようとの陰謀をたくらんでいるとの噂を大老が知り、慶恕と慶永が、その仲間となっていると受け止めたことにあったように思える。

将軍家定が亡くなったのが、翌七月六日だった。ついで十日に、オランダ、翌日にロシア、十八日にイギリスと、アメリカと同じ内容の条約に調印した（フランスとは九月三日に調印）。ハリスの提言を受け入れたのは、正解だったといえよう。

幕府はアメリカと調印したことを、六月二十七日に、老中が署名した文書（老中奉書《ほうしょ》）で朝廷に届けた。朝廷と同様にあくまでも慣例に従って処理する方針である。しかし孝明天皇は激怒して、譲位するとまで口にしたが、九条関白らがなだめて、ここはおさまった。だがオランダ、ロシア、イギリスとの調印を知って、気持ちの収まらない天皇は異例の行動に出る。

八月八日、天皇は大老井伊直弼個人を糾弾する勅書（戊午《ぼご》の密勅）を京都滞在の水戸藩士に下《くだ》し、諸藩にも勅書の趣旨を伝達するように命じた。正式な手続きをふまない勅命だから「密勅」といわれるが、まぎれもなく幕府が禁じている天皇の政治的行為だった。もっとも天皇自身には、幕府と敵対し、幕府を否定するというような考えはなかった。あくまでも大老にむけた批判の言葉だったのである。

これを知った幕府は、水戸藩に勅書を幕府に差し出すことを命じ、諸藩への伝達も禁じるが、水戸藩の有志が抵抗した。幕府にとっては、幕府批判勢力が結集する方向に動く懸念があるから、手を打たないわけにはいかない大事件である。こうして幕府・大老と水戸藩との軋轢《あつれき》が高まっていき、桜田門外の変に帰着していくのである。

5 破約攘夷の密約

†「心中氷解」した天皇

条約調印について天皇・朝廷にくわしく説明するために、ようやく老中間部《まなべ》詮勝《あきかつ》が派遣され、九月十七日に京都に着いた。このときすでに、幕府や井伊大老にたいする批判勢力を封じこめるための制裁、いわゆる安政の大獄が始まっていた。

間部は関白九条尚忠にこのように述べた。

……夷人《いじん》（西洋人）は禽獣《きんじゅう》と同じようなものだと言ってきたが、各国とも人材が輩出し、本当に強国となり、戦争となった場合勝算がない。それゆえ、いつまでも開国の要求を拒絶することはできないから、一時の「計策《けいさく》（時間かせぎの策略）」として調印した。これから武備充実につとめ、軍事力の増強がなった段階で、嘉永七年の日米和親条約に、条約関係を「引き戻す」つもりだ……。（十月二十四日）

つまり今回調印した通商条約を解消して、外国との関係を和親条約段階のものにするということである。「引き戻す」ことを、当時の史料上では「破約攘夷」とも表現されるが、強気の姿勢がこめられた言葉に聞こえる。条約関係を破棄する攘夷の行動だ、という意味だ。ただし幕末の攘夷という言葉は、多様な意味で用いられ、排外主義に基づく行動の意味に限るものではない。この点は、あとで詳しくふれることにしたい。

間部老中の釈明は、九条関白から天皇に伝えられた。間部に破約攘夷の実行を約束させることを、関白が天皇に提言し、天皇も同意した。そして九条と間部の交渉の結果、間部は「引き戻し」「破約攘夷」の実行を約束したのである。

十二月二十四日に至り、天皇は「心中氷解」したと、老中の釈明を理解したことを関白に伝えた。そして晦日《みそか》には、公（朝廷）と武（幕府・諸藩）が力を合わせて「鎖国の良法」に「引き戻す」ための「良策」の考案に努めること、それまでは破約攘夷の実行を、しばらく猶予することを、関白を通じて間部老中に伝えた（『孝明天皇紀』）。

破約攘夷が難しいことを天皇は理解している。だから当分は猶予しなければならず、公武が一体となって、挙国一致の体制で実現をめざす目標なのである。しかしそれにしても目標の達成は、いつごろと天皇は考えていたのだろう。また同様に、間部の胸中には成算について考えるところがあったのだろうか。

†密約

もっとも条約の「引き戻し」は、釈明の根拠として間部が発案したものではない。ペリー来航時に井伊直弼が、武備充実を達成するまで、富国のため策略として貿易をおこなうと、意見書で述べていたから、当時における幕府の方針と言うべきであろう。問題に思うのは、この時点においても、本当に可能だと思っていたのかということである。

欧米近代の国際関係は、各国間で結ばれた条約を基本としている。しかし東洋世界は、中国皇帝を中心に置いた中華秩序を基礎として、慣例に基づいたゆるやかな取り決めの中で、東洋諸国の国際関係を維持していた。国際条約にたいする考え方が、西洋と東洋では大きな温度差があったのである。したがって日本が力をつけて、欧米諸国に東洋の慣習と論理を理解するよう要求できるようになったときには、破約攘夷も可能だとの理解ではなかったかと思う。

ともあれ天皇・朝廷と幕府のあいだでは、勅許なしでの無断調印について了解が成立した。しかし破約攘夷についての約束は公表されなかった。大老が外部に漏れることを禁じたからで、朝廷と幕府の上層部のみが知る、朝幕間の密約とされたのである。いずれ破棄することを予定しながら条約を結んだことを、外国側が知ることになったら、国際紛争になることは避けられないとの判断と配慮によるものだった。

天皇は条約に調印した幕府の事情を、理解(氷解)したと述べたから、事実上の勅許である。しかし公表できないのが幕府のつらいところで、幕府に対する非難はやまない。とはいえ井伊大老自身は、開国問題と将軍継嗣問題の、国家のあり方にかかわる重要問題に決着をつけ、一段落したとの思いだったことだろう。そして次の課題としたのが、ペリー来航以来の対外問題に忙殺されて手薄になっていた、国内問題にたいする対応だった。

†安政の大獄

大獄といわれるのは、幕府批判勢力にたいする根こそぎの取り締まりであり、古くは勤《きん》王《のう》の志士《しし》にたいする大弾圧だとの理由によるものだ。しかしこの見解は、井伊直弼を専制的政治家だとする、批判の文脈でなされたものであり、単純な図式では説明できない複雑さがある。

この獄で重罪として処刑された人物は、切腹が安島帯刀《あじまたてわき》（水戸藩家老）、死罪（斬首）が茅根伊予之助《ちのねいよのすけ》（水戸藩奥右筆頭取）、鵜飼吉左衛門《うかいきちざえもん》（水戸藩京都留守居《るすい》）、飯泉喜内《いいずみきない》（三条家家来）、吉田松陰《よしだしょういん》（長州藩士）、橋本左内《はしもとさない》（越前藩士）、頼三樹三郎《らいみきさぶろう》（儒者）、獄門（さらし首）が鵜飼幸吉《うかいこうきち》（水戸藩京都留守居助役）の八人だが、その半数の四人が水戸藩士である。

また宮・堂上《とうしょう》公家（五位以上の昇殿を許される上級公家）の家臣一五人（遠島一、中追放五を含む）、そして宮・堂上公家一三人（青蓮院宮《しょうれんいんのみや》、内大臣一条忠香《いちじょうただか》、前関白鷹司政通、前左大臣近衛忠熙等の慎処罰を含む）が処罰された。水戸藩士と宮・堂上公家およびその家臣の多くは、戊午の密勅にかかわったとして処罰されたものである。処罰された者の大多数が、京都に居住・在住しているか、または京都を拠点に活動していた人物である。

水戸藩士が厳罰に処せられたのは、慶喜を世子に擁立するようにと、公家とその家臣に

働きかけ、さらに戊午の密勅降下にかかわったからである。京都で情報収集にあたってい
た、大老が師と仰ぐ腹心の長野主膳《ながのよしとき》は、彼らの動きを陰謀だと断言し、水戸藩士と接触し
た者も、その加担者とみなした。長野が大老にとどけた情報は、曲解した不確かなものも
あったが、大老は長野の情報を信じた。

そもそも幕府は、大名とその家臣が、儀礼や婚姻などのことは別として、公家と政治向きのことなどで接触を持つことを禁じていた。越前藩主松平慶永は、不時登城のうえ大老を面詰して、謹慎・隠居を命じられたが、きびしい処分となったのは、家臣の橋本左内を京都に派遣して、鷹司家や三条家に、慶喜を世子にするよう幕府に働きかけてほしいと入説したことが背景にある。

他の一橋派の大名では、薩摩藩主島津斉彬が西郷隆盛を派遣し、左大臣近衛忠煕に入説して、朝廷を動かそうと画策したように、幕府から見れば、目に余る逸脱行動がおこなわれていたのである。斉彬は松平慶永が処分される前の七月十六日に鹿児島で病没したが、もし生存していたなら、何らかの処分を受けることは避けられなかったであろう。

西郷隆盛もあぶなかった。清水寺成就院の僧月照《げっしょう》は、水戸藩京都留守居鵜飼吉左衛門と密接な接触があり、戊午の密勅にもかかわっていた。そこで近衛忠煕が鹿児島に難を逃れることを勧め、西郷隆盛に保護を依頼した。しかし鹿児島城下に到着した月照を、薩摩藩

庁は幕府の詮索を嫌って受け入れなかった。責任を感じた西郷は月照とともに錦江湾《きんこう》に身を投げ、幸い西郷だけが蘇生した。藩庁は西郷を死亡したことにして、菊池源吾《きくちげんご》と改名させて奄美《あまみ》大島に潜居させ、幕府の追及を逃れたのである。

†吉田松陰の激論

長野主膳が京都の簗川星巖《やながわせいがん》宅に集会する、頼三樹三郎、池内大学《いけうちだいがく》、梅田雲浜《うめだうんぴん》の儒者四人を、幕府に牙《きば》を向ける反逆の四天王と敵視していたように、開国をめぐる混乱の中で、幕府が築いてきた京都を統制するための網が、あちこちでほころびかけていたのである。

また京都と公家とも関係がないが、長州の若き軍学者吉田松陰の言動は突出していた。極刑となった決め手は、老中間部詮勝襲撃計画を自白したことにあると思うが、過激さを増す言動には、塾生（松下村塾《しょうかそんじゅく》の長州藩士）もとまどうほどだった。

松陰は血を吐くように言葉をしぼりだす。

……人材が欠乏している徳川幕府が存在するかぎり、日本はアメリカ、ロシア、イギリス、フランスに制圧される運命にある、天皇は英明であるが、公家は陋習《ろうしゅう》に固まり、外国を近づけては、神の汚れとなるというのみで、なんの役にも立たない。列藩の諸侯は、幕府の鼻息をうかがうばかりで、酔っ払いと同じだ。日本を救い立て直すためには、民間（草莽《そうもう》）の志の高い優秀な人材の奮起に頼るしかない……。（『吉田松陰全集』）

草莽崛起《くっき》論としてよく知られるこの主張は、体制側の権力をすべて否定する意味において、まさしく革命論である。明治維新は革命運動と国家建設が融合して同時におこなわれた、世界史の上でも珍しい例であるが、その政治的主体となった藩士層について触れないのは、期待する塾生の長州藩士が、師の松陰から距離を置くようになっていたからだった。

吉田松陰

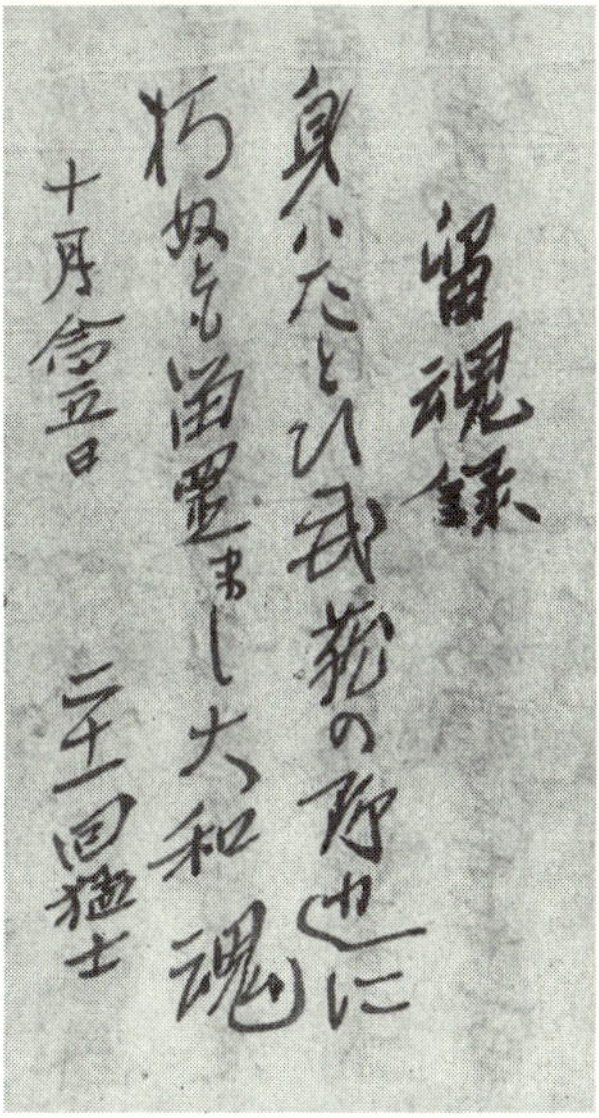

留魂録
身はたとひ武蔵の野辺に朽ぬとも留置まし大和魂
十月念五日　二十一回猛士

吉田松陰「留魂録」

何事にも誠実であろうとする松陰には、人を魅きつけるオーラがある。また言動には、つきつめたような純真さゆえの透明感があり共感を呼ぶ。松陰は幕府の要人を襲撃することによって、命をかけて、日本を立て直すために、人々の奮起を呼び起こそうとしていたのだった。

吉田松陰（二九歳）は一八五九（安政六）年十月二十七日、江戸伝馬《てんま》町獄舎の刑場で処刑された。松陰は前日に遺書「留魂録《りゅうこんろく》」を書き終え、辞世の歌「身はたとひ　武蔵《むさし》の野辺《のべ》に朽《くち》ぬとも　留置《とどめおか》まし　大和魂《やまとだましい》」と記した。ペリー来航以来の屈辱を胸に秘め、日本が立ち直ることを切に望む。生命は絶たれても、大和魂が、よみがえってゆく日本をみとどけるのだ。静かなしかし気迫の込められた辞世だった。

長野主膳は松陰の力量を認めながら、悪謀の働きが抜群だと危険視した。そして野に放っておいてはならぬ人物だと大老に注進したのである。幕府の統制は、あきらかに緩《ゆる》んだ体制となっていて、秩序の引き締めが必要となっていた。大老でなければ老中のだれかが取り組まなければならない、緊急の課題となっていたのである。

政治の世界から切り離すと、直弼は別人のような顔となる。居合《いあい》、禅、茶の湯、そして国学へのとりくみは、たしなみの域を超えて、研究の領域にはいっている。関心は極めることに向かうのだ。大老が政治の世界で求めていたのは、理想の幕府であり、理想の統治であろう。確固とした幕府による政治が、日本国家の安定をもたらし、外国と対峙できる体制となる。大老はこのような信念を持って、取り締まりと処分の先頭に立っていたのだと思う。

ただし、その根拠とする長野主膳が送ってくる、情報の処理に誤りがあった。現代の情報社会においては、洪水のごとくあふれる情報にたいする、精密かつ迅速な対応が重要な課題である。安政の大獄は、現代の日本への警鐘《けいしょう》となっている。同じ過ちをくりかえしてはならない。

第２章

尊王攘夷運動 1860-1863

「桜田門外之変図（部分）」（茨城県立図書館蔵）

1　薩摩と長州の政治運動

†桜田門外の変

一八六〇（安政七・万延《まんえん》元）年三月三日、午前九時頃。登城のため江戸彦根藩邸を出た大老井伊直弼は、藩士二六人、総勢六四人を従えて、桜田濠《ぼり》に沿ってすすんだ。藩邸は現在の国会議事堂前から濠端《ほりばた》通り三宅坂にいたる一帯の、譜代藩筆頭家格の大名にふさわしい広大な屋敷だった。この日は、洋暦では三月二十四日。冬のなごりともいえぬ吹雪《ふぶき》交じりの春の大雪で、彦根藩士は雨合羽《あまがっぱ》を着し、刀には柄袋をつけていた。

左折して桜田門に向かおうと、杵築《きつき》藩邸（現在の警視庁）の前にさしかかったときだった。濠端で大名行列見物の様子をしていた水戸浪士の一人が、訴状を持って駕籠訴をするように近づき、いきなり供頭《ともがしら》の彦根藩士に切りかかった。同時に反対側から駕籠に近づいた水戸浪士が、中の大老にむかって短銃を発射。弾は太股から腰に抜ける貫通で、大老は動けない。これを機に大乱闘となったが、彦根藩士の合羽と柄袋がわざわいとなって、大老の首級まで奪われる始末となった。

年代	出来事
1860　万延1	3月、大老井伊直弼が襲撃殺害される（桜田門外の変）。4月、幕府が万延2分金を新鋳。幕末の超インフレの原因となる。7月、幕府は、10年以内に破約攘夷を実現することを約束に、和宮と家茂の結婚の許可を求め、10月、勅許となる。
1861　文久1	4月、幕府の千歳丸が上海市場調査に出港。高杉晋作が同行。5月、長州藩主の命で長井雅楽が上京、朝廷の要職正親町三条実美に、開国論の「航海遠略策」を提言。
1862　文久2	4月、薩摩の事実上の藩主島津久光が藩兵を率いて上京、朝廷から京都守衛を命じられる。5月、天皇が幕府との破約攘夷の密約を公表し、幕府に実現するよう強く督促する。7月、九条関白の家臣島田左近が晒首となる。以後、テロが続発。8月、生麦事件。10月、幕府に破約攘夷の実行を督促する勅使が派遣され、将軍家茂が上京の上で対策を述べると答える。
1863　文久3	3月、家茂上京。大政を委任するから、破約攘夷を成功させよとの勅命をうけとる。3月、天皇の賀茂社行幸。4月、破約攘夷実行の期日を5月10日とすると、家茂が天皇に回答。5月、長州藩がアメリカの商船を砲撃、下関攘夷戦争はじまる（11日）。幕府が横浜居留地に英仏の守備兵駐屯を許可する（18日）。7月、薩英戦争。8月、文久3年8月18日の政変。

井伊大老の暗殺は、水戸藩士に対する大獄での過酷な断罪が背景にある。しかしそれは背景の一部分であるにすぎない。二年前（一八五八・安政五年）の九月、江戸で越前藩士橋本左内と三岡八郎《みつおかはちろう》、長州藩士山縣半蔵《やまがたはんぞう》そして薩摩藩の堀仲左衛門《ほりなかざえもん》、有馬新七《ありましんしち》が会《かい》して、大老を襲撃して変乱を起こし、京都を越前、長州、薩摩で守護して、幕政を一新するという

構想を密議していた。橋本左内の逮捕が十月二十三日だから、一ヵ月以上も前の話で、たぶん大獄を予測した者は、まだいなかった。

この年の十二月と翌安政六年三月に、大老を倒すことについて薩摩と水戸両藩有志の接触があったが、話はすすまなかった。しかしこの後の六月から八月にかけての会合で、水戸藩の高橋多一郎《たかはしたいちろう》（奥祐筆頭取《ゆうひつ》）と金子孫二郎《かねこまごじろう》（郡奉行《こおりぶぎょう》）らの有志が、薩摩の堀仲左衛門と樺山三円《かばやまさんえん》に、死力をつくして大老を倒す計画であることを告げた。堀と樺山は西郷隆盛と大久保利通をリーダーとする薩摩藩有志誠忠組《せいちゆうぐみ》の同志である。

ところが八月二十八日、幕府は水戸藩前藩主徳川斉昭を永蟄居、家老安島帯刀を切腹、茅根伊予之助と鵜飼幸吉に死罪を命ずるなど、過酷な処分を下した。水戸藩庁は幕府の詮索をおそれて高橋と金子に蟄居を命じたため、この計画も進展しなかった。

†薩摩藩誠忠組

年が明けて一八六〇（安政七・万延元年）一月中旬。水戸藩士木村権之衛門《ごんのえもん》ほか数人が江戸薩摩藩邸を訪れた。大老襲撃についての相談で、一月末には木村と薩摩誠忠組の田中直之進《なおのしん》、有村雄助《ありむらゆうすけ》・次左衛門《じざえもん》兄弟で、以下のような実行計画案がまとめられた。

斬り倒す目標は、大老と老中安藤信睦《のぶゆき》、高松藩主松平頼胤《よりたね》の三奸。首を取ったら上京して朝廷に主意を奏上する。その上で幕府への大政委任は変わりないこと、ただし通商条約を破棄（破約攘夷）するようにとの勅命が出されるよう運動する。薩摩藩は幕府の妨害を阻止し、京都・朝廷を守衛する名目で、藩兵三〇〇〇人を派遣する。このような内容だった。

実行されたのは大老の襲撃のみで、朝廷への奏上も薩摩の派兵も実現しなかった。鹿児島では誠忠組のリーダー大久保利通が、水戸藩との約束だから、京都へ出兵するべきだと強く主張していた。しかし藩主島津茂久《もちひさ》の実父で、藩の中心となりつつあった久光《ひさみつ》が（前藩主斉彬の異母弟）、このように大久保を説得した。

……天皇は一部の者を非難しているが、幕府を批判しているわけではない。幕府がどのように対応してくるのかわからないから、いま幕府と対立するようなことは得策ではない。ただし上京せよとの勅命があったときには、もちろん兵を率いて出馬する……。

薩摩藩誠忠組は、一貫して井伊大老襲撃計画の中心にいた。しかし大老を倒すことが主要な目的だったのではない。大老は自分が理想とする強い幕府の再建をめざし、列強と妥協をかさねては、朝廷との亀裂を深め、勢いづく批判勢力を力で抑え込もうとした。そのような政治を改めるために、大老を排除して、幕政改革をすすめるのが真の目的だった。また幕府の承認もなく京都に出兵するなど、近世社会の常識ではありえないことであり、社会を混乱させるのみだ。それでは朝廷と幕府が、一体となって目指さなければならない挙国一致など、遠くにかすんでしまうことだろう。この最も重要な目的にも反することになる。

斉彬が久光を高く評価していたように、久光は広い大局観に基づいて、現実を直視し、冷静に状況を判断していた。そしてまだ視野が狭いが、人材と認める大久保を諭して、忍耐強く説得にあたっていたのである。久光は薩摩の最高家格である一門・重富《しげとみ》家当主であり、まもなく事実上の薩摩藩主となる。大久保は城下士では一番低い家柄である小姓《こしょう》組。通常であれば身分違いで、面会など許される立場ではなかった。

桜田門外の変は、遠く離れた鹿児島で、幕末政治の主役となる二人を、確かな絆で結びつけていたのだった。

†再度の密約

この一年半、井伊大老の政治下で、凍りついたように止まっていた人と社会が、桜の季節とともに、ようやく活発に動きだした。まず幕府が動いた。
安藤信睦、脇坂安宅《わきさかやすおり》、内藤信親《のぶちか》、久世《くぜ》広周《ひろちか》の四老中が連署して、四月十一日（万延元年）、関白九条尚忠に将軍家茂《いえもち》と皇女和宮《かずのみや》（仁孝《にんこう》天皇の第八皇女、母は橋本経子《つねこ》）の結婚を願い出た。五月四日、関白を通して孝明天皇の意向が伝えられたが、すでに有栖《ありす》川熾仁《がわたるひと》親王と結婚の内約があり、夷人が多くいる関東に行くことを、和宮が怖がっているから、この件は見合わせたいとのことだった。

幕府はあきらめない。六月二日、関白に呈した歎願書で、朝廷と幕府が親密であることを、縁組によって示したい、そうすれば安心して国内の人心もまとまり、挙国一致の体制となる、そこで幕府と諸藩は軍事力の増強に専念して、破約攘夷（通商条約の解消）の実現をめざしたい、と述べていた。これは方便ではなく、幕府の本音だった。

天皇（二九歳）は侍従兼近習の岩倉具視（三五歳）に、破約攘夷についての、幕府との密約を打ち明けて相談した。天皇は、最下級の公家だが、朝廷の伝統や格式にとらわれず、発想の柔軟な岩倉の力量を認めていたのである。

岩倉は、破約攘夷を実現すると確約すること、国政上の重要な問題については、かならず朝廷の許可を求めること、幕府がこの二点を承知するなら縁組を許す。そして、この縁組は幕府の強要によるものではなく、朝廷と幕府が親和的な関係にあるからこそ実現することを、天下に周知させるのが重要である、と述べた。

そしてさらに、縁組の許可は、特別の配慮によるものであるから、表向きには幕府に大政を委任していることにかわりはないが、事実上実権は朝廷が握ることになるチャンスであり、幕府は反対できないだろうと、天皇に説いたのである（『岩倉具視関係文書』）。

天皇は岩倉の意見をいれ、関白から武家伝奏を通じて幕府に伝えた。七月四日、老中四人（本多《ほんだ》忠民《ただもと》、安藤信睦、内藤信親、久世広周）の連署による返書が提出された。それには今から七、八年ないし一〇年以内には、外交交渉か、場合によっては武力（「干戈《かんか》」）に訴えてでも、破約攘夷を実現するつもりだと述べていた（『孝明天皇紀』）。

破約攘夷についての、再度の約束である。先の密約で天皇は、期限をはっきりさせないで、しばらく猶予するといっていたが、今回は幕府が一〇年以内と、自分で期限を明言した。しかも武器をふるってまでと言う。ただし「干戈」うんぬんの言葉を、字面どおりにうけとってはならない。それくらいの強い気持ちで列強との交渉に臨む。このような意志を示したものであり、この点は天皇も理解していた。戦争は避けなければならない、というのが天皇の一貫した姿勢だったのである。

ともあれ幕府は、この再度の密約で破約攘夷を実現すると確約した。ただし成算があったわけではない。糸口さえ見いだせない状況だった。天皇との約束は、一時しのぎの方便にすぎなかったのである。そして自縄自縛を絵に描いたような状態におちいっていく。

幕府は約束しただけで動きを見せない。天皇はたまりかねて、一年半あまり経った一八六二（文久二）年四月、密約を公表した。その結果、幕府を非難する声が、竜巻のように沸き上がり、疾風のごとく広がっていった。幕府には打つ手がまったくない。幕府の倒壊は、これからわずか五年半後のことである。

†長州の策論

和宮と将軍家茂の結婚は、一八六〇（万延元）年十月十八日、正式に勅許となった。十一月一日、幕府は諸大名に総登城を命じて布告した。翌一八六一（文久元）年十月二十日、和宮は京都を出発し、江戸到着が十一月十五日。江戸城で婚儀がおこなわれたのは、あくる年の一八六二（文久二）年二月十一日だった。

幕府が朝廷に強要した政略結婚だ、というのがもっぱらの噂話だったが、内情をみると朝廷の方も幕府におとらず政略含みである。しかしともあれ一般には、凍りついた時代の雪どけのしるしだと、歓迎する声が少なくなかった。みんな春の訪れをまちこがれていたのである。そして新しい潮流が動き出す。

長州藩主毛利慶親《よしちか》の使いとなって、藩士直目付長井雅楽《うた》が上京したのが、一八六一（文久元）年の五月十五日。長井は朝廷の要職にある議奏正親町三条実愛に面会して、策論「航海遠略策《こうかいえんりゃくさく》」を建言した。その内容は、朝廷と幕府が対立していては、外国のあなどりを招くばかりだ、積極的に「航海」を開いて、外国の技術を学び、海軍を振興したうえで、海外に進出して国家全体の力をつける、そのうえで「五大洲《ごだいしゅう》（五大陸）」を制圧する挙にでる、この計画を実行に移すよう、朝廷から幕府に命じてもらいたい、というものだった。

いわば世界制覇の夢物語だが、単純な開国・通商論ではない。現実の通商を容認しながら、将来的には対等な条約を結びなおし、世界へ進出する足掛かりとする構想で、この計画を朝廷が主導して、朝廷・幕府・藩の挙国一致の体制で、実現をめざそうというものだった。当時の用語でいえば、朝廷中心の公武合体論でもある。

天皇と要職の公家は喜んだ。そして長井に、この策論を幕府に伝えるよう命じた。長井は江戸に向かい、七月二日、老中久世広周に会って詳しく説明した。策論は朝廷の顔を立てた公武協調路線を歩んでいる幕府にとって、不都合な点はなかった。そして毛利慶親の江戸到着をまって、十二月晦日に「公武周旋《しゅうせん》を託す」との、将軍の内命が伝えられた。

公武周旋とは、朝廷・幕府・藩の意見調整を依頼するという意味である。安政の大獄では、大名が朝廷・公家と政治的な問題で接触したことが罪とされた。しかしいま長州藩は、だれにも遠慮することなく、公家と政治的問題で話し合うことが許されたのである。幕府の方針の大転換だった。こうして外様大名が、中央の政治舞台で活躍する時代の、幕開けとなったのである。

†島津久光への内命

長州に続いて薩摩も行動を起こした。

翌年（一八六二・文久二年）三月十六日、島津久光（四四歳）が小松帯刀《こまつたてわき》（二六歳、側役のち家老）と大久保利通（三二歳、御小納戸《おこなんど》のち側役《そばやく》）を連れ、藩兵約一〇〇〇の大軍を率いて鹿児島を出発し、四月十六日に京都着、その足で近衛邸に参上した。薩摩藩主は久光の長男茂久（二二歳）だが、久光は事実上の藩主だった。たとえば公的な外出には、金紋先箱《さきばこ》（先頭の者が棒に結んでかついだ金で紋を描いた箱）に虎皮の鞍覆《くらおおい》を用いた大名行列の格式で行動し、江戸でも評判になっていた。

藩主格しかも藩兵を率いての上京だから、本来なら幕府の許可が必要だが、届け出はしていない。かわりに「上京するように」との天皇の内命を得ていた。正月に大久保利通を近衛家に派遣して、朝廷改革について提言したい旨を告げ、近衛から天皇に交渉してもらったのである。摂家の近衛家と薩摩島津家は、中世以来の密接な関係で、六月に関白となる近衛忠熙の夫人は島津家の出である。

島津久光

近衛家には議奏の中山忠能と正親町三条実愛そして近習岩倉具視が来ていた。ここで中山から久光に、不穏な企てをしていると噂される、浪士（脱藩士）どもの鎮静にあたってほしいという、天皇の言葉（「内命」）が伝えられた。

通常ならこのような場合は、天皇の意志・言葉を関白が武家伝奏に伝え、武家伝奏を通じて所司代《しょしだい》に伝えられる。所司代は江戸の老中に報告し、老中の判断で、大名に命じるという方法をとる。しかし久光には異例の方法で伝えたから「内勅《ないちょく》」または「内命（内々の勅命）」といわれるのである。

当時、京都には諸国から激論を主張する、後に勤王《きんのう》の志士と言われるような浪士が集まってきていた。たとえばその一人の福岡藩脱藩士平野《ひらの》国臣《くにおみ》は、久光が大坂に到着したら、久光と諸侯に勅命を下して、大坂、彦根、京都二条の三城を攻め落とし、京・大坂の幕府役人を追放する、ついで天皇が兵を率いて箱根に進軍し、幕府の罪を問う、以上のような計画（策論「回天三策《かいてんさんさく》」）を同志と語り合っていた。

このような浪士を取り締まる役目が、京都所司代の酒井《さかい》忠義《ただよし》（小浜《おばま》藩主）であるが、天皇は酒井では力不足だとみるから久光に命じたのだ。幕府が直接管轄する京都の、しかも武家の専管領域である守衛を、天皇が幕府にことわりもせず、直接特定の諸侯（大名格の久光）に命じるという、近世社会の常識ではありえないことがおこなわれたのである。

所司代の酒井にとっては面目丸つぶれなのだが、それよりも重要な点は、とりもなおさず幕府権威の失墜であることを、天下に明らかにしたことだった。しかし幕府は異議を申し立てることもなく黙認を通した。そして内命が諸侯を動かす時代となっていくのである。

薩摩藩にも平野国臣と同志的なつながりのある、有馬新七とその仲間のような激論家がいて、伏見《ふしみ》の寺田屋に集まり、平野の計画に呼応した、所司代襲撃を密議していた。これを知った久光は、断念するよう説得を試みたが、有馬らは承服せず、四月二十三日、久光が差し向けた薩摩藩士によって、有馬ら八人が上意討《じょういう》ちとなった（寺田屋事件）。

久光は、許可なく勝手な行動を許さないとする薩摩の掟《おきて》と、天皇の内命に従って有馬らを処分したのだが、結果として、藩士の命と引き換えに、天皇と朝廷からの絶大な信頼を手中にしたのである。かくして薩摩の久光は、幕末中央政局のメイン・ステージに、主役の一人として躍り出たのだった。

（注）薩摩の掟は、久光の上京に際して定められたもので、許可なく他藩の者と接触することを特に

禁じていた。久光の出発に先立って鹿児島を出た西郷隆盛が、三月二十二日に下関で平野国臣と接触を持ち、さらに下関で待つようにとの指示を無視して、状況探索として下関を出港し、大坂から伏見に向かった。このことが久光の逆鱗《げきりん》に触れて、沖永良部島《おきのえらぶじま》に二度目の遠島を命じられ、一年半ほどの「辛酸骨に透《とお》る」(『西郷隆盛全集』の漢詩より)生活を送るのである。

2 尊王攘夷論の台頭

†密約の公表

平野国臣は、天皇が幕府の罪を問う行動に出ることを期待していた。では幕府の罪とは、具体的にはどのようなものだったのか。平野と並んで激論の両巨頭と称された行動する警世家・真木和泉(久留米水天宮神官)の主張をみよう。

「西洋夷賊《いぞく》」が日本の海岸を測量し、江戸市中を自由に往来して、傍若無人の振る舞いをしている。このままでは彼らに日本を取られてしまう。神国日本の独立を維持するために、立ち上がらなければならないときなのに、幕府は夷賊の鼻息をうかがうばかりで、行動する覚悟も見えない。これは幕府の重大な罪だ。このところ相次いで、地震、大津波、大洪水が起こっている。これは天の神、地の神が怒っているのだ。このことの意味がわからないのか。目を覚まして、挙国一致で外国の圧力に、立ち向かわなければならない今なのだ……。(『真木和泉守遺文』)

このように列強に抵抗する気配も見えない、幕府の罪を追及する。しかし本当のねらいは、幕府に強く行動を促すことにあり、かつ民衆にも訴え、挙国一致の体制を築いて盛り上げていこうという点にあった。平野も同様である。そして彼らの激論には賛同しないが、天皇にも共通する思いがあった。

四月七日、天皇は廷臣に、和宮と将軍家茂の縁組を許可した際、幕府は一〇年以内に破約攘夷を実現すると約束したことを公表した。そして、国中が一つにならないと実現が難しいから、縁組が挙国一致の「起源」となることを願って、幕府の要望に応じたと述べた。

ついで五月十一日には、もし幕府が行動を起こさないなら、自分が「断然」たる決意で公家と諸侯を率いて「親征《しんせい》」すると発言した。字面どおり解釈すれば、天皇みずから軍事の最高指揮官となって列強を征伐する、ということになるが、それでは誤った理解となる。

天皇の真意は、決意をしめして、幕府に行動を起こすよう強く督促し、奮起をうながすところにあった。口約束のみで動かない幕府に対する、いらだちはあっただろう。その気持ちが、唐突とも思える密約の公表となって、表れたのだと思う。ただしこの時点では、幕府が中心となり、積極的に運動して、挙国一致の体制が構築されることが望ましい。天皇はこのように理解し、幕府に対する期待も、揺らいでいなかったのである。

†尊王と攘夷の合体

朝廷内でなされた密約の公表は、時を移さず京都市中に流れ、さらに諸方に広がっていった。人々は天皇が攘夷（破約攘夷）を強く望み、動かない幕府を強烈に非難したと、その発言を受け取った。そして幕府の政治に不満を持つ人々は、天皇の発言に喝采を送り、平野国臣や真木和泉のような強硬な攘夷論者は、天皇が自分達の主張を支持したのだと奮い立った。

天皇の真意は、正確に伝わらなかったが、新たな潮流の起動力となった。ここで攘夷をとなえれば、それ自体が幕府を批判する声となった。そして天皇が心から望む破約攘夷を実現して屈辱を晴らし、日本を真の独立国家に立ち直らせるため力を尽す、このような運動、すなわち尊王論と攘夷論が合体した尊王攘夷論・尊王攘夷運動が、民衆にも受け入れられて、京都を中心に急激に盛り上がっていったのである。

民衆が尊王攘夷（尊攘）運動を支持したのには明白な理由があった。このとき、日本がかつて経験したことのない、急激なインフレーションが進行していた。幕府が二年前の万延元年（一八六〇）から、大量の新貨幣（万延二分金）を発行するが、この貨幣は金の含有量が約二〇パーセントしかない劣悪な貨幣で、開港の影響で物価が上昇していたのを、さらに加速させたのである。開港このかた、よいことが一つもなく、生活が苦しくなるばかりだと幕府をうらんでいた民衆が、尊攘運動に期待したのは自然のなりゆきだった。

ここで「攘夷」という言葉について、少しふれておきたい。岩波書店『広辞苑』は「攘夷論」を「幕末に台頭した、外国を排撃し鎖国を主張する議論」と説明しているが、これでは極端な排外主義者の主張を解説しているにすぎない。たとえば長州藩の要職（政務役）にあった周布政之助《すふまさのすけ》の「攘夷、而後《しかしてのち》、国可開《くにをひらくべし》」（破約攘夷を実現し、対等な条約を結んで、真の開国をするべきだ）という発言を、『広辞苑』の説明では理解することが不可能だ。

幕末の史料には実にさまざまな意味で攘夷という言葉が用いられる。幕末には「条約改正」という言葉がないから、列強との条約をめぐる交渉も「攘夷」と表現される。また長州藩士高杉晋作が同志の久坂玄瑞《くさかげんずい》と、品川御殿山《ごてんやま》に建設中だった無人のイギリス公使館に放火したのは、高杉の意識では、増長するイギリスに対する抗議の行動だったのだが、これも攘夷の行動と記されるのである。史料に出る「攘夷」の意味は、その時、その場の状況をよく考えて判断しなければならないので、なかなかやっかいな言葉なのである。

幕府を弾劾するような意味を含んだ尊王攘夷論は、七月に入ってから、京都で燃え上がる勢いとなるが、その前に島津久光の幕政改革の提言と、江戸への出府、そして幕府の対応についてみておこう。

†幕政改革

久光は近衛家に参邸した当日(四月十六日)、意見書を提出した。

①破約攘夷については天下の公論で基本方針を定める。②松平春嶽(慶永)を大老職に就任させる。③名目だけの将軍後見職田安慶頼《たやすよしより》をやめさせる。以上、朝廷から幕府に強く要求する。④浪人どもと接触して、天皇の意向を漏らし、彼らの説をみだりに信用しないように。この点は公家にたいする注意(全部で九カ条)。およそこのような内容だった。

朝廷は久光の建言《けんげん》を入れて、大原重徳《おおはらしげとみ》を勅使に任命した。大原勅使は久光と大久保利通をしたがえて、六月七日、江戸に乗り込んだ。大原の仕事は、一橋慶喜と松平春嶽を幕府の役職に就任させることである。人事への介入だから、幕府は抵抗した。しかし公家でありながら剛直な老人(六一歳)として鳴り響く大原は引かない。

六月二十六日、老中の脇坂安宅と板倉勝静《いたくらかつきよ》を、武家伝奏屋敷に招いて会談した際には、あくまでも拒否するなら、帰さないと大久保が言っている、と伝えたところ、二人は顔色を変えて押し黙ったという。かつての幕府の威光は見る影もない、その様な光景だった。

七月六日、ようやく一橋慶喜が将軍後見職に任じられ、九日に松平春嶽が新設の政事総裁職のポストに就任して、勅使の使命は達せられたのだった（幕府は四月二十二日に、一橋慶喜、松平春嶽など、大老井伊政権時代に処罰された者を赦免《しゃめん》し、五月中には鷹司政通、近衛忠煕など公家の処分も解いた）。

この年五月二十二日、幕府は諸政改革を布達《ふたつ》。改革の中心は軍政改革で、軍事職として陸軍総裁、海軍総裁などが設置され、陸軍では歩兵・騎兵・砲兵の三兵による常備軍を編成し、海軍の増強にも着手した。老中も井伊大老政権を引き継いだ安藤信睦と久世広周（安藤・久世政権といわれた）が退き、松平信義《のぶよし》（亀岡《かめおか》藩主）、水野《みずの》忠精《ただきよ》（山形藩主）、板倉《いたくら》勝《かつ》静《きよ》（備中松山藩主）、井上正直《いのうえまさなお》（浜松藩主）の新体制となった（龍野《たつの》藩主脇坂安宅は、九月六日辞職）。

慶喜と春嶽の登用にあたっては、新体制の老中が反対勢力の説得にあたったと思われるが、人事を含む改革が進行していたことが幸いしていたといえよう。また閏《うるう》八月（閏年で、後の八月ともいう）二十二日、幕府は大名などの参勤交代を緩和し、隔年の江戸出府を三年に一度に、江戸滞在期間は三カ月、妻と嫡子の江戸居住（在府）を義務づけていたものを、在府、在国ともに自由とした。

しかし一八六四(元治元)年九月一日、幕府は参勤を旧制に戻すことを発令した。これは禁門の変で朝敵となった長州を征討する、諸藩連合軍の編成を進める中で、幕府の威光を示そうとしたものだった。しかし、ほとんどの大名は従わず、かえって幕府の衰えを示す皮肉な結果となった。

†四賢侯の結合

すこしあと戻りして、八月十九日。一橋邸で慶喜と春嶽、久光の三人が、久光が建言した幕政改革について話し合った。久光が慶喜と春嶽に会うのは、これが初めてだった。しかし春嶽は、慶喜擁立運動で同志的関係にあった島津斉彬から、実弟久光が有能な人材であることを聞かされていたから、うちとけた会合となったようだ。

建言の主だったものをあげてみよう。①参勤を緩和して、海防充実の費用に当てる。②破約攘夷をめぐる外交方針と外交担当大名の設置について。③対外関係についての国家の基本方針(国是)を幕府が策定し、朝廷と意見調整をおこなったうえで、将軍が上洛し、最終的に国是を確定する、等々の件について、全部で二四カ条に及んでいた。

三者が、どのような発言だったのか、記録は残っていない。しかし閏八月二十二日の参勤交代の緩和は、春嶽が老中を説得して発令に至ったことからも、この日の率直な話し合いが後押ししていたのだろう。最も重要なことは、この日を機に慶喜（二五歳）、春嶽（三四歳）、久光（四五歳）の三者間に、行動をともなう提携関係が生まれたことである。

春嶽は、いわゆる一橋派の同志山内容堂《ようどう》（土佐前藩主・豊信。三五歳。幕府の勧告により隠居）と伊達宗城（宇和島前藩主。四四歳。自主的に隠居）に久光を紹介した。のちに四賢《しけん》侯《こう》（または四侯）と称される、春嶽、久光、容堂、宗城の同志的結合だった。

この四人は藩の実権を握っている事実上の藩主だが、身分としては隠居であり藩主の父である。したがって個人の意見として自由に発言し、思い立ったときに身軽に動ける、いわば隠居の強みと利点があり、幕末の変転する状況に、自分の責任と判断で対応することができた。

四侯に共通するのは、列強との武力対決になるような、過激な攘夷論に反対し、幕府を攻撃するだけの激論を嫌っていたことだった。破約攘夷は、あくまでも外交交渉で平和的に、幕政改革は急がねばならないが、今倒れても困る、幕府にもやるべきことがある、朝廷と幕府が両輪となって諸藩と協力し、挙国一致の体制を強化し牽引して行かねばならない。日本の将来に向けての、そのような共通理解だった。この点にかんしては慶喜も異論はなく、慶喜と四侯の協力関係が、元治《げんじ》国是会議の分裂（一八六四年二月）まで、一年半ほど続くのである。

3 政治の都・京都の尊攘運動

†盛り上がる尊攘論

八月二十一日（一八六二・文久二年）、島津久光は大久保利通を伴い、江戸を発ち京都に向かった。同日、生麦村《なまむぎ》（横浜市鶴見区）にさしかかったとき、上海から来日し、騎馬で川崎大師に向かう生糸商リチャードソンほか三名のイギリス人と遭遇した。彼らは大名行列と出会った際の、やり過ごし方を知らなかった。無礼をとがめる薩摩藩士に斬られ、リチャードソンは即死だった。生麦事件である。

閏八月七日、京都三条大橋を渡り、寺町通りを北に上がって、今出川《いまでがわ》通りを西に折れ、御所の西北角にある近衛邸に向かう久光を、京都の民衆は沿道を埋めつくして、攘夷を決行したヒーローとして迎えた。その熱狂ぶりを大久保は「言語につくしがたく……夢中の心持」だったと日記に記している。

感激の言葉ではなく、現実とは思えないような戸惑いの気持ちを、大久保は「夢中」と記していたのだ。大久保はもちろん、久光も薩摩藩士も、攘夷の行動だったとする意識はなかった。大名行列を犯した者の無礼をとがめた行為であり、日本人であっても、このような場合は無礼討ちとなっていたであろう。三カ月余りの間に、京都の空気が激変していたのだった。

その中心にいたのが長州である。七月六日、京都の長州藩邸で、藩主以下の首脳部による会議がおこなわれた。天皇が望んでいる破約攘夷を実現するために、長州藩がどのように尽力するのか、その方針を定めようとの評議だった。長州藩はすでに朝廷へは忠節《ちゅうせつ》（まごころを尽す）、幕府へは信義、先祖へは孝道《こうどう》を、藩の基本方針（藩是）と定めていたが、この藩是を確認し、議論を重ねたうえで、次のように今後の運動方針を定めた。

天皇・朝廷が望む破約攘夷を達成するため、長州藩は誠心誠意尽力する。幕府に妨害された場合は、幕府への信義を断ち切り、藩の存亡にかけても、朝廷のために尽くす。ただし重要なことは、幕府への信義を基本としながら、天皇の意志を尊重して、まごころを込めて幕府が破約攘夷に向かって動くよう働きかけることだ（「浦靭負《うらゆきえ》日記『山口県史　史料編　幕末維新』3）。

条約は幕府の責任で調印した。列強が日本の政府だと認める幕府が動かなければ、長州がどれほど大声をあげても、破約攘夷は一歩も進まない。長州の仕事は、幕府に強い決意で督促し、世論を盛り上げ、圧力をかけることだ。これが新たに決議された基本方針（破約攘夷の藩是）だった。報告を受けた朝廷は喜び、攘夷の気分が一挙に盛りあがっていった。久光を迎えた沿道に女官の姿も見えたのには、このような背景があったのである。

†幕府批判とテロ

武力を誇る長州が、破約攘夷のための先兵となることを覚悟した。朝廷内外の強硬論者は、長州の藩論決議をこのように受け止めて、勢いづいた。

七月二十日、前関白九条尚忠の家臣島田左近《さこん》の首が、竹槍に串刺しとなって四条河原に晒《さら》された。立札には安政の大獄の際に、大老井伊直弼の腹心長野主膳に協力した罪だ、と書かれていた（犯人は薩摩藩の田中新兵衛《しんべえ》など）。幕府に対する抗議行動としてのテロリズムである。

八月十六日、三条実美（二五歳）、壬生《みぶ》基修《もとなが》（二七歳）など、若手中心の公家一三人が、内大臣久我《こが》建通《たけみち》、岩倉具視らが、和宮と家茂の結婚の際に、幕府に通じ朝廷の機密をもらしたとする弾劾文を、関白近衛忠熙に提出し、朝議の結果、蟄居の処分となった。久我、岩倉を幕府への協力者に仕立て、断罪するのは、幕府に抗議し圧力をかけることを目的としていた。朝廷の空気は、およそこのような主張が主流となっていった。天皇は冤罪《えんざい》だと言っていたが、三条らの強硬論者を抑えきれない。

八月二十七日、彦根藩は長野主膳を斬刑の処分にして、禍《わざわい》がおよぶのを避けようとした。閏八月二十二日、九条家家臣宇郷重国《うごうしげくに》が（犯人は不明）、二十九日には、目明《めあか》し文吉《ぶんきち》が幕府の手先だとして晒首になった（犯人は土佐の郷士・人斬り以蔵こと岡田以蔵《いぞう》など）。

閏八月二十三日、久光は京都を去った。破約攘夷については、十分に議論をつくして国是と位置づけ、挙国体制で取り組んでゆかねばならないとする久光の意見に、朝廷内で真剣に耳をかたむける者がいなかった。理性を失ったかのような京都に失望して、久光は帰国の途についたのである。

九月十二日、岩倉具視邸に「天に代わって討つ（天誅《てんちゅう》）」と予告する脅迫文が投げ込まれた。豪胆な岩倉だが周囲に勧められて髪を切り僧体となって、洛北《らくほく》の岩倉村に隠棲《いんせい》した。九月二十二日、京都町奉行与力渡辺金蔵《わたなべきんぞう》ほか三人が斬られ、晒首となった（犯人は田中新兵衛、岡田以蔵、長州藩士久坂玄瑞など）。激化するテロは、安政の大獄にたいする報復の意味合いも強いが、幕府に対する圧力になったことは言うまでもない。

京都町奉行は委縮してしまい、所司代の宮津《みやづ》藩主本荘宗秀《ほんじょうむねひで》も手を出さない。安政の大獄の際の強気は見る影もなかった。わずかに京都対策として、幕府は閏八月一日に、会津藩主松平容保《まつだいらかたもり》を京都守護職に任命したが、容保の京都着任は十二月二十四日だった。

†攘夷督促の勅使と土佐

参勤の途中、大坂に滞在していた土佐藩主山内豊範《とよのり》（一六歳）が、朝廷の要望を受けて、七月二十五日に入京し、同日、滞京して警備にあたるようにと命じられたのが、最初のテロ、島田左近襲撃の五日後のことだった。

島津久光に命じたのは、浪士の取り締まりだったが、山内豊範に命じた警備は、幕府の動きしだいで、京都が混乱状態となった場合にそなえてのものだった。豊範に従って土佐勤王党の首領武市《たけち》瑞山《ずいざん》も入京した。尊王攘夷の激論家として鳴り響いた長州の久坂玄瑞（二三歳）と土佐の武市瑞山（三三歳）が京都で合流したのである。

この年二月、久坂は武市に「諸侯恃《たの》むに足らず、公卿恃むに足らず、草莽志士糾合のほかには策なし（諸侯も公卿も頼りにならない、だから我々のような身分は低いが志の高い者が、力を合わせなければ日本を救うことができない）」と、坂本龍馬を介して手紙を届けていた。

吉田松陰が嘱望し、師の妹と結婚した久坂だけに、主張は松陰の「草莽崛起論」（五九ページ）を継承したものだが、その想いは、武市はもとより平野国臣や真木和泉らの激論家にも共通するものだった。自主的に行動を起こそうとしない幕府と公家、諸侯だが、自分たちが先頭に立って彼らを動かせばよいのだ。こうして旧知の仲だった武市と久坂が、これから京都における尊攘運動の中心となってゆくのである。

閏八月十四日、破約攘夷を国是と定めたい長州は、家老益田右衛門介《ますだうえもんのすけ》らが関白近衛忠熙邸に行き、朝廷の意志を確認したいと申し出た。これにたいして十八日、天皇から朝廷内の群臣（諸役の公家）に、攘夷について自分の考えは不変だが、率直な意見を聞きたいとの言葉があった。期待したような勅命ではなかったが、長州は天皇が破約攘夷を望んでいることを確認できたと受け取った。

天皇の発言は朝廷内外の攘夷強硬論者を後押しした。そして幕府に破約攘夷の実行を督促《とくそく》する勅使を派遣しようとの意見がたかまり、九月二十一日の朝議で、三条実美を正使に、姉小路公知《あねがこうじきんとも》を副使として派遣することを決議した。三条と姉小路を強く推薦したのが、長州と土佐の激論家たちである。朝廷内の穏健論者である朝彦親王と議奏正親町三条実愛は、三条と姉小路の「激烈」な人物では心配だと言ったが、朝議は変わらなかった。

勅使三条実美の従者として、山内豊範が藩士を率いて江戸に行くことになった。実美の生母が土佐藩主だった山内豊策《とよかず》の娘で、二条家と山内家の縁に配慮したものだが、薩摩、長州とのバランスを考えたうえで決まったものであろう。勅使は十月十二日に京都を発ち、二十七日に江戸に到着した。

幕府に攘夷を督促する勅書には……人民も希望している攘夷を国是とすることによって、全国の人心が一致に至るから、早く天下に布告されたい、「攘夷」実行の「策略」については、武家で衆議を尽して「良策」を定めることを望む……とあった。

外国との戦争は絶対に避けること。これが天皇の固い意志だった。だから「攘夷の策略」とは武力で外国を排除することではない。外交交渉で通商条約を解消し、改めて対等な条約を結びなおす。それが困難なら、部分的な改正を実現する。これが天皇の破約攘夷なのである。近代の言葉では条約改正であるが、幕末では攘夷と表現する。すなわち条約改正の手段・方法について、衆議をつくして良策を案出してほしい、ということだった。

†諸大名の上京

十月十四日、薩摩（島津）、長州（毛利）、土佐（山内）、仙台（伊達）、熊本（細川）、福岡（黒田）、佐賀（鍋島）、久留米（有馬）、岡（中川）、芸州（浅野）、岡山（池田）、鳥取（池田）、徳島（蜂須賀）、津（藤堂）の一四藩に、勅使を派遣して、幕府に攘夷を国家の基本方針と定めるように督促したから、諸藩もそのように心得て、国家のために尽力することを求める、とする天皇の言葉が伝えられた。

『孝明天皇紀』は、これを「内旨《ないし》（内々の天皇の命令）」と表現するが、武家伝奏を通じて伝える正規の方法を取らなかったからで、幕府にはばかることなく公然となされた、事実上の天皇の命令だった。天皇の命令があったことは、一四藩の他にも伝わり、翌一八六三（文久三）年の正月過ぎから、次々と諸大名の上京が続いた。もちろん幕府の許可など得ていない。

三月初めまでに上京した、一四藩以外の大名をあげておこう。佐土原《さどわら》（島津忠寛《しまづただひろ》）、高《はか》鍋《なべ》（秋月胤殷《あきづきたねとみ》）、尾張（徳川茂徳《もちなが》）、久保田《くぼた》（佐竹義尭《さたけよしたか》）、島原《しまばら》（松平忠和《ただかず》）、米沢《よねざわ》（上杉斉憲）、松江《まつえ》（松平定安《さだやす》）、津山《つやま》（松平慶倫《よしとも》）、越前（松平茂昭《もちあき》）、篠山《ささやま》（青山忠敏《あおやまただゆき》）、高田（榊原政敬《さかきばらまさたか》）、明石《あかし》（松平慶憲《よしのり》）、七戸《しちのへ》（南部信民《なんぶのぶたみ》）、加賀（前田斉泰《まえだなりやす》）、新発田《しばた》（溝口直溥《みぞぐちなおひろ》）、高槻《たかつき》（永井直《ながいなお》矢《つら》）、伊予松山《いよまつやま》（久松勝成《ひさまつかつしげ》）、水戸（徳川慶篤）、対馬《つしま》（宗義達《そうよしあきら》）、高松（松平頼聡《よりとし》）、以上の二〇藩で、以後も続き、八月までには計六〇藩を超えている。

大名の家格でみると御三家、親藩、譜代、外様とかたよりはない。地域的には幕府に遠慮してか関東地域の藩は見えないが、九州、中国、四国、近畿、東海、北陸、越後、東北と全国におよんでいる。また俗にいう勤王藩あるいは佐幕から勤王に鞍《くら》替えしつつある藩というわけでもなく、連絡しあって京都をめざしたわけではない。

しかし彼らには共通するものが一点あった。それは国是をめぐる議論に参加することである。攘夷督促の勅書と一四藩への内命にみられるように、武家で衆議を尽すことを要望するのは、挙国一致の体制を作るためであり、そのうえで破約攘夷に立ち向かうためである。島津久光、松平春嶽、山内容堂、伊達宗城の四侯、そして一橋慶喜も同じ考えだった。この点は諸大名もよく理解していたのである。

諸大名は家臣・藩兵を引き連れて上京した。そして将軍家茂も上洛《じょうらく》する。こうして京都は武士であふれ、一挙に政治の都となっていった。

†将軍の上洛と攘夷の国是

十二月五日、臣家茂の署名と花押《かおう》（書判《かきはん》ともいい署名の下に書く）を付した奉答書（返事）が三条勅使に提出された。それには……勅書のご趣意を拝承いたしました、策略などの件は、衆議を尽して、上京の上で詳しく申し上げます……とあった。

しかしこのとき、破約攘夷を成功に導く策略があったわけではなく、諸大名と衆議を尽す機会を設ける計画もなかった。また上京すれば朝廷内外の強硬論者から、攘夷期日（外国に破約攘夷を通告する日）の決定を迫られることが明白だったが、この点についても幕府内で踏み込んだ議論があったわけではない。

何もかも白紙状態のままで上京するという。信じがたいような話だが、これが幕府の実態だった。江戸藩邸にいた松平春嶽と山内容堂が強く反対したが、方針は変わらなかった。上京取りやめなどになったら、何が起こるかわからない、京都はそのような険悪な空気になっている、という情報が届いて、老中は不本意ながら決断を迫られたのである。

年が明けて一八六三(文久三)年二月十三日、家茂は約三〇〇〇人の随員をしたがえて江戸城を発ち、三月四日、二条城に入った。将軍の上洛は、三代将軍家光《いえみつ》が一六三四(寛永十一)年に約三〇万といわれる兵を率いて上洛して以来、実に二二九年ぶりのことだった。

三月七日、家茂が参内《さんだい》(内裏・禁裏御所に参上)。小御所で天拝授与の儀式がおこなわれた後、御学問所《おがくもんじょ》に席を移して、天皇から「攘夷を成功させるために尽力せよ」との言葉が伝えられた。この時、関白以下三大臣が出席したが、その席順は、関白―左大臣―右大臣―内大臣そして家茂。ところが家光参内の際は、家光が最上席で、以下関白、左大臣、右大臣、内大臣だった。老中が心配していたように、屈辱的ともいえる扱いとなっていた。

この日、関白鷹司輔熙《すけひろ》から天皇の言葉(勅命)が家茂に伝えられた。幕末政治の潮流を作り出した重要な勅命だから、全文を現代文に読みくだして引用しておこう。

征夷将軍の職務を、是《これ》まで通り委任するから、いよいよ以《もっ》て叡慮《えいりょ》(天皇の意志)を遵奉し、君臣の名分を正し、闔国《こうこく》（全国）一致して、攘夷の成功を奏し（成し遂げ）、人心が帰服《きふく》する（一つになる）政治をやりなさい、国事については、事柄によっては、直接諸藩に命令することがあるから、前もって、このように命じておく。

冒頭は、征夷大将軍には従来から政務（大政とも言う）を委任しているから、という意味になる。将軍への政務委任は、これまで天皇・朝廷と将軍・幕府との間の、暗黙の了解事項であるが、この勅命で初めて書面上に記載された、歴史的文書である。

ついで挙国体制（闔国一致）で破約攘夷をなしとげなさいと続く。この勅書にたいして家茂が、つつしんで承る（「奉畏」）と請書を差し出したから、ここで攘夷が正式に国是と決定し、攘夷のための行動は、勅命に従っておこなったものと理由づける根拠となる。

いまひとつ注目すべき点は、国家にかかわる重要な件（国事）については、幕府を介さず、意見調整をしないで、直接大名に命令する場合がある、としていることだ。いわばこれまでの内命《ないめい》を公然化するというのである。諸大名は朝廷と幕府の双方から命令を受けることになるが、朝廷と幕府で意見が異なる場合、混乱が生ずるのは目に見えていた。そして二カ月後に、攘夷の決行をめぐって現実となったのである。

4 攘夷の決行

†攘夷祈願の行幸

家茂が江戸を発つ二日前の二月十一日、長州藩士の久坂玄瑞と寺島忠三郎《てらじまちゅうざぶろう》、熊本藩士轟《とどろき》武兵衛《ぶへえ》の三人が、関白鷹司輔熙邸に押しかけ、攘夷決行の期日をすみやかに決定するように迫った。そして我々の意見を聞き入れなければ、ここで切腹すると脅迫した。

彼らの同志である熊本藩の宮部鼎蔵《みやべていぞう》、河上彦斎《かわかみげんさい》、土佐藩の武市瑞山、平井収二郎《しゅうじろう》、水戸藩の金子勇二郎《ゆうじろう》、大胡聿蔵《だいごいつぞう》、そして長州の佐々木男也《おとや》、久坂、寺島らの集会に、長州藩世子毛利定広《さだひろ》が出席して慰労の宴会となり、定広は彼らに酒を注いでやっていた。

破約攘夷を何時決行するのか、将軍の口からその期日を明言させようと待ち構えている、家茂はそのような、ただならぬ空気が渦巻いている京都に、呼びつけられていたのだった。そして長旅の疲れを癒す間もなく、天皇の賀茂社行幸《ぎょうこう》（天皇の外出）に連れ出されるのである。

攘夷の成功を祈願するため、一八六三（文久三）年三月十一日、孝明天皇が賀茂別雷《わけいかづち》

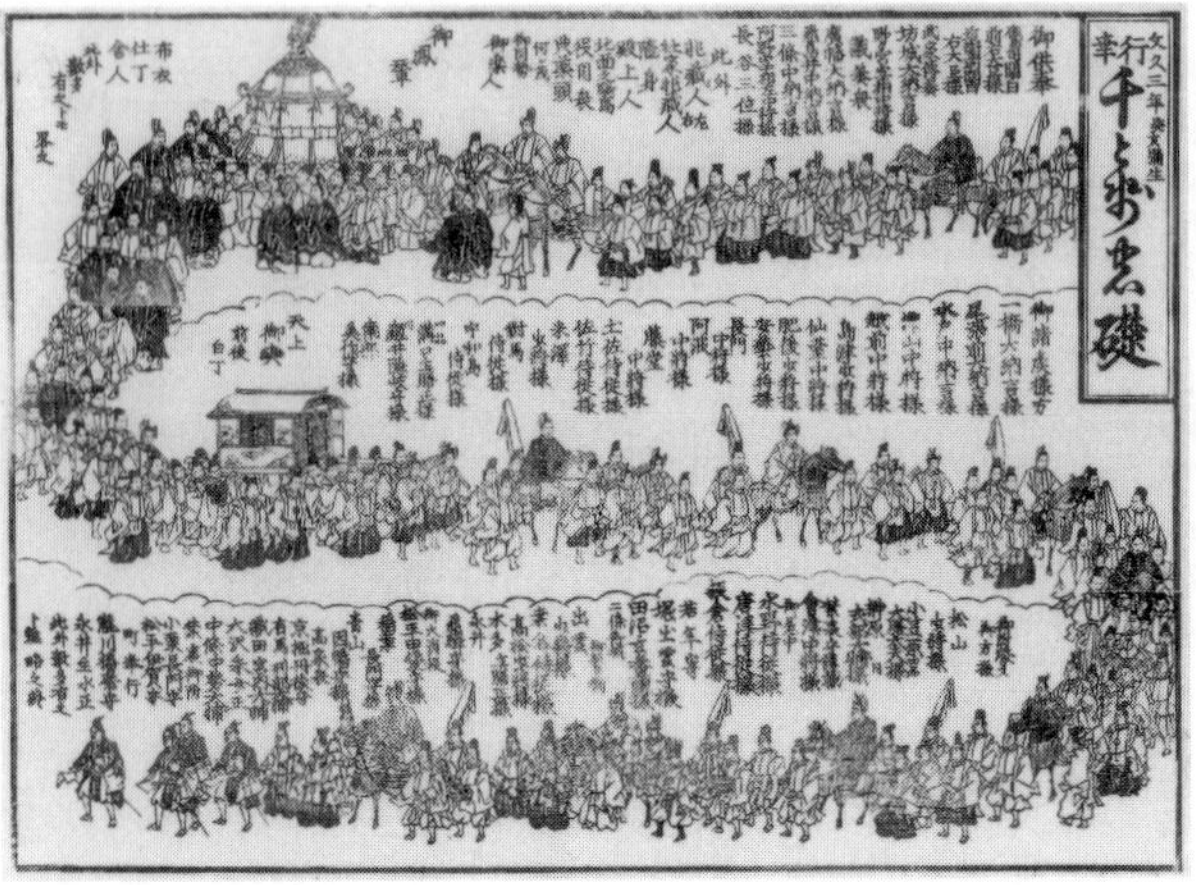

賀茂社行幸（著者蔵）

神社（京都市北区上賀茂）と賀茂御祖《みおや》神社（左京区下鴨）に行幸した。天皇が禁裏御所の外に行幸するのは、江戸初期の一六二六（寛永三）年に後水尾《ごみずのお》天皇が、上洛した将軍家光が待つ二条城に行幸して以来の、二三七年ぶりのものだった。近世の天皇は二〇〇年以上の長い間、御所の外の世界を知らずに生活していたのだった。幕府が許さなかったのである。

行幸は人々に鮮烈な印象をあたえた。関白をはじめとして有力公卿が天皇の乗っている鳳輦《ほうれん》（天皇の行幸用の乗り物）の前後に付き添っていたのは当然として、池田茂政（岡山藩主）、宗義達（対馬藩主）、亀井茲監《これみ》（津和野藩主）、佐竹義尭（久保田藩主）、毛利定広（長州藩世子）、細川慶順《よしゆき》（熊本藩主）、上杉斉憲（米沢藩主）、伊達宗城（前宇和島藩主）、池田慶徳（鳥取藩主）、伊達慶邦《よしくに》（仙台藩主）、蜂須賀斉裕《はちすかなりひろ》（徳島藩主）が先陣を勤め、天皇が乗っている鳳輦の後に後陣として将軍家茂、徳川慶篤（水戸藩主）、一橋慶喜、老中などの武家が従った。

近世社会の常識では、天皇・朝廷は、幕府の政治的支配下にある。しかし常識はくつがえされた。この行幸は儀式ではなく、国是と定めた破約攘夷を成功させるための、重要な政治的行為であり、その場において、天皇は将軍と大名を従えて、日本国家の最上位に位置する存在であることを、無言のうちに誇示していたのである。

†攘夷の期日が決まる

ひと月後の四月十一日、攘夷祈願のため、今度は南山城の石清水八幡宮《いわしみずはちまんぐう》（京都府八幡市）への行幸がおこなわれた。前回と同じように鳳輦の前後に、公家と諸侯が従ったが、将軍家茂は病気を理由に辞退していた。

賀茂社行幸と違って、今回の行幸は前もって予告されたから、多数の見物人が集まった。京都の宿屋は客であふれ、伏見や淀《よど》、八幡《やはた》、枚方《ひらかた》あたりの旅籠《はたご》まで満員となった。二三〇年以上も天皇は民衆の前に姿を現していなかったが、民衆は天皇に強い関心をしめして見物に集まり、しかも将軍と大名を従えた、生まれ変わったかのような天皇を発見したのである。ただし天皇は鳳輦の中にいて、顔はもとより、その姿の一部さえも民衆の前に現さなかった。

姿は見えないが、攘夷を実現するために積極的に行動する天皇の存在を、民衆は確認できた。行幸の模様は、多色刷りの錦絵版画や単色の墨《すみ》摺《ず》り物に描かれ、広く流布《るふ》して行った。行幸を見物できなかった人々も、このような刷り物や、口から口へと伝わってくる話で、行幸の熱気のようなものを感じ取ったのである。

行幸を企画・提案したのが、毛利定広を中心とした長州の激論家グループである。彼らのねらいは、行幸によって攘夷の気分を盛り上げて、一挙に攘夷決行の期日決定まで、ことを運ぼうというものだった。

攘夷決行の期日とは、通商条約を結んだ外国に、条約の解消・破棄を通告することである。予備交渉はないから、一方的な通告となる。外国との間で、どのようなトラブルが起こるか、予測もできない。これでは攘夷を成功させるどころではない。老中は期日の明言を避けようと頭を捻るが、名案など浮かぶわけがなかった。そしてついに幕府は、四月二十日、朝廷に、五月十日をもって、その期日としたいと答えたのである。

翌日、朝廷は在京の諸藩留守居に、武家伝奏を通じて攘夷期日についての勅命を伝えた。ついで幕府からは二十三日に、諸藩へ通達があった。朝廷の命令と、幕府の通達を並べて引用しておこう。

［朝廷］「外夷拒絶」の期限は、来る五月十日と決定になったので、ますます軍政を整え、醜夷《しゅうい》を掃攘《そうじょう》（追い払う）するよう命ずる。

［幕府］攘夷の件は、五月十日に拒絶すると、朝廷から達しがあったので、銘々《めいめい》その心得をもって、自国の海岸防御を厳重に備え、襲来した場合は、掃攘するように致しなさい。

「外夷拒絶」の期限とは、破約攘夷を通告する日のこと。しかし外国が一方的な通告を、だまって受け入れるとは思えない。なんらかの行動を起こすことも考えられるから、軍備を整える必要がある。また不服で強硬な西洋人（醜夷）が、乱暴な行動に出る場合があるだろうから、そのときは武力を行使してでも追い払い（掃攘）なさい。朝廷の命令はこのような意味になる。

幕府の通達は主に沿海の諸藩（有力藩のほとんどが沿海に位置する）に対してなされたものだが、「襲来」した場合に「掃攘」せよと、限定的条件を明記した点が重要だ。朝廷の命令は、武家の受け止め方次第で、追い払う対象となる西洋人が、無限定に拡大していく恐れがある。幕府の通達は、そのようなことにならないようにと、言外《げんがい》に含みをもたせたものだったのである。

†下関攘夷戦争

五月九日、老中格小笠原長行《おがさわらながみち》が横浜に出向いて、イギリス代理公使ニール（公使オールコックは帰国中）に生麦事件の賠償金四四万ドルを支払い、ついで各国公使と面会して、外国との交際・通商を絶つことを国家の方針としたから、諸港を鎖《とざ》し、居留の外国人を帰国させるようにと、朝廷から将軍に命令があったことを告げた。破約攘夷の通告である。

幕府は、懸案となっていた賠償金問題を片付けたうえで、横浜鎖港の交渉から手を付けていくつもりだったが、各国公使の反応は冷ややかなものだった。そして翌十日には書面で、国交拒絶を非難し、居留民の退去を強要するならば、断乎《だんこ》として自衛の行動に出ると抗議した。幕府の計画は最初からいきづまってしまった。

各国が態度を硬化させるなか、下関（山口県）で長州とアメリカ、フランス、オランダとの戦争となった。五月十一日の午前二時過ぎ、長州の軍艦庚申《こうしん》・癸亥《きがい》の二隻が、小倉藩領田《た》ノ浦《うら》沖に停泊していたアメリカの商船ペンブロークを砲撃した。長州の両艦は一二発の弾丸を発射し、うち三発が米船にわずかな損傷をあたえたが、逃げられてしまった。

前日の午後、停泊しているペンブロークを発見していたが、長州藩の上層部は攻撃に消極的だった。しかし下関の警備にあたっていた、久坂玄瑞配下の光明寺《こうみょうじ》党といわれる浪士隊が、商船とわかっていながら砲撃を決行したのである。襲来した場合のみとする幕府の通達を無視して、朝廷の命令にしたがい「掃攘」行為に出たのだ。

攘夷を決行して外国を追い払ったと、藩内が沸きたち勢いづいてしまった。二十三日、長崎に向かうフランス軍艦キャンシャンが、ペンブローク事件を知らずに、長府《ちょうふ》沖から海峡に入ったところで、長州の砲台から砲撃された。二十六日には、横浜に向かうオランダ軍艦メデューサが砲撃され、水兵四人の死者をだした。米仏両国船に対する長州藩の攘夷決行を知っていたが、日本とは古くからの親交があったから、アメリカやフランスと同じ扱いにはなるまいとの、油断があったようだ。

報告を受けた朝廷は、外夷拒絶の期限に違わず、掃攘に及んだことを天皇が喜んでいること、そしてさらに武威《ぶい》を海外に輝かすよう勉励《べんれい》せよ、とする天皇の言葉を、六月一日に長州藩主毛利慶親に伝えた。外国との戦争は避ける、と天皇は言い続けてきたから、この勅命はおそらく三条実美などの強硬論者の作文であろう。

同じ六月一日、今度は長州が、アメリカの軍艦ワイオミングに攻撃され、五日にはフランスの軍艦タンクレードとセミラミスの二隻の砲撃を受けた。外国側は、これは長州が戦争を仕掛けてきたと受け止めたのである。

ワイオミングの砲撃は、長州の砲台を圧倒し、軍艦庚申丸と壬戌《じんじゅつ》丸を撃沈、癸亥丸に再起不能の損傷をあたえ、長州の軍艦を全滅させた。フランスの軍艦二隻の攻撃は、長州の砲台を沈黙させ、セミラミスからは陸戦隊が上陸して、長州の砲台を破壊して使用不能とした。アメリカ、フランス両国ともに数人の死者をだし、軍艦にも損傷があったが、この戦争は長州軍の完敗に終わったのであった（古川薫『幕末長州藩の攘夷戦争』）。

しかし長州はくじけない。農民をまじえた奇兵隊《きへいたい》を組織して、藩の正規軍を補い、破約攘夷の藩論も翌年八月の、英米仏蘭四国連合艦隊の攻撃により敗北を喫するまで、変わることはなかった。

†薩英戦争

六月二十二日、イギリス東インドシナ艦隊司令官キューパーと、代理公使ニールが乗る旗艦ユーリアルスが、六艘の軍艦を率いて横浜港から鹿児島に向かった。すでに生麦事件の賠償金を幕府から受けとっていたが、リチャードソンを斬った犯人の処刑と、死者の親族などへの賠償金を要求して、直接薩摩と交渉するのが目的だった。

イギリス艦隊は二十七日、鹿児島湾に到着した。薩摩は横浜―長崎ルートの情報網を通

「英艦入港戦争図」柳田龍雪画（尚古美術館蔵）

じて、イギリスの来航とその理由、そして戦争を目的としたものでないことを知っていたが、翌日、旗艦に役人を派遣し、あらためて来訪の目的を質問した。ニールは上記の要求と二四時間以内の回答を求めた。

　これにたいする薩摩の回答は、犯人は行方不明であること、賠償金は他日、薩摩、幕府、イギリスの三者が会談したうえで、方向を決めたいというもので、ニールはきわめて不誠実な回答だと受け止めた。そして報復手段として、薩摩の汽船青鷹丸《せいよう》、白《はく》鳳《ほう》丸、天佑《てんゆう》丸の三艘を拿捕《だほ》したのである。薩摩はこれを幕府の通達にあった「襲来」と受けとった。そして「掃攘」するための戦争になったのである。

　七月二日、猛烈な台風の中で、薩摩の天《てん》

保山《ぼうざん》砲台が一斉に火を噴いた。薩摩にとって幸運だったのは、イギリス軍艦が最新鋭の大砲を搭載しているものの、船が揺れて照準が定まらなかったうえに、薩摩の砲兵が日ごろの訓練で距離を熟知している範囲内に停泊していたことだった。また旗艦ユーリアルスは、横浜で受けとって弾薬庫の前に積んでいた賠償金を移すのに二時間も要するなど、戦争を想定していなかったため、初戦は苦戦だった。

しかしイギリスは体制を立て直すとともに反撃に出、薩摩の砲台はことごとく破壊された。また砲弾で発生した火が、烈風にあおられて広がり、鹿児島市街中心部の大半を焼失した。戦闘は一日で終わり、イギリスは三日に鹿児島湾口に退いて、損傷した船体を応急修理して、四日、鹿児島を去った。イギリス側は旗艦の艦長ジョスリングと副長ウィルモットが即死、他に死者一三、負傷は五〇人にのぼった。

伊達宗城に送った手紙で久光は、薩摩が「全敗」に至らなかったのは「僥倖《ぎようこう》」だったと書き送っていた。長州の先勝は奇襲によるものだったが、薩摩は世界最強の大英帝国の海軍に、全敗を覚悟で正面から挑んだ。勝ったとは思わないが、負けたわけでもない。台風の襲来のみではなく、色々な幸運が重なってラッキーな結果となったと言っていたのだと思う。全力を傾けて抵抗する。これも攘夷の行動だったのである。

†日本国家の国防軍が必要だ

久光と薩摩の首脳部は、まもなくイギリスとの講和に動き、九月二十八日、横浜のイギリス公使館で談判を開始し、十月五日に妥結した。なぜはやばやと講和だったのか。久光は藩内への布告でこのようにいう。

いずれ外国側が同盟して、連合艦隊で鹿児島に押し寄せてくるだろう。その場合、薩摩藩が、幕府や諸藩の応援もなく、単独で「掃攘」を続けていくことは困難だ。この際はイギリスと講和を結び、将来富国強兵が実現したときの「掃攘の成功」を期したい。

この言葉には、長州藩の事情が背景にある。下関攘夷戦争後の六月十六日、朝廷は福岡、秋月《あきづき》、中津、小倉、津和野の五藩に、外国の再襲撃にそなえて、長州の応援を命じた。いっぽうで幕府は、外国船へみだりに発砲などしないようにと、七月九日、長州に厳命した。朝廷と幕府の命令が異なっていたから、五藩は静観をきめこんだ。

また長州は芸州と熊本の両藩に使節を派遣し応援を求めたがことわられ、薩摩にも援軍の派遣を要請したが、イギリス海軍の再来にそなえるためという理由で、薩摩もことわった。諸藩の態度決定には、突出した長州にたいする心配や、援軍を送っても勝ち目はないという、現実的な判断はあったであろうが、一番の問題は、幕府と藩との関係にあった。

幕府は、複数の藩の軍事的な協力・連合関係を厳しく禁じてきた。反徳川勢力の結集につながりかねないとする理由だった。したがって幕府が大転換をするか、説得力のある協力命令でないかぎり、諸藩は態度決定に、慎重にならざるをえなかったのである。このことは日本の国家防衛の論点から考えるとき、極めて重要な問題だったことがわかる。

話は戻るが、六月二十九日、京都の越前藩邸で土佐の脱藩士坂本龍馬と越前藩目付村田氏寿《うじひさ》が会っていた。龍馬は勝海舟に信頼されて、海舟塾の塾頭格となり、龍馬が使いとなって、松平春嶽から勝が開設した仮設海軍所（神戸海軍操練所の前身）の資金提供をうけた、そのお礼の訪問だった。そしてつぎのような話となった。

龍馬は、下関の攘夷戦争で、長州が負けたといわないで、日本が負けたという。こうなったのは幕府の役人が、外国の軍艦を江戸で修復することを許し、その軍艦で長州を攻撃させたからだといい、そのような幕府の「姦吏《かんり》」を打ち殺さなければならないとまでいう。トンデモ情報を信じての過激な発言だが、武市瑞山が「ホラの龍馬」とあだ名をつけたように、話が大きくなってしまうのが龍馬なのだ。

龍馬はいう。このままでは長州が外国に取られてしまい、取り返すことは困難だ。そうなるまえに手を打たなければならない。談判で外国を日本から退去させるべきだが、そのためにも幕府の「姦吏」を一掃しなければならない。ともあれ外国が攻撃してきた場合には「全国一致」での防戦あるのみだ。その体制を整えるのが急務だと強い口調だった。

村田の意見はこうだ。外国を退去させることは、ほとんど不可能だ。これは春嶽からよくよく聞いていることだ。現実論としては、長州が講和に動いて、賠償金でとりあえず話をつけるほうがよい。長州の外国船砲撃は軽はずみな行動だったから、まずは自分の責任で解決にあたるべきだというものだった。これは攘夷強硬論者をのぞけば、当時の意見を代表するものである。

しかし龍馬はゆずらない。日本国家のために決死の覚悟でやった長州を見殺しにするのか。長州が攘夷・掃攘論を放棄しないかぎり、かならず外国は攻めてくる。そのときは「全国一致」の力をもって防戦しなければならない。日本の領土の一部が、外国の所有になってもよいのかと力説した。村田は、長州一藩のために日本国家全体が倒れてはならない、と反論したが、迫力がなかった。龍馬の方が正論なのだ。

「全国一致」の力とは、挙国一致の体制で幕府と諸藩が連合した、日本国家の防衛軍だ。しかしこのとき、その構想さえもほとんど無に等しかったのである。ペリー来航以来、屈辱を胸にしまいこんで、挙国一致で力をつくせば、いつかは必ず日本が立ち直る日が来るのだと信じてきた。だが挙国一致の体制には、まだ一歩も前進していなかった。

長州と薩摩の攘夷戦争は、あらためて日本国家の危機的状況を浮き彫りにした。龍馬が

「日本を洗濯したい」といったのはこのときである。幕府の姦吏が残した汚点を洗い清めて、日本が立ち直るきっかけにしたいという、そういう思いをこめた言葉だった。

5　文久三年八月の政変

†姦人を掃除すべし

武力で夷人の「掃攘」を決行したのは、長州と薩摩の二藩だけだった。長州は完敗だったが「掃攘」を続ける決意に変わりがなかった。「掃攘」は天皇の命令を受けて（奉勅）おこなったのであり、それが藩の方針（藩是）だったからである。

薩摩は負けなかったが、以後の「掃攘」は放棄した。理由は、天皇が武力での「掃攘」を望んでいないことが確認できたからだった。薩摩はなにを根拠にしていたのか。すこし戻るが、五月末日に書かれた、久光に宛てた天皇の手紙を見よう。

天皇の手紙には、……朕が望む攘夷はおこなわれず、偽勅さえ出され、悲嘆の極みだ、朕と真実合体して「姦人《かんじん》を掃除」するために、急いで上京してほしい……と記されていた。天皇が望んでいない攘夷がおこなわれたという。それは長州藩の下関攘夷戦争である。

偽勅とは、四月二十一日に命じた、五月十日を期して「醜夷掃攘」せよとの勅命だ。その勅命を発令したのは、三条実美など攘夷強硬論者の「姦人」だったというのである。天皇は夷人の「掃攘」も自分の本心では、命じていないと打ち明けていたのだ。

前関白近衛忠煕は、三条ら「暴烈の堂上《とうしょう》」の増長がはなはだしいと嘆いていたように、天皇をはじめとして近衛や朝彦親王などの穏健論者は、ほとんど我慢の限界に達していた。そしてついに天皇は、強硬論者を朝廷から一掃することを決意して、久光に協力を求めたのだった。彼らをどうにかしない限り、最も恐れている外国との戦争になりかねないとの危機感が強くなっていたのである。

天皇の手紙は、近衛から薩摩藩京都留守居の本田弥右衛門《やうえもん》に届けられ、飛脚便を使わないで、本田が自分で運んだ。鹿児島到着が六月九日。当時、京都と鹿児島は一〇日間の旅程だから、本田は五月三十日には京都を出発していたと思う。このとき、京都薩摩藩邸には留守居など数人と、一五〇人ほどの藩兵だけで、藩の首脳部は一人もいなかった。

久光は動かなかった。実は三月十四日、天皇の賀茂社行幸の直後に、久光が入京し、近衛忠煕・忠房《ただふさ》父子、関白鷹司輔煕、朝彦親王、一橋慶喜、松平容保、山内容堂が集まっていた近衛邸で、つぎのように要望していた。

……攘夷期日を軽率に決議しないこと、脱藩した者などの暴説を信用しないこと、「暴説家」を信用する公家を退任させること等……。これだけの有力者がいながら、彼らは「暴説家」からの脅迫を恐れて、全員が押し黙ったままだった。久光は失望して、わずか四日の滞在で帰国した。このような苦い経験があったのである。

朝廷内外に協力者がいなければ、自分一人の力では、何事もなしえないとの判断だった。またイギリス艦隊が鹿児島に向かうとの情報も届いて、上京する余裕などなかったのも事実だった。ただし京都に背を向けていたわけではなく、京都から届けられる情報を検討しつつ、対応策を考えていた。

†薩摩の決意

このような時に、尊攘運動活動家の長老であり、急進論の先頭に立つ真木和泉(五〇歳)が久留米から六月八日、京都に上ってきた。

到着早々、真木は長州藩士木戸孝允(桂小五郎《かつらこごろう》)に、天皇の大坂親征行幸を提言した。「天皇が攘夷のために立ち向かう強い姿勢を示す、そのことによって、挙国一致で長州支援の体制を作り上げよう」との計画だった。もちろん天皇自身は、行幸を受け入れる気持ちなど、さらさらなかった。

六月二十六日、真木和泉に、公家の勉学の場として、建春門《けんしゅんもん》の東に設けられた学習院への出仕《しゅっし》が命じられた。もし天皇に意見を伺ったとしたら、即座に否と言ったに違いない。おそらくこの人事は、木戸孝允の提案と、三条実美の推薦で決まったものであろう。学習院が攘夷強硬論者の集会の場となって、真木和泉を中心に、天皇を強引に連れ出す場合もふくめて、行幸計画がすすめられていくのである。

危機感を深めた近衛と朝彦親王、二条斉敬《にじょうなりゆき》（右大臣、のち関白）、鷹司関白らが相談して、七月十二日に、久光に上京せよとの勅命を発した。「……親征に助力してもらいたいから、急々に上京するように……」との内容で、正式に出された正真正銘の勅命である。

この勅の文面からは、久光に何を期待しているのか読みとれない。しかし三条実美や真木和泉らにとっては、上京してほしくない人物だった。そして十七日、突然に勅命が取り消しとなった。朝議で三条が強硬に主張したのだろう。もちろん天皇にことわりなど入れていない。ここまでくると天皇も怒りをおさめることができなかった。

同日、天皇の言葉が書面で伝えられた。鷹司関白と議奏の三条実美、広幡忠礼《ひろはたただあや》、長谷信篤《ながたにのぶあつ》、徳大寺実則《とくだいじさねつね》に、「自分も退位するから、その方も辞職せよ」と迫るものだった。広幡、長谷、徳大寺は、三条の支持者。鷹司は三条と距離を保っているが、長州の理解者の一人であり、朝廷の責任者の地位にあることを問われたものである。

天皇の怒りの言葉は、すぐに外部にも広がった。薩摩藩邸の村山斉助《さいすけ》が、報告のため京都を発ったのが二十一日のようだから、七月末には久光はじめ薩摩の首脳部に、勅命の取り消しと、天皇の激怒したことが伝えられた。ここでついに薩摩首脳部は、天皇が求める「姦人掃除」に動くことを決断する。

とはいえ、久光が藩兵を率いて上京し、武力を背景に、三条らを排除するわけではない。朝廷政治への武力での介入は、批判を招くのみだ。また長州勢力を京都から追放することを、目標としたものでもなかった。民衆にいたるまで、心情的には長州を応援する人々がすくなくなかったから、薩摩に対する批判の声を高める結果となることが見えている。薩摩にとって何の益にもならないのである。

この政変は、いまだに誤解されていることが多いのだが、長州の追放は、政変に付随して起こったことで、当初の計画にはなかった。ましてや薩摩が計画したものでもない。薩摩の役割は、政変への動きにスイッチを入れることだった。

†暴走する強硬論者

村山斉助が、薩摩首脳部の指示を仰ぐために留守にしていた二〇日ほどの間に、京都の政情はよりいっそう混乱模様となっていた。

八月四日、武家伝奏野宮定功《ののみやさだいさ》から在京の岡山藩主池田茂政に、心得のためにといって小倉藩処分案が内達された。処分案は真木と長州藩士がまとめたもので、朝議で評議中だったようだ。野宮は筋の通った中立をつらぬいた人物だが、内容が内容だけに、心配になって内々に漏らしたのだろう。処分案は、次のようなものだった。

小倉藩主小笠原忠幹の官位（従四位下）と所領一五万石を没収する。ただし跡目相続の者に、旧領の内から三万石をあたえる。処分の理由は、長州藩の下関攘夷に協力しなかったうえに、フランス軍艦の報復攻撃を受けた際、小倉領の田ノ浦に、フランス兵の上陸を許可したのは内通の所業だ、というものだった。

非協力的な者に対する、みせしめの処分であり、またその効果によって、強硬攘夷の気運が高まることを期待したのである。しかし池田茂政と鳥取藩主池田慶徳、徳島藩主蜂須賀斉裕、米沢藩主上杉斉憲の在京していた四大名が、強く反発した。

将軍の朱印状によって保障された大名の領地と地位が、一握りの勢力によって左右されるようでは、武家社会秩序の崩壊となる。長州が強硬に処分をもとめ、小倉が断固として拒否すれば、長州と小倉との戦争から、内乱にもなりかねない。内乱が国家をかたむけるのは、清国の現状を見ても明らかだ。反発の理由は、このような危機感だった。

前年（一八六二・文久二年）、清国の十年余にわたる民衆反乱（太平天国の乱）が収まったが、鎮圧の主力となったのはイギリス軍だった。その結果、清国に対するイギリスの介入が一段と強まった。この年の夏、幕府の上海調査団の一員として上海に滞在した長州の高杉晋作は、イギリス人のまえで卑屈になる清国人をみて、「清国がイギリスの植民地になったみたいだ」と嘆いていた。そして「国家を傾ける点では、対外戦争よりも内乱のほうが恐ろしい」と日記に記していた。

小倉藩処分問題が浮上するなかで、行幸先は大和《やまと》（奈良）に変更となった。大坂では外国側にたいする刺激が強すぎるとの配慮であろう。神武《じんむ》帝山稜《さんりょう》・春日《かすが》社に参詣し、破約攘夷の成功を祈願するとともに、しばらく滞在して「軍議」をおこなう、というのが八月十三日に発令された詔《みことのり》の文面である。軍議とは、外国に立ち向かう決意を確認する儀式のようなものと考えてよい。

しかし問題だったのは、行幸中に小倉藩処分が発令され、攘夷決行の勅命（醜夷掃攘）に従わなかった「違勅《いちょく》」の幕府役人や諸侯に「天誅」を加える、という計画がなされていたことだった。もしこんなことが実際に行われたら、大混乱となるのは必至で、まさに内乱前夜の様相となる心配があった。

しかし真木和泉は止まらない。彼の日記を見ると、三条実美、広幡忠礼、徳大寺実則、長谷信篤（以上、議奏）および豊岡随資《とよおかあやすけ》、東久世通禧《ひがしくぜみちとみ》、烏丸光徳《からすまるみつえ》、万里小路博房《までのこうじひろふさ》（以上、国事参政）らの強硬論者に面会して、朝議で決議するように働きかけていた。朝議は十二日に行幸を決議。同日、真木は長州藩家老益田弾正《だんじょう》と祝杯を挙げている。そして翌十三日、天皇が拒否してきた大和行幸が詔で発令された。三条や真木らの暴走といわざるを得ないだろう。

朝議のメンバーと、行幸にたいするそれぞれの立場を見ておこう。関白鷹司輔熙は慎重論だったが、ここにきて行幸支持に転じた。左大臣一条忠香（中立）。右大臣二条斉敬（反対）。内大臣徳大寺公純《きんいと》（反対）。議奏の三条、広幡、長谷、徳大寺実則は積極論。武家伝奏の野宮定功と飛鳥井《あすかい》雅典《まさのり》は厳密な中立論。朝彦親王は強く反対。このようになっていた。

朝議は三条ら議奏四人の主張が、そのまま決議となっていたのである。小倉藩の処分、久光への勅命の取り消しがそうであり、「醜夷掃攘」の「偽勅」も然り。朝廷と朝議は明らかに異常な状態となっていた。天皇が久光に「姦人」を掃除したいといった、その「姦人」とは、まず三条ら四人の議奏をさしていたとみてよい。

†政変の準備

島津久光と薩摩藩首脳部の指示をうけた村山斉助が、京都に帰着したのが、十三日の午前中（あるいは十二日の夜。鹿児島出発は八月一日か）だったようだ。即日、藩邸の高崎左《たかさきさ》太郎《たろう》が動いた。

久光が村山に言い含めたのは、以下のようなことだったと思う。

三条ら四人の議奏をふくむ「姦人」を、朝廷政治の場から排除して、朝廷を正常な状態にすること。そのために朝彦親王ほか朝廷の有力者が結束すること。そして混乱が起こった際の対応として、京都守護職松平容保（会津藩主）と京都所司代稲葉正邦《いなばまさくに》（淀《よど》藩主）の協力を得ること。天皇の意志を確認することが重要であること。高崎が動いて、以上の点について意見調整にあたること。また要請があれば、久光が藩兵を率いて上京する意思があること。このような大筋の内容だったと思う。激動する京都政局に、細かな指示をすることは不可能だ。

十三日。高崎左太郎が会津藩士秋月悌次郎《あきづきていじろう》に、久光の指示を丁寧に告げて相談した。秋月が藩主松平容保に高崎の話を伝えたところ、容保は朝彦親王が同意なら協力しようといって、交代のため会津に帰国途中の藩士を呼び戻した。容保は積極的だったのである。ついで高崎が朝彦親王に話したところ、親王も積極的だった。いざというときには、守護職の容保と配下の藩兵が、身を守ってくれるという安心感が背景にあるだろう。

高崎が秋月に相談した話は、説得力のあるものだったに違いない。もし少しでも高崎個人の意見ではないかと疑問を感じる点があったなら、秋月は藩主容保に、話を取り次ぐことさえしなかったであろう。当然のことながら、容保が乗り気になることなどあり得ない。したがって朝彦親王の対応も違ったものになったことだろう。

余計なことを書かなくてもわかるとお叱りをうけそうだが、異説があるからだ。近年、政変は高崎個人の計画によるもので、結果として大成功となり、薩摩の首脳部も喜び、高崎はご褒美にあずかったという、出来の悪い時代小説まがいの論文が学術誌に掲載された。史料の読みと解釈を誤り、敬語表現を理解する力がなかったことが判明する文章なのだが、問題なのは審査にあたった編集委員も、同じようなレベルで、欠陥を見抜けなかったことである。マンガやアニメの、読みすぎ見すぎではないかと笑ってすまされない、歴史研究の基本にかかわる問題なので、あえてこの際、指摘しておきたい。

高崎は最後に近衛邸に行って忠煕に相談した。しかし忠煕は、朝廷内に協力者が少ないだろうと消極的だった。通常のことなら、まず近衛忠煕に相談するところであるが、そうしなかったのは久光の指示であろう。忠煕は名門摂家の温厚で理解力のある人物だが、決断力がいまひとつで、今回の重要事を取り仕切るには、荷が重いとの判断なのである。

十五日。高崎と会津で作成した政変の実行計画案（政変の手順、三条実美らの処分、真木和泉らへの退去命令など）を持って朝彦親王に相談した。ここで親王は政変の実行を決断するが、近衛はまだ迷っていた。実行計画の具体的な内容は、久光の指示によるものではない。高崎と会津そして親王が加わり、三者が相談してまとめたものである。

十六日。朝彦親王が早朝に参内し、天皇に面会して政変の詳細を告げようとした。しかし天皇が痔《じ》を患っていて、便所に入ったまま時間がたち、八時をすぎて公家が出勤してきたため、急いで概略だけを話して退出した。夜になって天皇から、政変の実行を決断した旨の手紙が親王に届けられた。詳しい政変スケジュールを、親王があとで届けたのかもしれない。

十七日。高崎の提案で、会津が右大臣二条斉敬に政変の決行を告げ同意を得た。また内大臣徳大寺公純からは、すでに承諾を得ていたようだ。ここでようやく近衛忠熙が決心したと高崎に告げた。また京都所司代の稲葉正邦には容保から話をつけてある。

夜。朝彦親王、二条斉敬、徳大寺公純、近衛忠熙が参内して、天皇の意志を確認し、松平容保、稲葉正邦が加わって、政変の実行を最終的に相談した。いよいよ決行である。

†八月十八日

明け方の四時前、会津（一八〇〇）、淀（四六〇）、薩摩（一五〇）の三藩兵で、禁裏（内裏）御所の南正面にあり、天皇が出入りに用いる建礼門《けんれい》（以下、時計回りで）、西側の宜秋《ぎしゅう》門（公家門）、清所《せいしょ》門（台所門）、皇后《こうごう》門（尋常門）、北の朔平《さくへい》門、東側の建春《けんしゅん》門の六門を固

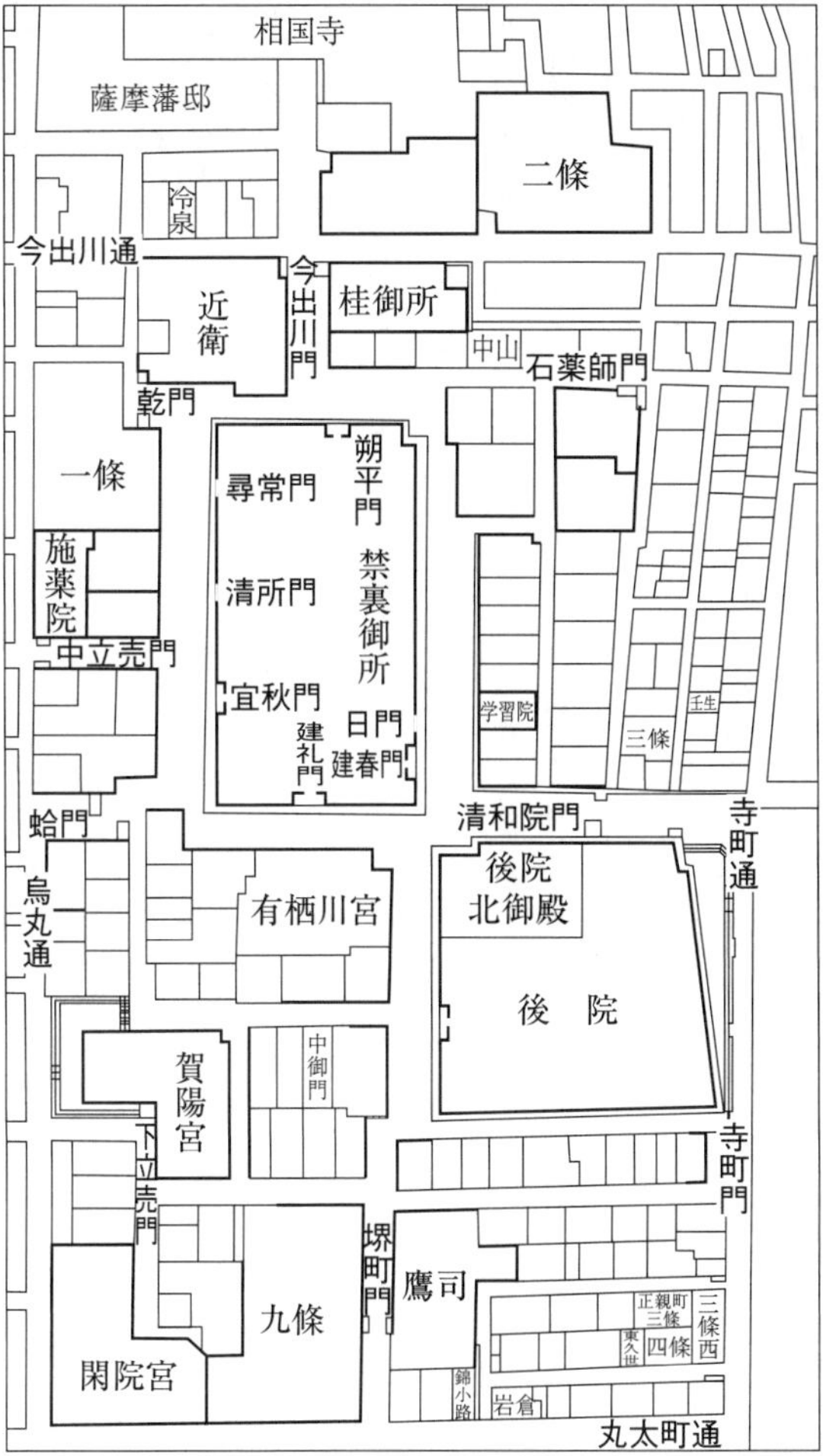
相国寺
薩摩藩邸
冷泉
二條
今出川通
今出川門
近衛
桂御所
中山
石薬師門
乾門
朔平門
一條
尋常門
禁裏御所
施薬院
清所門
中立売門
宜秋門
学習院
壬生
三條
日門
建礼門
建春門
蛤門
清和院門
寺町通
後院北御殿
烏丸通
有栖川宮
後院
賀陽宮
中御門
下立売門
寺町門
堺町門
鷹司
九條
正親町三條
三條西
東久世
四條
閑院宮
錦小路
岩倉
丸太町通

禁裏御所周辺図

め封鎖した。五時過ぎ、三条実美ら「姦人」公家に参内禁止を命じ、さらに「他行《たこう》」と「面会」の禁止、すなわち外出と家人以外の人物に面会することを禁じた。

八時過ぎ、在京の諸藩主が兵を率いて参内し、藩兵で御所外郭の九門（堺町《さかいまち》門、下立売《しもだちうり》門、蛤《はまぐり》門、中立売《はかだちうり》門、乾《いぬい》門、今出川《いまでがわ》門、石薬師《いしやくし》門、清和院《せいわいん》門、寺町《てらまち》門）を固めた。そうしたなかで、朝彦親王、松平容保、稲葉正邦、米沢藩主上杉斉憲、岡山藩主池田茂政らで事態収拾の会議が行われた（鳥取藩主池田慶徳と徳島藩世子蜂須賀茂韶《もちあき》は、午後三時過ぎから遅れて参加）。ここで長州藩の堺町門の警備を解き、藩兵を京都から引き払わせることを決議した。自主的に帰国するようにとの勧告で、長州に対する処分ではない。

一一時ころ、蚊帳の外に置かれていた関白鷹司輔熙が、ようやく呼ばれて参内した。鷹司邸は丸太町通りから北にあがったところの、堺町門の東側にあり、このときには、三条ら処分を受けた公家の他、真木和泉、久坂玄瑞および長州藩兵などが、鷹司邸に集まってきていた。藩兵（長州藩兵約四〇〇、支藩清末藩兵約五〇、岩国藩兵約四〇〇）が邸内から堺町門の内側にあふれ、薩摩と会津の藩兵と、にらみ合いとなった。

鷹司は在京の長州勢は三万人もいて、激高させては何が起こるかわからないから、堺町門の警備を引き続き担当させるべきだと主張した。誇張癖は公家の習性だが、それにしても三万とは多すぎる。大混乱となるのを防がねばならない、との思いが強かったのだろう。

そうすることも関白に求められる役目だったのである。

池田慶徳と蜂須賀斉裕からも、長州の堺町門警備は現状のままでどうかとの発言があった。しかし朝議をくつがえす力はなかった。いっぽう、公家にかんする発言はなかった。妥当な処分との理解だったのである。

夕方、長州勢と三条ら一一人の公家および真木和泉などが洛東の妙法院に移り、善後策について相談となった。ここで真木和泉は河内《かわち》の金剛山《こんごうざん》で義兵を挙げることを主張した。前日に挙兵し大和五条（奈良県）の幕府代官所を襲った、公家の中山忠光《ただみつ》、土佐郷士吉村寅太郎《とらたろう》などの天誅組に呼応しようとするものである。しかし長州は引きあげることを選んだ。

†長州藩の処分

翌十九日、京都を発った長州勢のなかに、真木和泉と三条実美、三条西季知《さんじょうにしすえとも》、壬生基修、四条隆謌《しじょうたかうた》、錦小路頼徳《にしきのこうじよりのり》、沢宣嘉《さわのぶよし》、東久世通禧の七人の公家の姿があった。村山斉助は二十二日付の手紙で、長州が大挙して上京してくるのが心配だから、藩兵を派遣する準備を頼むと、至急便で大久保利通に訴えていたが、その必要はなくてすんだ。別表で掲出したように、政変に協力した藩は二四藩（会津、淀、薩摩を除く）にのぼった。長州は孤立して

会津	1,888	丸亀	208	大溝	66
徳島	523	大州	193	平戸新田	51
岡山	523	土佐	193	出石	50
鳥取	468	鳥取（鹿奴）	157	栢原	48
米沢	468	薩摩	150	小野	36
淀	468	岡	112	富山	24
熊本	304	松江	91	盛岡	18
金沢	269	久留米	85	大聖寺	17
水戸	241	津	70	広島	16

政変の際、各門警備に出兵した藩と人数

いたことを悟ったのである。

しかし二十九日、状況が一変した。長州藩主毛利慶親と世子定広の上京を止め、藩士が御所九門内に出入りすることを禁じ、京都藩邸には留守役二人を残して、藩士はことごとく帰国せよ、とする命令が出された。これは三条ら公家七人の脱走を支援し、かつ藩内にかくまった罪にたいする処分だった。

政変の過程において、長州に処分を加える意見は表面化していなかった。しかしここで目障りな長州を、京都から追放することができたのである。ただし長州は納得できない。暴論と批判されることもあるが、朝廷の有力者が理解してくれたから朝議で採用されたのだ。攘夷についても、勅命を尊重して実行したのであって、偽勅だったというが、それは誰かがいつわって天皇に発言させたのだろう、というのが長州の言い分だった。

朝廷・朝議の正常化をめざし、天皇の決断によって断行した政変は、ひとまず終息した。しかし長州処分にかかわる重要な問題を新たに派生させた。そしてこの問題をめぐって禁門の変が起こり、幕府による長州征討戦争へと、混迷の度を深めていくのである。

この政変について、ながいあいだ誤った理解が通説とされてきた。その典型が、公武合体派が尊攘派を京都から追放したクーデターだった、とする説である。そもそも公武合体論と尊攘論は相反するものではない。薩摩と会津は破約攘夷の成功を望んでいることにおいて尊王攘夷論者である。いっぽう長州と真木和泉は、朝廷・幕府・藩が一致協力することによって、破約攘夷が実現する道が開けると主張するのであるから、立派な公武合体論なのである。

公武合体派や尊攘派とグループ分けすること自体が問題なのだ。鳥取藩主池田慶徳は長州や真木和泉が主張する破約攘夷論に理解を示すが、暴走気味になったとき、彼らを批判する側に立ち、政変では尊攘論者の慶徳が、いわゆる尊攘派の追放に協力したことになる。

いま何が緊急かつ重要な問題なのか。その問題設定によって立ち位置がかわり、発言に濃淡があらわれる。何々派だから、このような意見になるというのではない。これが幕末の政治世界なのであり、政党政治の時代ではないのだ。民衆を含めて、圧倒的多数の人々が不平等条約を不満として、破約攘夷を望んでいた。したがって日本人のほとんどが「尊攘派」でもあったのである。

開国派、鎖国派、公武合体派、尊攘派、倒幕派、公議政体派等々の、あいまいな言葉が、幕末政治史の叙述を複雑なものにし、理解の邪魔をしてきたと思う。幕末の歴史に多少なりとも親しんできた方々は、「……派」という言葉を、なるべく早く忘れるようお勧めしたい。幕末の世界が、格段に面白く、かつ深く腑に落ちていくに違いないと思う。

第３章

遠のく挙国一致 1863-1865

1864（元治元）年8月、イギリス軍に占領された前田砲台。
（写真提供：毎日新聞社／時事通信）

1 新たな国是を定めるために

†攘夷の内容

政変の翌日、天皇は攘夷について、政変前と自分の考えは変わらないと発言した。また八月二十六日には在京していた諸藩主に、これまでは偽勅などがあったが、これからは「真実」自分の意見だと心得るようにと述べた。

わかりにくい発言だが、こういうことだ。攘夷について基本線は変わらないが、強硬路線とは異なる、攘夷についての新たな国是を定めたいという意思表示である。政変の背景は、まさにその点にもあったのである。

幕末の政治過程をわかりにくくしているのが、攘夷という言葉だ。外交・条約問題だけではなく、思想や感情の面にいたるまで、いろいろなレベルの発言や行動が、史料の上では一様に「攘夷」と表現されるのである。その点に配慮して、攘夷の具体的な内容を、できるだけわかりやすく記述してきたつもりだが、ここで「攘夷」の具体的な内容について分類・整理しておくことにしたい。

年代	出来事
1863　文久3	10月、島津久光が約1700の藩兵を率いて上京。松平春嶽、伊達宗城、山内容堂、一橋慶喜、将軍家茂も続いて上京。11月、天皇が破約攘夷について久光に手紙で相談。久光は実現は難しいだろうと答える。12月、松平春嶽、伊達宗城、山内容堂、一橋慶喜、松平容保に朝議への参予が命じられる。島津久光には翌年1月に。
1864　元治1	1月、元治国是会議が朝廷首脳部と参予諸侯が会して始まる。2月、久光、春嶽、宗城、容堂との約束をひるがえして、慶喜が横浜鎖港を実現すると主張し、新しい国是に決定。3月、慶喜が禁裏御守衛総督摂海防御指揮の朝廷の新ポストに就任。4月、幕府に一切を委任するとの「庶政委任」の勅命。6月、池田屋事件。7月、禁門の変。長州藩が朝敵とされ征討令が出される。8月、英、米、仏、蘭の四国連合艦隊が長州藩の下関砲台を攻撃。9月、イギリス公使オールコックが長州藩に法外な賠償金300万ドルを要求。10月、長州征討総督徳川慶勝が、長州が謝罪しない場合は攻撃すると通告。11月、長州藩が三家老に切腹を命じて謝罪。
1865　慶応1	1月、高杉晋作と奇兵隊などの諸隊が決起、門閥守旧派との内戦に勝利し、長州は改革派の政権となる。3月、武備恭順を長州藩の藩論に決定。5月、長州征討に将軍家茂が大軍を率いて進発。第2次長州征討。閏5月、坂本龍馬が長州の木戸孝允と面会、薩摩は長州征討に出兵しないこと、長州を支援する方針であることを伝える。7月、長州の依頼をうけて、薩摩藩家老小松帯刀が長崎の外商グラバーと交渉して、薩摩名義で銃と気船を購入し、長州に届ける。

A　排外主義に基づく主張・行動……外国人襲撃や嫌悪感を示す発言・行動など

B　破約攘夷を目的とした主張・行動……基本的には外交交渉（近代の条約改正）

①強硬論　武力対決も辞さないとする強い姿勢で、不平等条約の破棄を要求する。条約関係を解消したうえで、対等な条約を結ぶ。このような強硬論を国是として、挙国一致体制を構築して、武力と国力の増強につとめ、破約攘夷の実現をめざす……長州や一部の公家がその代表で、幕府に外交交渉の実行を迫る。

②穏健論　あくまで外交交渉で要求し、武力対決（天皇は「無謀な攘夷」と言う）を避ける。条約の全面破棄は難しいから、天皇が望む横浜鎖港を実現するよう努力するという現実論。松平春嶽、山内容堂、伊達宗城、島津久光などの主張。

C　意識高揚のための発言や行動……天皇の賀茂社・石清水八幡宮への行幸や、水戸天狗《てんぐ》党が筑波山に挙兵した際の檄文《げきぶん》など。

D　外圧に対する抵抗論・抵抗運動……高杉晋作と久坂玄瑞が建築中のイギリス公使館に放火した事件（一八六二・文久二年十二月）など。

これらはすべて「攘夷を実行した」あるいは「攘夷をおこなう」といわれ、たとえば幕府が五月十日をもって条約を破棄すると、外国公使に通告することも、攘夷をおこなうと記される。

また抵抗論・運動については、坂本龍馬の同志である陸援隊隊長の中岡慎太郎《なかおかしんたろう》が次のように述べている。アメリカはイギリスにたいして「攘夷」を実行し「鎖国」を実現したと。つまりアメリカはイギリスの圧力にくじけないで抵抗（攘夷）を続け、戦争に勝利することによって独立（鎖国）を達成したというのだ。

このように様々な意味とレベルの攘夷があった。分類には入れていないが、外国（人）は嫌いだというレベルの攘夷論も当然あり、数的には最も多くの人々に共有されている攘夷論だったであろう。ただし政治の都・京都で議論となり問題となっていたのは、Bの破約攘夷であり、それゆえ本書においては、このテーマを中心に述べていることを御承知いただきたい。

さて、幕末、一八六三（文久三）年の秋に戻ろう。攘夷はまだまだ重要なキイ・ワードだ。天皇が望んでいる攘夷は、分類でいうとB②の穏健な破約攘夷論で一貫しているのだが、変動する政治状況の中で、発言に振幅があって、真意がわかりにくくなっていた。しかし今ようやく天皇は、せめて横浜の鎖港だけでも、早期に実現したいと希望していることがはっきりして、政局もこの問題をめぐって動いていくのである。

†四侯の上京

政変による大きな混乱は起こらなかった。在京の諸大名も、それぞれの思いを胸にしまいこんで国元に帰っていき、京都は一年半ぶりに落ち着きをとりもどした。政変によって浮上した課題は、強硬な破約攘夷を改めて、新たな外交方針を定めることだった。国家がひとつにまとまるためにも、新たな国是が必要だった。

国是は朝廷だけでは決められない。またその能力もない。幕府と有力諸侯と朝廷の協議で定めるのが現実的だ。この点にかんしては、すでに武家側で意見調整がおこなわれていた。八月中には、島津久光（薩摩）、松平春嶽（越前）、山内容堂（土佐）、伊達宗城（宇和島）の四侯が連絡を取りあって上京することが決まり、さらに熊本、久留米、福岡そして芸州（広島）の諸侯も上京することを約束した。

また将軍後見職一橋慶喜も、手紙で久光に上京を望んでいることを伝え、あわせて、三港（長崎、横浜、箱館）鎖港は無理だから、ひとまず横浜鎖港を要求して、外国との交渉に取りかかりたいと、幕府の方針を告げていた。上京のうえで諸侯と相談して、横浜鎖港方針を武家側の総意としてまとめ、そのうえで朝廷と交渉しようというものだった。

久光は一七〇〇余の藩兵を率いて、九月十二日、鹿児島を発った。通常は熊本から門司《もじ》に出、下関から船で兵庫か大坂のコースを取る。しかし今回は下関は通れない。熊本から阿蘇《あそ》を横断して、豊後佐賀関《ぶんごさがのせき》から乗船し、二十九日兵庫で下船。長州藩邸のある大坂を避けて西ノ宮から芥川《あくたがわ》（高槻市）を経て、十月三日早朝、京都二本松藩邸に入った。

久光は十月二日の深夜に、少人数の「微行《びこう》（おしのび）」で芥川を出発し、あとから影武者が乗った駕籠が、朝六時に芥川を発って、午後三時過ぎに藩邸に到着している。この時点で長州が、政変における薩摩の役割を、どの程度まで知り得たのかわからないが、薩摩の方はこのように気を遣っていたのである（「島津久光日記」『玉里島津家史料』）。

春嶽は十月十八日に京都着。宗城は十一月三日、容堂は十二月二十八日に、慶喜は十一月二十六日、そして老中を連れた将軍家茂が、新年の一月十五日に二条城に入り、武家の代表が京都に集合した。

いよいよ武家と公家の代表による、史上最初の国家最高会議の開催となるのだが、それまでのあいだ、久光と天皇・朝廷とのやりとりを見ておこう。近現代の天皇と国民とのあいだでは想像もつかないような、率直な意見の交換があり、まことに興味深い。

久光は武家の中でも大藩の力がある大名格だから、特別な人物だと言う人もいる。だがこの時点の久光は、位も官職もない（無位無官）から、朝廷では庶民のあつかいで、禁裏御所では座敷に上がることを許されず、廊下に座ることを命じられる。しかし天皇はその身分の低い久光に、心境を打ち明けて相談しているのだ。

†天皇が久光に相談

上京してから十日ほど経って、久光は朝彦親王に建白書を提出した。恐れながら朝廷には旧弊があるように思うと言い、このように続ける……天皇をはじめとして要職の方々も、天下の形勢はもとより、人情や出来事なども、よく見通して判断し、わずかなことに動転せず、遠大な見識をもって、国家の基本を建てることが重要だ。だから諸侯の上京を待って、天下の公議を採用して、国家の基本方針を定めるべきだ……。

政変の際、近衛よりも先に親王に相談したように、久光は親王の力量に期待して、生活の面でも支援していた。手厳しい言葉だが、親王は怒りもせず、公家にも公開した。共感する点が多かったのであろう。もちろん天皇にも伝えたと思う。

十一月十五日、近衛を通じて、天皇の手紙が久光に届けられた。手紙には、このように記されていた。……鷹司関白は「両舌《りょうぜつ》」で、議奏と武家伝奏も信頼できない。頼りになるのは朝彦親王と近衛忠煕だけだ。国家・朝廷のため、恥をかえりみず打ち明けて、久光と手を組んで、改革をなしとげたい……といって、以下の点について久光の意見を求めた。
①戦争とならないような「攘夷」の方法について、至急、意見を述べてほしい。
②暴論家が「王政復古」を唱えているが、自分は将軍に大政を委任して、公武が手をとりあって「和熟の治国《ちこく》」となるようにしたいが、どう思うか。
③政変は自分の決断によるものだが、親王、二条右大臣、松平容保の仕業《しわざ》だと言い、三条らを許すべきだという者もいる。対策を考えてほしい。

久光の返事は、このようなものだった。①について。破約攘夷を急ぐことには反対だ。「鎖港」については、日本の軍事力が弱体だから、開港か鎖港かの権限は外国が握っているようなものだ。だから日本から鎖港を求めても相手にされないだろう。今なすべきことは武備充実に努めることで、これ以外の策略は見当たらない。②については、王政復古は現段階では難しいから、当分は大政委任のほうがよい。ただし幕府が政治を誤ったら、その罪を問うべきだ。③には、噂のようなものは、相手にしないように。

久光の破約攘夷についての返事は、いかにも素っ気なく感じられるが、天皇が横浜鎖港を望んでいることを前提にして、誠実に答えようとしているのだ。横浜鎖港はきわめて難しいから、性急に求めては戦争になりかねない。忍耐強く交渉していくことが大事で、そのあいだに国力を養い、軍事力の増強につとめることが最善の策だ、というのである。四侯は(慶喜も)横浜鎖港を目標に交渉を続けていくことを、外交の基本方針として定めたいと計画していた。努力目標を国是にするとは、いかにも手軽な発想のようだが、天皇の顔を立てようとすれば、これしかない。横浜は外国が最も重要な港と位置づけ、この年五月には、幕府がイギリスとフランスの守備兵の駐屯を許可し、まさに外国の拠点となっていた。天皇が横浜鎖港にこだわるのは、この点にもある。

ちなみに、英仏両国が明治政府に軍隊の撤去を通告してきたのが、一八七五(明治八)年一月二十七日である。規模は小さいがまぎれもなく、外国の軍事基地で、日本にとっては屈辱いがいの何物でもなかった。

久光はこのような事情をふまえて、破約攘夷の実現は当分先の課題として、いまは挙国一致で国力の充実に励むことが、将来的にも日本のためになるのだと、暗に伝えていたのである。久光は、天皇は理解してくれたと思っていた。

なお久光はこの返信で、このような手紙は今回限りにして、他の諸侯にも手紙で意見を求めることはしない方がよいと記している。相談相手がいない孤独な天皇が、手紙を乱発するようなことになっては、かえって混乱を招くとの配慮であろう。

†公家と武家の国家最高会議

国家の基本方針が、武家と公家の合同会議で決められたことは、これまで一度もない。先例がなければ動けないのが公家だから、武家が朝議に正式メンバーとして参加できるよう、春嶽がねばり強く交渉して、ようやく許可となった。

十二月晦日、朝廷は一橋慶喜、松平春嶽、山内容堂、伊達宗城、松平容保に参予を命じ、島津久光には従四位下左近衛少将に叙任《じょにん》したうえで、年が明けた一月十三日（一八六四・元治元年）に参予を命じた。久光が遅れたのは、無位無官では朝議の場となる小御所の座敷に上がれないからである。

参予とは、「朝議への参加を許す」という意味で、武家にたいする公家の優越感が込められた言葉だ。貴人の血脈で身分が高いとする公家の意識は、朝廷と幕府の政治的位置関係の変動とともに、あからさまに武家を見下す態度となって表れていた。公家が武家を、召使いのように見る（「奴僕視《ぬぼくし》」）のは、やめなければならないと、久光らしいストレートな言葉で抗議したのが、前年三月に上京した時のことである。

議事日程や議題、そして意見調整のための予備的会議が何回かおこなわれて、二月十五日に、天皇も出席した国家の最高会議たる元治国是会議となるのだが、そのあいだに出された二通の宸翰《しんかん》（孝明天皇の手紙）について触れておきたい。

一月二十一日、参内した将軍家茂が宸翰を受け取った。それには無謀な攘夷は好まないが、破約攘夷のための国是を定め、国家の「衰運」挽回のため尽力するように、とあった。

ついで二十七日、在京の諸大名四二名とともに参内した家茂が受け取った宸翰には……三条実美や長州の暴臣などの行為は、朕の不徳のいたすところでもあり反省している。これからは将軍・大名の協力を得て、政治を一新して行きたい……とあった。新しい国是のもとに、挙国体制で取り組み、国家をたちなおらせたいという天皇のメッセージだった。

実は、宸翰の草稿は久光が起草したものだった。春嶽らと相談のうえでのことであろうが、会議を権威づけるためにも、天皇の決意表明のようなものがあったほうがよいとの考えだったと思う。現在、久光の草稿が鹿児島市の黎明館《れいめいかん》に所蔵されているが、草稿と宸翰はほぼ同文であり、この点がこのあと会議の行方を左右する問題となる。

二月十四日、家茂が参内した。宸翰で天皇から相談を受けた形になるから、返辞を提出したのである。返辞は請書《うけしょ》といい、奮発努力するとの覚悟が、武家の意見をまとめた国是案に書かれていた。公家と武家が出席した朝議で、この案に公家が同意すれば、新しい国是となるのである。

翌十五日、小御所で朝議が開催された。天皇は姿が見えないように、御簾《みす》を垂らした上段の間に着座した。これを「垂簾出御《すいれんしゅつぎょ》」といい、御簾をとおして会議での発言を聞くから「透《す》き聞《ぎ》き」ともいう。中段の間には公家側が、朝彦親王、晃《あきら》親王、二条斉敬、徳大寺公純、近衛忠房。武家は一橋慶喜、松平春嶽、伊達宗城、島津久光である。

†横浜鎖港の国是

会議は異例のかたちで始まった。まず慶喜だけが席によばれ、公家から、請書には外交交渉で横浜鎖港を成功させたい、とあるが、これでは破約攘夷がいつ貫徹するのかわからない。幕府は真剣に取り組む意志があるのかどうか、すこぶる疑問だと詰問された。

慶喜は、外国側を刺激することを避けるために平穏な文面にしたと弁明した。しかし朝彦親王は、三港（箱館、横浜、長崎）鎖港は無理だが、せめて横浜鎖港だけでも「急速」に実現することを天皇も希望していると告げて、請書を改めることを求めた。

ついで春嶽、宗城、久光が呼ばれて、朝彦親王から請書について意見を問われた。三侯は、無謀な戦争は好まないが、横浜鎖港を「急速」に実現せよとは無理な注文で、請書は自分たちも同意したもので、これでよいと思うと答えた。

このあと慶喜も加わって話し合いとなった。親王は三侯の発言に理解を示したように見えたが、意見を改めなかった。公家は横浜鎖港を実現すると、将軍が明言するのを暗に求めていたのである。ここで慶喜が数日の猶予をもらえれば、請書を改めて差し上げることが可能だと発言し、この日の会議が終了した。

慶喜の発言は、三侯と相談したものではなく、彼の独断でなされたものであり、会議の後での話し合いでも、慶喜の意志は変わらなかった。十八日、春嶽、宗城、久光が呼ばれて二条城に赴くと、将軍直筆の請書が出来上がっていて、横浜鎖港を「是非とも成功」させると改められていた。三侯は異論を呑みこんで黙って署名した。

請書は十九日に提出された。朝廷が求め、幕府が応じ、参予諸侯が承認したから、ここで破約攘夷についての新たな国是が確定した。しかし三侯も慶喜も、横浜鎖港は無理だと判断し、努力目標として朝廷を説得しようと話し合ってきた。その約束を慶喜はいとも簡単にひるがえしたのである。何があったのだろうか。

慶喜は一月二十一日と二十七日の宸翰が、久光の起草によるものであることを探り当てていたのである。久光が朝廷と公家の事情に通じていることは、上京してからわかったことだが、ここまで入り込んでいるとは想像もできない世界だった。久光から天皇と朝廷を取り戻さなければならない。その方法はただ一つ。横浜鎖港を実現すると確約することだった。

天皇と親王そして朝廷は喜び、慶喜への期待を大きくした。慶喜にとっても充分満足した結果となった。しかし四侯には不満以外の、なにものも残らなかった。とくに久光の失望は深かった。久光の建言を理解してくれたと思っていた天皇と親王だったが、無理と矛盾を承知のうえで難題を実行せよと迫る。慶喜は平然と手のひら返しをして、ほとんど不可能だと思っていることを、実現すると確約したのである。

国家の最も重要な事柄を、このように決めてかまわないのか。元治国是会議は、朝廷と幕府と藩の、実態をともなった真の公武合体が実現すると、大きな期待のもとに始まったものだった。しかし今や解体寸前の状態となっていた。

2　朝廷と幕府の合体

†新たな長州問題

会議にはもう一つの重要な議題・長州問題があり、国是と並行して議論された。長州藩家老井原主計《いばらかずえ》が、毛利長州藩は、天皇と朝廷に忠節を尽くす藩是にもとづいて、行動してきたことを記した弁明の書「奉勅始末《ほうちょくしまつ》」を持って、前年（一八六三・文久三年）十一月二十七日に伏見の長州藩用達所《ようたししょ》に入った。そして直接口頭で藩主父子の釈明と嘆願の言葉を伝えたいと、朝廷に入京の許可を求めた。

望ましいのは、井原を引き取らせることだが、難しい。井原の入京を許すか否か。この点をめぐって数度の会議となったが結論とならない。問題となったのは、長州藩が藩兵を大坂に集結させることもありうると想定して、京都に向かってきた場合、どのように対応するのか、朝廷と幕府とで意見の調整ができなかったからである。

長州や三条実美らに共感をよせる公家の数は少なくなかった。入京が許されなかった場合は、抗議の意味で、許可された場合は、処分の撤回を求めて、藩兵が京都に向かう。その際、長州ひいきの公家が動けば、大混乱になることは必定だ、という。禁門の変で同じことが起こっているから、現実味のある想定だったのである。

ではどうするのか。三月四日は、この問題をめぐって徹夜の会議となった。公家は、藩兵が動いた場合、幕府が責任を持って対処してくれるかと問い、そのうえで判断したいと言う。いっぽう幕府は、公家が動揺して、途中で長州の肩を持つような心変わりをしないならば、責任を持つと言う。お互いに腹の探り合いとなって、会議がだらだらと続き徹夜となる。伊達宗城は「沈黙」と「いねむり」の、苦痛の会議だったと日記に記していた。

五日、混乱が起こった際は、幕府の責任で鎮静にあたるが、朝廷が動揺しないことが条件で、確約できないようなら、井原の入京を許さず、大坂で対応するとの方針を公家に伝え、公家側が了承した。朝廷首脳部は、公家の動揺を抑えきれないと白状しているのだ。たかだかこれだけのことを決めるのに、三カ月余りも要したのは、主として、何ごとも自主的に決められない公家の体質とともに、朝廷首脳部の政治指導力の弱さに原因がある。

しかし幕府にも責任がある。将軍、将軍後見職（一橋慶喜）、政事総裁職（松平直克《なおかつ》）、老中三名（水野忠精、酒井忠績《ただしげ》、有馬道純《みちずみ》。なお板倉勝静、井上正直、牧野忠恭《ただゆき》の三人は江戸）の幕府首脳部が上京していながら、問題への対応と決断が、あまりにも緩慢だった。朝廷と同様に幕府首脳部も、政治指導力が弱体化していたのである。

長州がアクションを起こしているのに、朝廷と幕府は受け止めようとせず、むしろ問題を放り投げた形となった。そしてそのツケは五カ月後に、禁門の変となってのしかかってくるのである。

国家再建の両輪になるべき朝廷と幕府が、このような体たらくだった。会議への期待は、失望感とともに砕け散った。春嶽、宗城、久光は三月九日、参予の辞表を朝廷に提出し、四月中旬に帰国していった（山内容堂は二月二十八日に帰国）。四侯をバックアップしようと上京した諸侯も、苦い思いを胸に京都を去っていったのだった。

†禁裏御守衛総督

三月二十五日、将軍後見職を辞した慶喜が、禁裏御守衛総督兼摂海《せっかい》防御指揮の、朝廷が設けた新しい官職に就任した。将軍の名代《みょうだい》として京都に常駐して、天皇の居住空間と政治をおこなう朝廷を、あらゆる危険から守ることを第一の任務とし、あわせて京都全体の守衛にも、目配りをすることを役目としている。

摂海とは大坂湾のことで、たとえば外国勢力が大坂湾に集結して、なにか事を起こす気配が見えたとき、江戸の幕府の指示をまたずに、諸藩を動員して対策を講じる、その指揮権を持つことであり、禁裏守衛の一環なのである。総督慶喜直属の配下の兵は、旗本約八〇〇人。多くはないが大名を動員する権限があるから、これくらいで充分だろう。

現実に問題が起こりつつあった。長州藩は下関攘夷戦争以来、関門《かんもん》海峡の航行をきびしく管理し、とくに外国船にたいしては事実上封鎖状態となっていた。列強は封鎖解除を求めて幕府と交渉を重ねてきたが、いっこうに進展しなかった。また兵庫（神戸）開港も強く求めていたが、天皇が反対していたこともあって、老中の態度が煮え切らない。

ついに列強は、老中との交渉に見切りをつけ、直接朝廷と交渉することを求める意向を示していた。列強が艦隊を大坂湾に集結させて、その武力を背景に交渉を迫ってくることも予測された。そのうえ長州が出兵して、処分の撤回を求めてくる心配もあった。

緊急事態に江戸からの指示をまたず、責任を持って迅速に対応できる、幕府の人物が必要になっていた。なによりも決断力が求められる職務で、老中の力量では荷が重すぎる。このような重責の任に就ける人物は、慶喜の他には見当たらない。

将軍後見職に就任以来、慶喜は幕府の人物の中で、最も多く朝廷・公家と接触を持って、いろいろな交渉にあたり、事情通となっていた。そして何よりも、国是会議では朝廷が望む横浜鎖港で話をまとめ、天皇・朝廷の信頼を得た。このような点からも、朝廷が新設したポストには、慶喜をおいて他の人物の就任は考えられない。

この点では幕府も同様で、禁裏御守衛総督のポストと慶喜の就任は、幕府にとっても、さして異論なく承認できるものだったのである。慶喜には権力的野望があって、総督になることを志願したとする説もあるが、むしろ望まれて就任したのが実情だったと思う。そして慶喜自身、このポストは自分以外には勤まらないとの、自信があったことも確かであろうと思う。

なお京都守護職との関係だが、守護職は幕府の役職だから、同列には扱えない。また守護職には大名を動員する権限がないから、力関係と職務の重さでは、慶喜の方が上に立ち、緊急時には守護職を配下の駒《こま》として動かせるのである。

三月六日に、久光が参予を辞退し帰国する旨を、朝彦親王と近衛忠熙に申し出たとき、二人は驚愕して引き留めようとした。京都守護職と所司代の軍事力では心もとないのだ。薩摩藩兵の滞京をもとめ、朝廷守衛兵力の増強を願っていたように、強い危機感があった。禁裏御守衛総督は、その産物だったのである。

†幕府へ庶政を委任

四月二十日、政事総裁職松平直克と老中が参内し、これからは「幕府へ一切委任」するとの勅命をうけとった。庶政《しょせい》委任の勅と通称されるが、庶政は諸政と同じ意味で、新たな国是（横浜鎖港）が定められたことにともない、天皇・朝廷と将軍・幕府との関係を明確にしたものである。

前年（一八六三・文久三年三月）の、将軍に大政を委任するとした勅との違いは、幕府に一切を委任するとして、今後は、政令は幕府から出され、朝廷から諸藩に命令するようなことはしない、と明言していることである。元治国是会議では、とくに長州問題をめぐって、朝廷と幕府の間の不信感があらわになったが、その点に対する反省の上にたって、天皇・朝廷と将軍・幕府が一体であると、強調したものだった。

では国家目標であった公（朝廷）と武（幕府と藩）の合体はどうなっているのか。この勅からは藩の姿が見えてこない。一月二十七日の宸翰（久光が起草したものだが）にあった、諸大名と協力して国家を立ち直らせたい、といった天皇の言葉は、どこにいってしまったのだろう。

四侯と彼らを支援するために上京した諸侯（藩）は、朝廷に協力しようという意識があった。しかしこの勅は有力諸侯の、協力の申し出を断っているのにひとしい。もっとも彼らは、この勅にこだわる気持ちはなかった。なぜなら、失望を深めた朝廷と幕府に、これからも協力していこうという意欲は、限りなく後退してしまっていたからである。

朝廷と幕府が頼りないとすれば、日本を支えるのは自分達の藩だ。それぞれが富国強兵を急がなければならない。そのための資金は交易で得るのが手っとり早い。このように、めざす方向ははっきり見えていた。そこで薩摩（外様藩、七七万石）と越前（親藩、三二万石）の交易の実態について述べておこう。

†幕府から自立

五カ月ほど先回りするが、京都藩邸の西郷隆盛から鹿児島の大久保利通に送った手紙がある（九月十六日付）。生糸の買占めに動いていた西郷が、藩邸の内用金二万両を手付金にあてたから、さらに八万両ほど送金してほしいといい、これは、のるかそるかの大仕事だが、ぜひとも実現しなければならないと述べる。

生糸は外国商人に売りさばく密貿易である。すでに幕府が目を光らせていたから、あぶない橋を渡っているのだ。しかし、薩摩は「割拠《かっきょ》」を態度でしめすつもりだから、幕府を気にすることはないと意に介さない。割拠とは幕府の統制から自立することで、いわば幕府離れを薩摩の方針にするということである。

割拠を藩の方針としたのは、長州が最初で、一八六二（文久二）年十二月の木戸孝允書簡の文中に出てくる。破約攘夷実現のために、藩をあげて尽力するとの藩論を定めたのが、この年の七月だった。長州に続いて薩摩、そして割拠という言葉は用いないが、徳川御三家に次ぐ家柄の越前福井藩までが、幕府離れの方向で動き出す。薩摩と越前の交易である。

薩摩の記録（一八六八・慶応二年九月）によれば、越前に一八六五（慶応元）年冬以来、生糸と茶の買い付け資金として一六万両を融資したとある。この額は越前藩の年間収入の約二倍に相当する。取引がゼロ段階で大金の融資は、常識的にありえないから、慶応元年の初夏から秋にかけての茶と生糸の出荷期に、越前が相当量を集荷して、薩摩に売り渡した実績があったとみてよいだろう。この経過からみると、すでに前年、西郷が生糸の買占めをやっているころ、なんらかの話し合いがあったとしても不思議はない。

薩摩がこんなに金持ちだったのか、と錯覚しないように。薩摩は、イギリスのゴロウル商社（ジャーディン・マセソン商会がグラバーを代理人として設立した商社）とオランダ貿易会社の代理人ボードウィンとのあいだに契約を結んで、彼らから資金を導入して交易のファンドにしていたのだ。外資を基盤とした薩摩商社である。

薩摩は集荷した品物を、奄美《あまみ》諸島の港で外国商人に引き渡していた。密貿易である。越前藩は品物を薩摩に売るだけだから正当な商取引だ。しかし、このからくりはわかっていて、密貿易の片棒をかつぐことを承知の上での交易だったのである。

春嶽の越前藩は、幕府に反旗をひるがえしていたわけではない。立ち直ってほしいというのが春嶽の本音だったと思う。しかし幕府から自立することも、時代が要求していたのだ。こうして割拠の潮流は、ますます勢いを増してゆくのである。

3　禁門の変

†池田屋事件

国是会議の結果、横浜鎖港方針が新しい国是となった。しかし長州藩をはじめ、攘夷強硬論を支持していた諸藩士や浪士は、承認しがたいものだった。長州は家老井原主計を派

近藤勇

遣して、朝廷に公然と長州の復権を求め、長州に同情的な公家がバックアップし、京都に出てきていた諸藩士や脱藩浪士が声援を送っていた。

この年（一八六四・元治元年）四月ころには、京都長州藩邸に留守居役の乃美《のみ》織江《おりえ》と同役の木戸孝允の他、あわせて七〇人ほどの長州藩士が変名で藩邸におり、さらに諸藩士や浪士が出入りしていた。四月十八日、朝彦親王の家臣武田信発《のぶあき》の家が襲われ、五月二十二日には、会津藩士松田鼎《かなえ》の首が晒された。犯人は不明だが、長州を支持する者の犯行で、前年八月政変の主役朝彦親王と松平容保にたいする報復行動である。

いっぽう市中にいろいろな噂が流れていたが、その一つに、長州藩士や浪士が御所近くに放火し、そのドサクサに乗じて、天皇を長州に奪い去るというものがあったから、探索が厳しくなっていた。町奉行所と新撰組が目を付けたのが、長州藩士や浪士が頻繁に出入りする、具足商桝《ます》屋こと古高俊太郎《ふるたかしゅんたろう》の居宅《きょたく》と、会合がおこなわれる旅館池田屋だった。

六月五日の明け方、新撰組が古高家に押し入り、壬生の新撰組屯所に連れ去った。土肥《どひ》七助《しちすけ》（丸亀浪士）が、古高奪還に長州藩士の応援を交渉したが、乃美に断られた。しかし長州藩邸にいた宮部鼎蔵《ていぞう》・春蔵《はるぞう》兄弟（熊本浪士）と渕上郁太郎《ふちがみいくたろう》（久留米浪士）が、浪士のみでも決行しようと、池田屋で相談することになった。

池田屋は当時のメインストリート三条通りの、高瀬川に架かる通称三条小橋を西に渡ってすぐ北側にあり、長州藩邸は池田屋から北に歩いて十分くらいのところにある。長州藩士としては一人だけ会合に出た、木戸孝允の回想記によれば、古高の奪還と朝彦親王を襲撃することについて議論となったが、話はまとまらなかったという（『木戸孝允文書』）。

五日夜十時頃、近藤勇《いさみ》が率いる新撰組が池田屋を襲い、おくれて土方歳三《ひじかたとしぞう》の一隊が加わった。さらに一橋慶喜配下の幕兵、守護職松平容保の会津藩兵、所司代松平定敬《さだあき》の桑名藩兵が、池田屋周辺の戒厳《かいげん》にあたった。

木戸は屋根伝いに逃げて難をのがれたが、長州藩士の吉田稔麿《としまろ》と杉山松助《まつすけ》が斃《たお》れた。しかし池田屋にいたのではなく、戒厳勢の手にかかったもののようだ。会合には一一人ほど出席していたが、池田屋で遭難した者はいない。中村武生氏の検証によれば、事件のあらましはこのようになる（『池田屋事件の研究』）。

事件の第一報は六月十一日に、山口の長州藩庁に届いた。藩首脳部は、八月十八日の政変に続いての、松平容保による、いわれのない弾圧だと受け止めた。

†長州勢の上京

池田屋事件より前の五月二十七日に、長州藩主毛利慶親は家老国司《くにし》信濃《しなの》に、藩兵を率いて上京することを命じていた。有栖川宮熾仁《たかひと》・熾仁父子や前関白鷹司輔熙などの、長州に理解を示す有力者に働きかけて、長州処分の撤回と、あわせて国是を政変前の強硬破約攘夷に引き戻すことを求めたものだった。藩兵の動員は、強い決意を示そうとしたのだと思う。

このようなときの池田屋事件だったから、もう勢いは止めようがなかった。六月十五日、来島又兵衛《きじまたべえ》が遊撃隊をひきいて山口を出発。十六日、家老福原越後《ふくはらえちご》が藩兵を、久坂玄瑞と真木和泉が奇兵隊などの諸隊を率いて三田尻《みたじり》（現・防府市）を出港した。

彼らは大坂から京都方面をめざし、二十七日に、山崎の関門（現・大山崎町）、嵐山近くの天龍寺、洛南の石清水八幡宮に着陣。遅れて家老国司信濃と益田右衛門介が兵を率いて加わり、三家老のもとに、およそ二〇〇〇人の長州兵が、京都を西南から包囲するように陣営を布《し》いた。

緊急事態となった。禁裏御守衛総督一橋慶喜、京都守護職・会津藩主松平容保、京都所司代・桑名藩主松平定敬の出番である……当時、この三人を一会桑《いちかいそう》（一橋、会津、桑名）

とひとまとめに略称しているので、以後、この略称を用いることにしたい……。一会桑の兵力は二五〇〇程と思われるが（幕兵八〇〇、会津一五〇〇、桑名二〇〇。会津と桑名は推測数）、この数では広く展開している長州勢と対決するには心もとない。

六月二十四日に、長州勢の先頭が山崎と伏見に到着したが、この日、所司代を通じて、慶喜が薩摩に出兵を求めてきた。だが藩邸にいた家老の小松帯刀と西郷隆盛が即刻ことわった。戦争となるかもしれないが、その場合は名義の立たない長州と会津の「私闘」であるから、薩摩の兵を動かすわけにはいかない、という理由だった。

しかし六月二十七日の状況となって、戦争が避けられないと判断した小松と西郷は、長州征討の勅命が出された場合も想定して、藩兵の派遣を藩庁に要請した。大坂から鹿児島に向かわせた汽船翔鳳《しょうほう》丸が藩兵四五〇人を、胡蝶《こちょう》丸、安行《あんこう》丸にも分乗させて鹿児島を出港したのが七月十日。大坂には十五日に帰着。翌十六日に藩兵は京都に着いた。汽船の時代となって、幕末の時間は一挙に短縮され、それだけ歴史の流れが速くなる。

話が前後するが、六月二十七日、天皇が以下のように、内意を明らかにした。……八月十八日の政変は自分の意志で断行したもので、松平容保の働きには心から喜んでいる、長州の入京は許さない……。天皇は明快に長州の主張と行動を否定したのである。

しかし長州は撤退しない。明治、大正、昭和戦前期の天皇の言葉だったら、国賊扱いになるだろうが、幕末の天皇の権威は、ここで明らかなように形成途上なのである。

†混迷する対応

七月六日、ようやく慶喜が在京していた諸侯を集めて、長州に退去するよう説得する方針で協力を求めた。しかし松平容保が強硬で、長州を征討するべきだと主張する。朝廷と京都の守衛を任務とする二人の意見が分かれる始末だから、朝廷も意見がまとまらない。長州に、どのように対応するのか、その方向さえ見えてこないのである。

みかねて小松帯刀と西郷が、十六日に在京諸藩の重臣を集めて協議し、長州征討方針で話をまとめた。薩摩の精鋭部隊が到着したのがこの日である。薩摩は話し合いの結果を慶喜に進言した。強力な援軍を得て、慶喜はついに決断し、朝廷に断然の処置を下すよう申し入れることができた。

十七日、朝廷で会議となったが、意見が分かれ結論とならない。この日、男山《おとこやま》（石清水八幡宮）で長州勢の軍議が開かれた。武装して入京をめざしたが、戦争が目的だったわけではなく、朝廷の路線変更に期待したものだった。しかし厳しい現実に直面し、追いつめられたような気分になっていたのではないだろうか。行動を起こすか撤退するか、二者択一の議論となり、洛中進軍が結論となった。

進軍するとすれば名目が必要だが、残されたのは容保をターゲットにすることだけだった。そして朝廷と幕府（所司代）に陳情書が提出された。容保が要職にあっては、天皇の本意が貫徹されないから、容保が「天誅」をうけるよう洛外に追放してほしい、というものだった。われわれが天誅を加えるという意味である。

進軍を強く主張したのが真木和泉である。いっぽう久坂玄瑞は、ひとまず兵庫まで撤退したうえで、進退について熟議しようとの自重論を主張した。しかし衆議は真木の強硬論にくみして、十八日の夜子の刻（一二時）に出発と決した。

無謀な進撃としか思えないのだが、結果を知っている者の目で見るからなのかもしれない。十七日から十八日にかけての徹夜の朝議で、ようやく長州勢に退去を命ずることが決まり、十八日昼前に長州藩邸の乃美織江に伝えられた。にもかかわらず夜八時過ぎ、有栖川宮父子が、陳情書の要望をうけて、容保を洛外に追放することを天皇に要求したように、何が起こっても不思議がないような混乱が続いていたことも事実だった。

†蛤御門の戦い

有栖川宮の動きは、東本願寺を宿舎にしていた慶喜に急報された。数人の供《とも》を従えた慶喜は、騎馬で御所に駆けつけ、馬を中立売門の柱につないで参内した。慶喜は関白二条斉

「甲子兵燹図（部分）」（京都大学付属図書館蔵）

敬に、退去を命ずるような生ぬるいことではなく、征伐するとの天皇の言葉が必要だと切言した。

かくして天皇から慶喜に直接「速《すみやか》に誅伐《ちゅうばつ》せよ」との勅語があたえられた。このとき、伏見方面では大垣《おおがき》藩兵と長州とのあいだで戦闘が開始され、砲声が御所まで聞こえてきていた。

十九日、午前七時頃、天龍寺の長州勢（国司信濃の隊）が御所に達し、烏丸通りに面した禁裏九門（禁門とは禁裏の門のこと）の一つである蛤門を守衛していた、会津・桑名藩兵との激戦となった。旗色が悪かった会津・桑名軍を救ったのが、薩摩から派遣された精鋭部隊だった。薩摩の部署は乾門の守衛だったが、応援に繰り出し、さらに天龍寺に向かっていた部隊が引き返して、烏丸通りの北方から長州軍を攻撃した。長州軍は正面の会津・桑名軍と、側面から薩摩の攻撃を受ける形となって、持ちこたえることができず退却せざるを得なかった。

山崎に布陣していた長州軍は、丸太町通りの堺町門を守衛していた越前藩兵および彦根、会津、桑名、薩摩の兵と戦闘になった。しかしここでも敗色となり、鷹司邸に入り込んで攻撃を続行したが挽回するにいたらなかった。久坂玄瑞はこの戦闘で負傷、鷹司邸で自刃し、真木和泉は負傷して山崎に退却したあと、二十一日、天王山で自刃した。こうして昼前に、長州軍は総崩れとなった。蛤門の戦闘が禁門の変の勝敗を決定づけたのである。

幕長戦争（第二次長州征討戦争）に勝利した長州と、おなじ藩の兵とは思えないほど、禁門の変の長州軍はあっけなく敗れた。敗因は戦意の問題であろう。そもそも禁門の変の長州は、戦争することが目的ではなかった。公家・朝廷に期待し、動かすことを目的とした出兵だったのである。

長州軍は散り散りに逃亡していった。乃美織江が藩邸に放った火は、町屋に燃え広がり、翌日には強い北風にあおられて拡大していった。京都の市民は、落ち武者のなかを、荷車に家財道具をくくりつけて、逃げまどった。「鉄砲焼け」または「どんどん焼け」と呼ぶこの大火で、上京では御所の南の町屋が二割余り（五四二五軒）焼失し、下京では、ほとんど全域が罹災した（二万二〇九五軒焼失）。

二十日には、六角獄舎に入牢していた、平野国臣と古高俊太郎など三三名が、新撰組の手の者によって斬首となった。脱獄をくわだてたとの理由だった。

尊王攘夷運動の巨星とも称される久坂玄瑞（二五歳）、平野国臣（三六歳）、真木和泉（五一歳）があいついで世を去ったのは、はからずも歴史の潮流の分岐点を示すものとなっていた。しかし、彼らの強硬な破約攘夷論を支持する者は少なくなっても、多くの人々は、日本を再建しなければならないとする彼らの高い志と熱い思いには、深く共感をよせていたのである。

4 第一次長州征討

†朝敵となった長州藩

七月二十三日、長州藩追討の勅命がくだった。「自ら戦端をひらき、御所に向かって発砲した、その罪は軽くない」とあった。門の内側を守衛する会津藩兵を、門の外側から射撃すれば、禁裏御所に向かって発砲したことになる。公家の常識では、禁裏にむかって発砲することなど、ありえないことだったから驚愕したのである。

翌二十四日、禁裏御守衛総督一橋慶喜が、諸藩の京都留守居を紫宸殿の前庭に呼び出し、老中稲葉正邦が勅命を記した書面を手渡した。そして軍勢をととのえ幕府からの指図をまつように命じた。本来なら二条城でおこなわれることなのだが、庶政を委任された幕府・将軍の名代として、天皇・朝廷の意志を伝達する禁裏御守衛総督の役割を、このようなかたちで演出していたのである。

また幕府は、大坂と江戸の長州藩邸を破却し、八月二十二日には、毛利慶親・定広父子の官位を剝奪した。官位がなければ、禁裏御所では庶民の扱いとなり、江戸城ではヒラの藩士と同じ扱いになる。官位を回復することは、名誉を回復することだったのである。

七月二十七日、長州に同情的な態度を示した公家にたいする処分が行われ、有栖川宮熾仁・熾仁父子、前関白鷹司輔熙、権大納言《ごんだいなごん》大炊御門《おおいみかど》家信《いえこと》、同正親町《おおぎまち》実徳《さねあつ》、同日野《ひの》資宗《すけむね》、同鷹司輔政《すけまさ》、前権大納言中山忠能などに参朝の停止が命じられた。慶喜はこれらの朝廷有力者による抵抗勢力にたちむかい、まさに危機一髪のタイミングで、長州を迎え撃つ体制を整え、戦争が始まってからも繰り返される彼らの発言を、断乎としてはねのけた。

慶喜がいなかったら「世は暗黒」となったことだろう、と天皇が語ったことが、会津藩の記録にみえる。国是会議に続く禁門の変によって、天皇の慶喜に対する信頼は不動のものとなった。久光から天皇をとりもどすことに成功したのである。

ただしこの点は、慶喜の政治活動にとって、プラス・マイナスの両面があった。先回りしていえば、朝議における慶喜には、幕府を代表して発言するのだという、自信過剰の面が表れ、また時には、公家を見下したような態度を見せる。しかしいっぽうで、老中たちからは、幕府の人間なのか、それとも朝廷の味方なのかと、距離を置いた視線を浴びていくのである。

†四国連合艦隊の長州攻撃

長州に目を向けよう。八月五日、朝敵となった落ち武者のような長州を待ちかまえていたように、イギリス、フランス、オランダ、アメリカ四国連合艦隊が襲いかかった。連合艦隊の構成はイギリス九隻、フランス三隻、オランダ四隻、アメリカ一隻の計一七隻で、艦隊の旗艦が、薩英戦争の旗艦ユーリアラスだった。

この戦争は、前年（一八六三・文久三年五、六月）の下関攘夷戦争との関連で見られがちだが、イギリスは長州から砲撃されていないので、報復のための攻撃ではない。目的は長州が攘夷戦争このかた続けている、関門海峡の封鎖を解除することにあった。

関門海峡が封鎖されたことで、小型帆船で物資を運ぶ、瀬戸内海—長崎航路が途絶え、長崎港の物資集散地としての機能が失われたのも同然となった。その結果、イギリスの対日貿易の約二〇パーセントを占めていた、長崎港における貿易が、壊滅的状態におちいっ

「馬関戦争図（部分）」藤島常興画（下関市立長府博物館蔵）

ていたのである。生糸を中心とした横浜港の貿易は順調だったが、長崎を無視することはできない。

そこでイギリス公使オールコックがフランス、オランダ、アメリカ三国によびかけ、軍艦の出動となったのである。フランス、オランダ、アメリカがイギリスと対日貿易で、利害が一致していたわけではない。しかし強硬な攘夷論の最後の砦《とりで》となった長州を、徹底的に叩いておくことが、今後の瀬戸内海航路の安全を確保するためにも、必要なことだと判断したのだと思う。

四国連合は、封鎖が解除されない場合は、実力行使にでることを幕府に通告していた。しかし幕府には打つ手がなかった。七月二十七日と翌日、連合艦隊が横浜を出港した。禁門の変で長州が敗走したことは承知していたはずである。

連合艦隊は八月三日、国東《くにさき》半島（大分県）姫島《ひめしま》に集結し、四日早朝、出動を開始。五日、午後二時過ぎから、下関海岸の前田砲台に砲艦射撃をあびせ、上陸して大砲を破却した。六日早朝、連合艦隊は壇ノ浦砲台を砲撃、午前一〇時過ぎには、上陸を完了し、ここでも長州の大砲を使用不能にした。戦争は八日まで続くが、勝敗に影響するものではなかった。

八日正午過ぎ、長州藩の使節が旗艦ユーリアラスをおとずれ、講和交渉の開始となり、十四日に講和条約が成立した。じつは四日の朝、関門海峡の外国船通航は自由であるとする長州藩の決定を持って、伊藤博文《ひろぶみ》と松島剛三《ごうぞう》が漁船で姫島に向かったが、連合艦隊の出動に間に合わなかったのである。

長州藩の藩論の転換と関門海峡通航における譲歩は、時代の流れに沿ったものだった。しかし問題は残った。関門海峡は日本の領海内の航路である。現代においても、領海内における外国船の自由行動は許されないし、ましてや軍艦の場合は、当時も今も、国際法にてらして論外である。

幕末の日本(幕府)は軍艦も商船もひとまとめに自由な航行を許した。長州が封鎖に踏みきった主な理由は、外国の軍艦がわがもの顔に航行することに対する抗議であり、国際法の上からも理があった。イギリス本国政府はオールコックに、制裁をやめるよう訓令を発したが、日本に届く前に独断で決行に踏みきったのである。

またオールコックの大英帝国を笠《かさ》に着た横暴は、講和条件にもあらわれていた。戦争の諸費用と軍艦並びに乗組員死傷者の賠償金として三〇〇万ドルを要求してきたのである。幕府がオランダで建造した、日本が所有した最新鋭軍艦開陽《かいよう》丸が四〇万ドルだったから、賠償金の額は法外なものだった。オールコックは長州に支払い能力がないことを見越して、幕府に肩代わりさせ、幕府には賠償金のかわりに兵庫の開港を要求する、という算段だったが、幕府は賠償金支払いを選んだ。

オールコックが主導したこの制裁戦争と賠償金の要求は、長州藩だけではなく日本にとっての屈辱だった。そして現状のままの日本では、今後も同様のことが起こりうることを明らかにしていた。手を打たなければならない。日本が変わらなければならない。しかし何から始めるべきか、はっきりと見えてこないのである。

†征長総督を辞退する慶勝

自らまいた種とはいえ、長州は時代をリードするフロントランナーから、一挙に苦境のどん底におちいった。征討令が出た以上、平穏に収まることは考えられない。しかし何から手を付けていくべきか、落差があまりにも大きすぎて、対応策が見えてこない。

幕府は八月二日、在江戸の諸大名に登城を命じ、長州征討のため将軍が進発することを告げ、翌四日、将軍に随行する老中や大名の名前を布告した。ついで七日、前尾張藩主徳川慶勝《よしかつ》に征長総督を命じ、十三日には、芸州（広島）、因州《いんしゅう》（鳥取）、阿州《あしゅう》（徳島）、熊本、薩摩など、中国、四国、九州の三五藩を五つの部署（陸路で広島から岩国を経て山口に向かうもの。鳥取から萩→山口へ。四国から徳山→山口へ。海路で下関から山口にむかうもの。海路で萩に上陸し山口にむかうもの。以上の五攻め口）に割り当てた。

このあと将軍が進発する際に、将軍の前後をかためる順番などを諸大名に命じ、さらに、食糧の手配、道路の修理、人夫や駄馬の徴発などにかかわる諸令を布告した。これをみると今にも進発するかのようであるが、そのつもりはない。このように装うことによって、長州藩が恐れをなして謝罪してくるだろうとの思惑だった。

九月一日、幕府は突然、参勤交代の緩和改革をあらためて、一八六二（文久二）年閏八月以前の、旧制度に戻すと布告した。幕府の威信を示すことによって、諸大名の動員をやりやすくすることをもくろんだのであるが、将軍進発とともに、幕府の大きな錯覚だった。

徳川慶勝は総督の辞退を申し出た。総督などを設けないで、将軍自ら征長軍を指揮することが望ましく、自分は、進発した際に将軍からじきじきに指図をうけたい、というものだった。将軍進発で長州が屈服してくれるなら、このうえないことだ。清国が太平天国の内乱で国家を傾けたことは誰もが知っている。長州征討が戦争に突入することになったら、やってはいけない戦争、内戦になるのだから、諸藩は征長戦争に反対している。このような状況だったから、総督はつらい役回りだった。慶勝の気持ちはよくわかる。

しかし朝廷からも再三催促があり、慶勝は腹をくくって上京することにした。京都の宿舎知恩院《ちおんいん》に入ったのが九月二十一日。総督慶勝が、大坂城で出軍の諸藩重臣と軍議を開催したのが、十月二十二日。諸藩には十一月十一日までに、割り当てられた持場に着陣することを命じた。征討令がでてから三カ月たって、ようやくここまでたどり着いたのである。

†勝海舟と西郷隆盛

八月中旬に書かれたものだが、薩摩が朝廷に提出しようとした建白《けんぱく》がある（大久保利通が薩摩首脳部の意見をまとめたもの）。

長州が外国の艦隊に攻撃され苦境に陥っている。そのような時に征伐を進めてはならない。長州の罪は明らかだが、外国との戦争が終結してから、緩急ともに名義の判然とした処置を、熟評の上で決定するべきだ。長州征討を急いではならない。軍勢を差し出すよう命令があっても、薩摩は差し控える。このような内容だった（『大久保利通文書』）。

建白は京都の西郷隆盛に送られたが、長州と外国との講和が成立し、長州征討もいっこうに進展していなかったから、西郷の判断で提出を見送った。しかしこのころの西郷は長州厳罰論者で、鹿児島の首脳部との間に、かなりの温度差があった。長州には兵力をもって迫り、降伏を乞うならば、東国あたりに少々の領地をあたえて国替えするべきだという強硬論である。

なぜこれほどの違いとなるのか。西郷が沖永良部島《おきのえらぶじま》から鹿児島に帰ったのが、この年の二月二十八日で、三月十四日に上京した。一年と八ヵ月の島流しの境遇だったから、文久二年夏から、この三月の国是会議の解体に至る京都政局の混乱を、実感をもって受け止めることが難しかったであろう。

激動する政局のなかで、一部の公家に批判的だった久光と大久保が、しだいに大部分の公家に失望感を強め、国是会議では、ついに朝廷自体に絶望的な感覚を持つにいたった。このような意識の流れを、西郷に共有せよと求めるのは、無理な注文というものであろう。

禁門の変で、西郷が薩摩藩兵の派遣を要求したのは、朝廷が危急の事態になった際には、挙藩体制で守衛にあたるとした、西郷が追慕《ついぼ》してやまない前藩主島津斉彬の遺志と、その遺志を藩是と定めた久光の方針を実行したからだった。西郷にとっては、長州に厳罰をくわえることも斉彬の遺志に沿ったもので、久光や大久保とは、意識の上で大きな開きがあったのである。

しかし九月十五日、西郷（三六歳）は大坂で幕府の軍艦奉行勝海舟（四一歳）と会談のあと、厳罰方針を撤回した。話題が条約勅許と兵庫（神戸）開港を要求して、連合艦隊が勢いに任せて大坂湾に集結し、威圧的な姿勢を示した場合のことに及び、彼らは老中を相手にしないというから、あらためて対策が必要となると思うが、どうするのか、と質問する西郷に、勝はこう答えた。

明賢《めいけん》の諸侯四、五人による協議体制を組織し、挙国体制で外国と対抗できるような兵力を配備する。そのうえで、横浜・長崎の二港は開港し、兵庫については談判の上で新しく条約を結ぶ。このような構想だった。重要な点は、諸侯が外交交渉を担当して、破約攘夷（条約改正）を実現し、あわせて日本国家の軍隊を組織することである。

勝海舟らしい大きな話なのだが、西郷は感銘を受けた。困難な現実政治の場に臨んでは、勝先生が第一人者だと「ひどくほれ申し候」と、会談の内容とともに大久保利通に報告している（『西郷隆盛全集』）。外交交渉を諸侯が担当するから、この構想は幕政改革の要点でもある。この体制を西郷は「共和政治」と表現しているが、近現代の共和政治とは、もちろん異なる。

諸説があるが、西郷のイメージでは、中国の史書『史記・周本紀』にある、諸公の協力による合議体制であろう。これなら説明なしで大久保も理解できる。長州問題も話題になったに違いないが、想像するところでは、厳罰とか寛典《かんてん》（寛大な処置）とか議論する前に、戦争にならないようにする方法を考えるべきだ、とでも忠告されたのではないだろうか。挙国体制で国軍を創設するとなれば、長州の兵力を欠いてはならないのだ。

西郷はよく理解できた。持論にこだわらず、厳罰論を放り投げ、やってはならぬ戦争をやめるため、広島そして岩国へと向かったのである。

†三家老の切腹

勝海舟の共和政治論について、もうすこしふれておきたい。同席した薩摩の吉井友実《ともざね》は、勝の構想を「公議会《こうぎかい》」と表現し、「日本国家を挽回《ばんかい》する道は、これしかない」と大久保利通に手紙で伝えていた（『大久保利通関係文書』）。

「共和政治」を発展させたものが「公議会」で、わかりやすくいえば大名会議であり、この会議が国家運営の最高機関となるのである。勝が自ら言うように、これは勝のオリジナルではない。大久保一翁《いちおう》や松平春嶽、横井小楠《よこいしょうなん》も、同じような構想を持っていた。重要な点は、このような構想がいろいろな場で語られ、国家再建の方策として、多くの人々に共有されていったことである。

西郷にもどろう。十月二十二日、征長総督徳川慶勝は諸藩重臣を招集して軍議を開催、薩摩藩では家老につぐ重職である側役に昇進した西郷も出席した。ここで十一月十一日までに、諸藩はそれぞれの持ち場に到着し、長州に謝罪の動きがなかった場合は、十八日を期して、一斉に攻撃に着手することを命じた。

二十四日の夜、西郷は総督によばれて面談し、征長方針について意見を述べた。総督は西郷の意見に賛成し、協力を依頼した。二十六日、西郷は広島へ出発した。二十五日の日付で家老小松帯刀に送った手紙によると、西郷の意見は以下のような内容だった。

……長州毛利家の支族吉川経幹《きっかわつねまさ》（明治元年岩国藩となり藩主）の情報によれば、長州は暴党と正党とに分かれている（暴党とは木戸孝允や高杉晋作などの改革派で、諸書では急進派とも言うが、彼ら自身は正義派と自称していた。正党は保守門閥のグループで、急進派は彼らを俗論派といっていた）。両立のものを一緒にして、死地に追い込むのは無策というもので、謝罪の筋をたてて帰順《きじゅん》するものまで賊とするのは、征伐の本意とはいえない……。

正党は門閥派だから毛利家・長州藩の存続・維持を最優先とし、きびしいものであっても可能な限り謝罪の条件を受け入れようとする、西郷の言う、帰順論者である。いっぽう暴党は許容しがたい条件には、武力をもって抵抗するという意見で、後の武備《ぶび》恭順《きょうじゅん》論

（表面は恭順の態度を示しつつ、軍事力の充実に励む）だ。

戦争をしないで謝罪でことをおさめるとすれば、謝罪の条件を正党に納得させ、正党が藩論をまとめることだ。謝罪の条件について、西郷の腹は決まっている。益田右衛門介、福原越後、国司信濃の三家老の切腹だが、三人は、すでに八月初頭、支藩徳山に監禁されていたから、受け入れ可能な条件だとみていた。

十一月二日、広島に着いた西郷は、四日に岩国で吉川経幹と会談し、上記の条件を、吉川を通じて萩滞在の長州藩主毛利敬親《たかちか》（十一月四日、慶親から敬親に改名）に伝えた。このころには正党がほぼ藩政を掌握した状態となっていて、門閥派と近い関係にあった吉川の話が通じやすくなっていた。

十一月十一日、益田右衛門介と国司信濃が、翌十二日、福原越後が藩主の命により自刃した。また同日、禁門の変における長州軍参謀宍戸《ししど》左馬介《さまのすけ》、佐久間佐兵衛《さへえ》、竹内正兵衛《しょうべえ》、中村九郎《くろう》の四人が斬罪に処せられた（寺島忠三郎、入江九一《いりえくいち》の二参謀は、負傷して鷹司邸で切腹している）。こうして第一次の長州征討は、戦争とならずにおさまったのである。

5　第二次長州征討へ

†高杉晋作の挙兵

三家老の首級は広島に送られ、十一月十八日、総督徳川慶勝が実検し、十二月二十八日、総督は出兵諸藩に撤兵を命じた。福岡、徳島、鳥取、熊本、広島の五藩が一万人をこえる藩兵を派遣し、総計一五万人余の征討軍が、戦《いくさ》をすることなく帰国したのである。

総督は新年(一八六五・慶応元年)正月、家臣を江戸に派遣して、幕府に撤兵にいたる経過報告と長州藩処分意見(藩主父子の隠居、親族による家名相続、一〇万石削地)を提出した。総督は謝罪させるまでが任務で、処分は幕府の職務だとの理解だったが、幕府はそうではなく、処分内容も含めて、手ぬるいと不満と批判を明らかにしていた。長州征討は処分という新たな問題を残して、ひとまず休止となったのである。

すこし後戻りするが、三家老の切腹による謝罪は、門閥派の主導でなされたものの、藩の総意とは、ほど遠いものだった。十一月四日、奇兵隊などの諸隊は、三家老の切腹は、全面的に恭順の姿勢を示すためと言いながら、安易に難をのがれようとしているのだ、と門閥を痛烈に批判する。そして人材を育成し、軍事力の充実に専念することが急務だと、藩主に建白したのである。

たしかに長州藩は改革を必要としていた。禁門の変における長州軍は、薩摩藩兵などにくらべると、明らかに装備の面で旧式だった。また四国連合艦隊の上陸を迎え撃った長州軍は、弓矢で立ち向かった者も多く、防弾のための着衣は、ライフル銃にはまるで役に立たなかった。禁門の変、連合艦隊迎撃戦ともに、長州の主力は奇兵隊などの、藩の正規軍とは別に結成された諸隊（武士と農民、町民の混成部隊）である。

高杉晋作（二六歳）が諸隊士（遊撃・力士の二隊、二〇〇人ほど）とともに、下関新地にある藩の会所を襲ったのが、十二月十六日だった。高杉は一八六二（文久二）年、上海でイギリス軍の演習を見学して、その近代兵器の威力に感嘆し、高速連射砲ガットリングガンの略図を日記に描いて帰国している。長州藩の軍事改革の遅れを痛感し、諸隊の兵士が旧式装備ゆえに倒れて行くことに心を痛めていた。会所を襲ったのは、改革のために立ち上がろうという、呼びかけののろしだったのである。

門閥派は藩兵を動員して、諸隊と急進派の弾圧にあたり、急進派の主要人物として、松島剛三ら七人を斬刑に処し、藩の要職（政務役・蔵元役）にある広沢真臣《ひろさわさねおみ》ら三人を投獄した。有無を言わせず、力で制圧するということだ。

一八六五（慶応元）年正月二日、高杉は遊撃隊士とふたたび下関の会所を襲った。同志と諸隊に呼びかけ、門閥を弾劾する「討奸《とうかん》」の檄文を用意しての挙兵だった。高杉と親交があった吉敷《よしき》郡の大庄屋吉富藤兵衛《よしとみとうべえ》が、高杉の求めに応じて、二〇〇両を軍資金として提供した。こうして長州は、藩を二分した内戦に突入したのである。

藩内戦争は一月末に、高杉らの自称正義派と諸隊の勢力が優位に立ち、正義派が藩の首脳部に復帰した。二月二十二日、藩主敬親が庶政の一新を藩士一同に諭告《ゆこく》、ついで三月十七日に、藩外には恭順の方針をつらぬきつつ、藩内では軍事力の増強に励むことを、藩主が告げた。いわゆる「武備恭順」の藩論は確定したのである。

破約攘夷をめぐって、ほとんどの藩が内部に対立を抱えていて、藩を挙げての行動を制約していた。攘夷の魁《さきがけ》になると筑波山に挙兵した水戸藩天狗党が、反対派（諸生党《しょせいとう》）との闘争となり、農民を巻き込んだ騒乱となったのは、極端であるがその一例である。

長州藩は、痛みをともなったが、一体となった新体制になって再生した。そして幕長戦争に耐え、勝利して、新国家の建設に立ち向かってゆく。それがこれからの物語である。

高杉晋作

†龍馬と西郷隆盛

四月十九日、幕府は長州征討のため、将軍家茂が大軍をひきいて進発することを布告した。幕府は征討総督徳川慶勝が、処分に触れないで撤兵したことを、幕府の権威を損なうものだと非難し、処分の一環として藩主父子に江戸召還を命じた。

だが生まれ変わった正義派の長州藩政府では、検討の余地もない命令だった。幕府は無視されたと、面目にこだわり、権威回復のために将軍の進発となったのである。しかし諸藩からは、再度の征討を支持する声は、まったく出なかった。

四月二十五日、薩摩の汽船胡蝶丸が大坂を出港した。家老小松帯刀(二九歳)と側役西郷隆盛(三六歳)そして坂本龍馬(二九歳)が乗っていた。小松、西郷、龍馬は二十二日に京都を発っているから、龍馬の鹿児島行きには、京都に残った側役大久保利通(三四歳)も相談にくわわっていたと思う。小松と西郷は、長州征討には協力しないことを、藩論として確定するために帰国するところだった。

小松、西郷、大久保の三者は、薩摩家臣団のトップ・スリーであり、薩摩の顔だ。龍馬はなぜ胡蝶丸に? 薩摩の要人と、どんな関係になっているのか。これから本書のキイ・パーソンになる龍馬だから、小松、西郷との接点からすこし触れておくことにしたい。

龍馬が初めて西郷と会ったのは、禁門の変の後で、西郷と海舟が会見する九月十一日以前とするのが『坂本龍馬全集』年譜の記載である。しかしこれは誤りで、面会は西郷・海舟会談の後で、海舟が大坂を去る十月二十四日までの間のことで間違いないと思う（拙著『坂本龍馬とその時代』を参照されたい）。

勝海舟の『氷川清話』によれば、龍馬に西郷を紹介したのが自分で、龍馬は西郷を高く評価していたという。有名な「少しくたたけば少しく響き、大きくたたけば大きく響く、もしばかなら大きなばかで、利口なら大きな利口だろう」との西郷評である。

なんとなくわかるが、説明を加えると……商売のような小さな話にも乗ってくるし、天下国家にかかわる大きな話を向けると、壮大な構想を述べて対応する、バカか利口か、普通の人間用の物差しでは測りきれない、規格外のスケールの人物だ……というような意味だ。西郷は会話に起伏があって龍馬好みの人物だ。ちなみに大久保利通は、極めつきの寡黙人間だから、龍馬の苦手なタイプだったと思う。

海舟は老中の命令で江戸に帰った。老中批判が聞こえたのだろう。軍艦奉行も罷免され、神戸海軍操練所も事実上封鎖となった。龍馬はあちらこちらと飛び歩いているが、操練所で修業中の、脱藩同様に土佐から出てきていた龍馬の仲間がとほうに暮れた。

ここで京都にいた小松帯刀の判断で、彼らを引き取ることにしたのである。西郷と薩摩では最も早くから龍馬と親交のある吉井友実から話があったのだろう。龍馬ともども薩摩の船に乗り込んで、交易の手伝いをしてもらう算段だった。

このとき、薩摩は汽船運航の熟練者に不足していた。一八六三（文久三）年の暮れ、幕府から借りていた長崎丸が長州に砲撃され、熟練の乗組員を多数失っていた。前に述べたように、薩摩は割拠（幕府からの自立）を強化するために、交易活動を加速させていた。しかも密貿易がらみだったから、信用できる龍馬の仲間を引き取るのは、渡りに船の話だったのだ。

胡蝶丸には、その龍馬の仲間も乗っていたようだが、小松と西郷は、別の目的があって龍馬を同行させていたのである。

†将軍進発と判断の誤り

将軍家茂は五月十六日、江戸城を出発し、閏五月二十二日に入京した。同日、参内した将軍に、「長州の処置は、衆議を遂げて言上せよ」との勅語がつたえられた。勅語は軍事衝突にならないような方策を考えなさい、という意味だが、同行した老中は深刻に受け止めていなかった。

将軍は二十五日、大坂城に移った。老中本荘宗秀、同阿部正外《まさとう》、同松前崇広《まつまえたかひろ》、名古屋藩主徳川茂徳が同行、和歌山藩主徳川茂承《もちつぐ》、一橋慶喜、松平容保などもしばしば大坂城に集会した。しかし老中は、彼らに相談することもなく、諸侯を招集することもせず、長州問題を衆議することはなかった。将軍が大坂城に出陣すると、長州はまもなく降伏の使者を派遣してくるだろうと楽観していたのである。

大坂の民衆はユニークな行動で、将軍の大坂出陣を迎えようとした。五月に入ってから、尼崎《あまがさき》の「残念さん」（兵庫県尼崎市。阪神電鉄大物《だいもつ》駅近く）に参詣する大坂の民衆が爆発的にふえた。「残念さん」とは、禁門の変後に敗走する途中、尼崎藩にとらえられ、「残念でくやしい」と言葉をのこして切腹した、長州藩士山本文之助《ぶんのすけ》の墓である。

お参りすれば願いがかなうとの噂が、ひろがったからなのだが、尼崎藩（譜代、四万石）は五月十七日に、参詣を禁止した。ところが、その直後から、禁門の変後に取り壊された長州藩蔵屋敷跡に残された柳の木に民衆が殺到した。「無念柳《むねんやなぎ》」といって、葉を煎《せん》じて飲めば病気がなおるとの噂だった。五月二十九日、大坂町奉行は、葉がなくなりかけた柳を根元から切り倒してしまった。

「残念」「無念」と名づけた墓と柳に殺到したのは、長州に共感し同情を寄せる大坂町民の、長州征討にたいする抗議行動の意味があったとみるべきだろう。だから尼崎藩と大坂町奉行所は将軍が到着する前に、鎮静化しなければならなかったのである。

西郷隆盛は、長州征討は幕府と長州の「私戦」だから、薩摩は出兵しないと福岡藩士月《つき》形洗蔵《がたせんぞう》に明言しているが（四月二十五日付書簡）、藩論が分かれて迷走気味の福岡藩に、薩摩の決意をつげていたのである。大坂の民衆も、雄藩の薩摩も、そして朝廷も、征討戦争に反対していた。世論はこのようになっていたのである。

しかしその声は老中に届かない。聞こえても受け止めようとしない。なぜこのような状態になってしまったのか。原因ははっきりしていた。老中の入れ替わりが激しすぎるのだ。一八六四（元治元）年の一年間で四人、一八六五（慶応元）年には七人の老中が交代している。通常老中は四人体制だから、これは異常だ。しかも一八六四（元治元）年の四人（板倉勝静、井上正直、酒井忠績、有馬道純）は全員が免職で、一八六五（慶応元）年は三人（阿部正外、松前崇広、松井康直《やすなお》）が免職である。

免職の理由だが、たとえば阿部正外と松前崇広は、朝廷と意見が対立し、問題がこじれる前に幕府が老中を罷免したのであるが、トカゲのしっぽ切りのようなケースは少なくない。記録では辞職とする場合も、朝廷からの要求や、老中間の対立で辞職を迫られた場合が多い。

老中には中・小譜代藩の藩主が、寺社奉行や大坂城代、若年寄などでキャリアを積んで就任する、能力主義的なポストだ。しかし人材資源に限りがあるから、人材の枯渇状態となっていた。在任期間も短い。前任者の残した目の前の問題を処理することで精いっぱいの状態である。それが日本の将来に、どのようにかかわるのか、その点まで踏み込んで考えることができない。

世論に耳をかたむける余裕がなくなっている。当然のごとく、判断に誤りが生じてくる。幕府の要の老中が、このような状態だった。幕府の再生は、きわめて難しくなっていた。

†薩摩の長州支援

将軍が大坂城に入ってから、六、七、八月と、三ヵ月以上も、何も動きがなかった。だが薩摩と長州の間では、歴史を動かす出発点となる、大きな動きがあった。しかし幕府は、老中が眠っているような状態だったから、気がつかない。

小松と西郷そして龍馬は、五月一日に鹿児島についた。長州征討（第二次征長）には幕府から要請があっても協力出兵をしないことを、藩の方針として決定することが目的の帰国である。薩摩藩の意思決定は、まず首脳部で意見をまとめ、その意見をもとに藩の上層部で協議する。そこで合意に達すれば藩論の決定となり、家臣一般に布告する、という手順である。小松や西郷の意見を入れて、久光が命令を下すような、トップダウン方式をとらない。したがって藩論決定には数日を要するのが通常だった。

しかし今回は、さらに日数を要した。推測だが長州藩の支援も議題となっていたからであろう。むしろこのほうが議論の中心だったのかもしれない。さきにふれたように、長崎丸が長州の砲撃で沈んだが、この事件で薩摩の人間が二八人死亡した。長州人が薩摩と会津を「薩賊《さつぞく》、会奸《かいかん》」と敵視するほどではないが、長州に反感を抱く薩摩藩士は、少なくなかったのである。

藩論決定にいたる緊迫した空気を肌で感じた龍馬が、鹿児島を発ったのが五月十六日。熊本をへて二十三日に太宰府に着いた。ここには八月十八日政変で脱走した公家五人が、長州から移されていて、長州と連絡をとる窓口ともなっていた。ここから山口に連絡して、龍馬(二九歳)が木戸孝允(三二歳・桂小五郎)と下関で会ったのが閏五月六日だった。

龍馬は、薩摩の藩論(出兵拒否、長州支援)を木戸に伝えることを、西郷から頼まれたのである。薩摩は、長州の要人と接点がないから、小松と西郷は、このために龍馬を同行させたのだと思う。龍馬と木戸は、うちとけて話し合ったようだ。藩論をとりまとめる重要なたのもしい人物で「ともに、ともに喜び候」と龍馬は木戸の印象を語っている。木戸は薩摩の藩論を受け入れたのである。

六月二十四日、龍馬は京都で西郷と会って、長州が薩摩藩名義で外国から武器を購入してもらえないか、といっていることを伝えた。もちろん、西郷は即座に承知した。七月二十一日、長崎に派遣された長州の伊藤博文（二四歳）と井上馨《いのうえかおる》（二九歳）が、長崎に出張していた小松帯刀と面会し、武器購入の件を要請したところ、小松は快諾した。そして伊藤の藩政府首脳部に送った手紙によれば、「どのようなことでも尽力する」とまで言い、力の及ぶかぎり助力したいと言ってくれた、と記していた（『伊藤博文伝』）。

武器は小松が話をつけてくれたイギリス商人グラバーから購入。ミネー銃四三〇〇挺、ゲベール銃三〇〇〇挺、あわせて九万二〇〇〇両余りの商談で、八月下旬に幕府の目を避けて、薩摩の汽船で三田尻に運んだ。さらにグラバーから汽船ユニオン号（七〇馬力、二〇五トン）も購入。これは六万ドルで、まず薩摩が購入、そのうえで長州が譲ってもらうという手続きで、八月二十六日に下関でひきわたされた。ちなみに、ユニオン号は、薩摩名義では桜島丸で、長州の所有となって乙丑《いっちゅう》丸と命名された。史料には、この三つの船名が脈絡なしで出てくるのでまぎらわしい。

第４章

日本を立ち直らせるために

1865–1866

西郷隆盛（左上）、坂本龍馬（右上）、
木戸孝允（下）

1 長州征討と条約勅許

†なぜ長州支援なのか

長州藩主毛利敬親と世子広封《ひろあつ》の連名で、薩摩藩主島津茂久と父久光あてに礼状が送られた（一八六五・慶応元年九月八日付）。

……昨年中は貴国（薩摩）と不信の次第となりましたが、いまはすべて氷解いたしました、貴藩が勤王の正義を確守されていることは欽慕《きんぼ》いたしております、弊藩は朝敵の境遇ですが、日夜、朝廷のご様子を心にかけておりますことをお察しください、今後ともよろしくご依頼申し上げます……。

このように志を同じくする薩摩からの好意を、ありがたくお受けします、という内容で、長州藩上層部と薩摩との和解だった。京都の政治舞台で主役となった薩長だが、両藩の接点はなかった。そして禁門の変によって、長州は薩摩を敵視するようになる。しかし薩摩

年代	出来事
1865　慶応 1	8月、西郷隆盛が幕府は自ら倒れると発言。9月、幕府が求めた長州征討を勅許。慶喜が京都守衛にあたる自分と松平容保、松平定敬の三人が辞職すると公家を脅迫（22日）。大久保利通が、長州征討の勅命は「非義の勅命」だと、幕府と朝廷を批判した手紙を書く（23日）。10月、坂本龍馬が大久保の「非義の勅命」書簡を、長州藩重役広沢真臣に届ける（4日）。天皇の決断により条約勅許となる（5日）。
1866　慶応 2	1月、薩摩の熱心な要請をうけて木戸孝允が上京し薩摩藩邸に入る（8日）。龍馬が薩摩藩邸の木戸に面会、日本の将来のため薩長が誓約するべきだと主張（20日）。薩長誓約が成る（22日）。5月、空前の超インフレに直撃された大坂の民衆が、米を安く売ってくれと米屋に交渉したが断られ、打ちこわしが大坂全域に広がった。6月、幕府軍と長州の戦争がはじまる（第2次征長）。7月、広島、岡山、徳島の三藩主が連署して征長軍の解兵を朝廷に建白。将軍家茂が大坂城で病没（20日）。8月、小倉口の幕府軍が敗北し、小倉城落城（1日）。来日したフランス経済使節クレーと幕府が600万ドルの借款契約（4日）。

が長州を見る眼は違っていた。

破約攘夷をめぐる局面で、薩長が対立したが、長州の強硬論は一部の者の、強引な政治主導によるものだというのが、薩摩の見方だった。そもそも破約攘夷そのものは共通する政治目標なのだから、長州が無謀な強硬論を改めれば、協力関係がなりたつ。

禁門の変で久坂玄瑞、寺島忠三郎、入江九一が斃《たお》れ、三家老と同時に、長州軍の隊長も処分となり、先頭に立っていた強硬論者がいなくなった。ついで藩政を握っていた門閥守旧派のいわゆる俗論党は、藩内戦争で一掃された。いま長州は、現実を理性的に把握し、急務とする改革に着手した高杉晋作や木戸孝允らの、生まれ変わった長州藩になった。薩長パートナーシップの土台は構築されたのである。

これまで見てきたように、幕府の統治能力・問題処理能力の弱体化が顕著になっていた。朝廷にはもともとそのような力はない。独立国家の政府として、幕府はきわめて危険な状態となっていた。イギリス公使オールコックの法外な賠償要求は、このような状態を見透かしてなされたものだった。

幕府と朝廷が中心となって、日本を再建させることなど、夢想の世界だったというのが薩摩の実感だった。では、他に方法があるのか。有力藩が協力・結束して立ち向かうほかに方法はない。これが薩摩の結論だった。

長州藩を滅亡させてはならない。一日も早く立ち直ってほしい。この思いを伝えたのが長州支援だった。これ以上なめられてたまるものか。声にはださないが、この言葉を胸にしまいこんだ薩摩と長州の、幕末の第二ステージが出発するのである。

†幕府は自ら倒れる

八月一日、小松帯刀が長州の井上馨を連れて、長崎から鹿児島に帰った。長州支援のためのグラバーとの交渉などが、藩の上層部に報告されたことだろう。それをうけて大久保利通がイギリスに滞在している、大目付新納《にいろ》刑部《ぎょうぶ》と同役町田《まちだ》民部《みんぶ》に手紙を書いた（八月四日付）。

新納と町田は、この年五月（旧暦）からロンドンで生活を始めた薩摩藩留学生一五人の監督役である。五代友厚《ごだいともあつ》（最初の大坂商法会議所会頭）と寺島宗則《てらしまむねのり》（後の外務卿）が随員として加わり、留学生の一人に、後の文部大臣森有礼《もりありのり》がいた。留学生の渡英は密航だが、船の手配などグラバーの尽力によるものだった。

大久保の手紙だが、新納と町田に、このように報告する。……長州征討出兵に賛成する藩はほとんどいない。熊本藩が先鋒を願い出て、天下の笑い物になっている。民衆もこぞって反対しており、とても戦争などできる状態ではない。幕府内部も老中と一会桑で意見の違いがあり、内輪での「内乱」があるかもしれない……。幕府は末期症状だと言わんばかりである。

このような幕府に日本をまかせていると、太平天国の乱で国家を傾け、イギリスの軍隊にたよって、植民地化の危機にさらされている清国と、おなじ道を歩むことになる。それをさけるためには、どうすればよいのか。

……佐賀、越前、土佐、宇和島などの「具眼《ぐがん》」の有力藩は「断然商法（交易）などを施行」して富国強兵にはげみ「割拠」の勢いを強くしている。いまや長州も世界に眼を開き「商法」に着手した。薩摩がおくれをとってはならない。だから注文している軍艦と銃を、早めに送るよう手配してほしい……。

「割拠」とは幕府の支配・統制・庇護などから自立することであり、富国強兵がそのための条件だ。政治的、軍事的、経済的に力を持ってこその割拠で、弱小藩では割拠とならない。この手紙には書かないが、大久保の構想は「割拠」を方針とした有力藩が手をつなぐことである。日本を救い、立ち直らせるのは、いまやこの方法だけだ。急がなければならない。これが大久保の思いだった。

京都の西郷隆盛から、鹿児島の大久保と蓑田伝兵衛に宛てた手紙に（八月二十八日付）、「幕府は自ら倒れ候儀、疑いなきことに候」と記していた。そして長州征討を幕府の命令で諸藩を動員できそうもないから、勅命をひきだして動員する工作にでるのではないかとも述べていた。図星だった。

注目すべきは、幕府は自ら倒れると断言したことだ。この確信的発言は西郷の独断ではなく、少なからぬ人々に共有されている印象だったと思う。自分から倒れていくのだから、苦労して倒そうとしなくてもよい。それよりも幕府が倒れた時の受け皿を用意することが、最も重要かつ緊急の課題となったのである。

倒れてしまってからでは遅い。禽獣《きんじゅう》のような眼をしたものが日本を狙っているのだ。西郷の言葉は、幕末史を理解するうえで、きわめて重要なキイワードなのである。

†長州征討をめぐる朝議

西郷が予測したとおり、九月二十日、一橋慶喜が松平容保と松平定敬とともに参内して、長州征討の勅許を要請した。禁裏御守衛総督は将軍の名代との格付けだから、慶喜は幕府を代表して勅許を求めたのである。

じつはこのとき、もうひとつの重要な問題がもちあがっていた。兵庫(神戸)開港問題である。兵庫の開港は一八六八年一月一日(慶応三年十二月七日に該当)との約束だったが、外国側は期日より前の開港を強く求めていた。しかし孝明天皇が強硬に反対していたため、老中の対応にも誠意がみられない。そこでイギリス、フランス、アメリカ、オランダが軍艦九隻を兵庫沖に集結させ、朝廷との直接交渉を要求する姿勢をみせていたのである。慶喜が容保と定敬を同行させたのは、この問題がからんでいたからだった。

いつものように夜になってからの朝議である。冒頭で内大臣近衛忠房から、長州問題は諸侯を招集して、衆議のうえで結論をだすべきだと発言があった。これは直接的には大久保利通の意見をいれたものであるが、多くの有力諸侯が同様の発言をしており、いわば世論ともいうべき意見だった。これにたいして関白二条斉敬が、長州藩が朝敵であるのは自明のことだから、いまさら諸侯の意見を聞くことはないと反論して、一同の合意となった。

ついで外交問題がとりあげられ、別室で待機する慶喜に、意見が求められた。慶喜は外国には幕府が責任をもって対応して、兵庫沖から退去させると断言し、長州問題については、朝敵である長州藩の処分を諸侯に相談するのは、朝廷の権威にかかわる行為だと反対し、勅許を強くもとめた。

この夜は天皇も御簾越しに参加していた（垂簾出御、御前会議）。慶喜の意見を参考に議論がなされ、天皇の内意を伺ったうえで、将軍が要請した長州征討軍の発動を勅許するとの結論となった。天皇は朝議の席で発言することはしないから、内意を伺うという手続きになる。朝議は翌朝の五時を過ぎて、ようやく終わった。すこし込み入った問題になると徹夜の会議になってしまう。

天皇は長州征討に積極的でなかったにもかかわらず、なぜ勅許となったのだろう。慶喜が、ここで勅許を得られなかったら、自分と容保、定敬の三人が辞職（禁裏御守衛総督、京都守護職、京都所司代の職）するつもりでいることを、ほのめかしていたからだった。

出席していた公家の脳裏に、禁門の変がよみがえる。くわえて外国の軍艦だ。上陸して京都にむかってくることを想像するだけで震えあがった。禁裏御所と京都の守衛を職務としている一会桑を一度に失うことは、恐怖以外のなにものでもなかった。

慶喜はこのような公家の心理を知っていて、辞職という切り札をちらつかせていたのである。慶喜が剛腕で、むりやり引っぱりだした勅許だった。

†朝廷これかぎり

朝議が終わって退出した近衛忠房から、大久保利通に朝議の模様と結果が告げられた。大久保は近衛邸でまっていたのだろう。大久保は朝彦親王邸にむかった。そしてこのようにせまった。

……三家老を切腹させて謝罪した長州藩を、さらに追討するというが、だれもが納得する正義の理由はあるのか。もしないのなら、追討を許可した勅命は「非義《ひぎ》（正義でない）」の勅命というべきで、諸藩はもとより一人の人民さえ承認しないだろう。「天下万人」が、なるほどもっともだと認めてこそ、勅命というべきで、「非義」の勅命は勅命と認めない。だから従うつもりもない……。

勅命そのものにたいする批判だった。そして、このように続ける。……勅命（禁門の変の際の、退去命令）に従わなかったことで、長州は朝敵となった。いま諸藩が「非義」の勅命に従わないとすれば、朝廷の前後左右みな朝敵になってしまうが、どのようになさるのか……。このように問いつめたのである。

朝彦親王は当惑して、慶喜が強硬で自分の力ではどうにもならなかったと弁解した。そして二条関白に会いにいくようにといい、一筆を直筆してくれた。関白は別格の存在で、面会するためにはいろいろな手続きが必要だが、特別な配慮だった。

大久保は関白があいてでも、ひるむことはない。正義だと信じれば、けっして折れないし、まがらない。謝罪している者を、以前と同じように朝敵とあつかうとは、いかなる理由によるものなのか。諸藩は納得しない。長州征討の名目でなされる、幕府の「私闘」ではないのか。そのようなものを、なぜ勅許するのか。このようにつめより、関白の返答にたいして一つ一つ反論した。

二条関白は閉口して、慶喜や容保が辞職したら、どうすればよいのかなどと言い出すしまつで、大久保の反論にたいする意見は、なにもなかった。大久保は四時間近く関白にくいさがっていたのである。

このあと（二十一日、夜）再開された会議で、勅許について再検討したいと関白が発言したところ、慶喜が、いやしい身分の者（「匹夫《ひっぷ》」）の議論に動かされるとは何事かとつめより、勅許を見送るなら、将軍ともども我々（一会桑）も辞職すると発言した。こんどは明らかに公家にたいする恫喝だった。結局、勅許はくつがえらなかった。

翌朝（九月二十二日）、大久保は朝彦邸に向かった。親王は大久保に、朝議を変えることができず「遺憾」だが、これからも「かえすがえすよろしく」たのむと「浅ましく」言い訳をくりかえした。ついで大久保は関白邸にむかった。ここでも「くどくどと」言い訳に終始するのみだった。このようなことでは、日本は「たちまち暗夜」になってしまうような気持ちだと、大久保は関白に告げて退出した。朝彦邸を出るときには「朝廷これかぎり」と言葉を返して去った（『朝彦親王日記』）。

大久保そして薩摩は、ここでついに朝廷・公家に見切りをつけた。いっさい期待をよせることを止めにしたのである。自ら倒れていく幕府。そのような幕府（慶喜）に意のままにあやつられる朝廷。朝廷と幕府が日本再建の両輪になることは、もはやありえない。このままでは再建どころか、日本が倒れてしまう。対策を急がねばならなかった。

†条約勅許

慶喜は兵庫沖に集結した外国軍艦を、幕府が責任を持って退去させるといったが、名案があってのことではなかった。九月二十三日、老中阿部正外が兵庫港のイギリス軍艦に呼ばれて、外国代表と会談した。外国側は、兵庫の早期開港と条約の勅許について、幕府としての意見を強くせまり、阿部は二十六日に回答すると答えて帰坂した。

大坂城中での緊急会議で、阿部と同役松前崇広の二人は、幕府の判断で兵庫開港を許可してもいいのではないかと主張した。両人は天皇が早々に開港を許可するとは考えられないから、庶政一切を委任されている幕府の権限内の問題として、開港の方針であることを回答し、あとで期日をふくめ、天皇と朝廷を説得したいとの考えだった。

阿部と松前は、朝廷にたいして強気の老中だったのである。しかし朝廷との関係が悪化することを避けたい幕府は、十月一日に、二人を罷免した。幕府の人材は、こうしてつぎつぎと失われていったのである。

急いで京都から到着した慶喜が、それでは朝廷と幕府とのあいだに亀裂をつくるようなものだから、朝廷との意見調整のために、回答まで十日間の猶予を求めることを提案し、外国側も承諾した。長州征討をめぐる朝議の経験から、慶喜には成算があったのだ。

十月四日夜、朝議開催。天皇も垂簾出御の御前会議だ。ここで慶喜は公家の恐怖心をあおる実験済みの手法にでた。とりあえず条約を勅許することが良策で、外国側に報告すれば、ひとまず兵庫から退去すると思う。条約も開港も勅許を拒否した場合は、外国が京都まで押し寄せてくることもあり得ると説く。

慶喜は想定される外国の出方を説明して説得を試みるが、二条関白は勅許はならぬと答えるのみで、話がすすまない。しびれをきらした慶喜が、拒否を通すと戦争になりかねない、列強をあいての戦争では、勝利はありえない。日本が滅亡してもよいのかといい、ともかく条約の勅許だけでも外国に伝えることが重要だと強調した。そして切り札の辞職をチラつかせる。

列強が武力を背景にして京都におしよせることは、本国の対日政策からみて考えられないことだった。四国連合艦隊の長州攻撃を主導したイギリス公使のオールコックが、本国の方針に従わなかったことで、同年末に本国に召還されたことからわかるように（後任のイギリス公使がパークス）、大英帝国の日本攻略シミュレーションにも、武力発動のケースはなかったのである。

慶喜の発言は、あきらかに脅迫だった。七日には外国側に回答しなければならない。もはや勅許が得られなかったでは済まされないのだ。煮え切らない公家にいらだってもいたことだろう。徹夜の会議となり、翌五日の午後からも続行されたが、結論にいたらない。決断したのが孝明天皇だった。夜になって天皇から朝彦親王と二条関白に勅書がとどけられた。いつまでも議論している場合ではない。いま方針を決めなければ取り返しがつかないことになる。自分の代で、皇統が廃絶となっては申し訳がたたない。条約は勅許したいが、兵庫の開港は不可だ、というもので、苦渋に満ちた決断だった。

朝議は夜八時ころに終了した。慶喜の伝記『徳川慶喜公伝』は「おどしつ、すかしつ、弁論を尽くした」と朝議における慶喜を、このように記した。朝彦親王は慶喜の言動を「はなはだ不埒《ふらち》、にくむべし、にくむべし」と日記に記している。慶喜の剛腕が朝議を圧倒していたのである。

外国側には七日に報告された。イギリス公使パークスは兵庫開港にふれていないことに抗議したが、懸案の条約が勅許となったことで納得し、翌日、兵庫沖から去っていった。

2 坂本龍馬が山口へ

†無力な朝廷

朝議で公家は慶喜（二八歳）の弁舌に圧倒されていた。会議に出席した公家をみておこう。関白・左大臣二条斉敬（四九歳）、朝彦親王（四一歳）、晃親王（四九歳）、右大臣徳大寺公純（四四歳）、内大臣近衛忠房（二七歳）、議奏柳原《やなぎはら》光愛《みつなる》（四七歳）、同広橋《ひろはし》胤保《たねやす》（四六歳）、同正親町三条実愛（四五歳）、同久世《くぜ》通熙《みちさと》（四七歳）、同六条《ろくじょう》有容《ありおさ》（四七歳）、武家伝奏野宮定功（五〇歳）、同飛鳥井雅典（四〇歳）、以上である。

近衛内大臣のほかは全員が四〇歳をこえている。一般的には老練の公家という表現になるだろうが、現実はメンバーが老朽化していたのが実態だった。慶喜と正面からわたりあえる覇気と能力をそなえた人材がいなかったのである。もし岩倉具視（四〇歳）が会議に出ていたなら、慶喜の剛腕にひと捻りにされるようなことはなかったであろうが、ガチガチにかたまっている公家の身分制社会では、最下級の家柄である岩倉が、朝議のメンバーになることはありえなかった。

このメンバーは、正親町三条をのぞいて全員が、一八六七（慶応三）年春まで動かないから、交代要員の人材が不在だったということになる。なぜこんなことになってしまったのか。原因はあきらかで、有能な公家を次から次へと朝廷政治の場から追放したからだった。

［一八六二（文久二）年］
関白九条尚忠、内大臣久我建通、岩倉具視など五名……和宮の婚儀の推進など幕府に協力的だとの理由。
［一八六三（文久三）年］
議奏三条実美、同徳大寺実則、同広幡忠礼、同長谷信篤など若手の公家計一六名……八月十八日政変で、攘夷強硬論者を追放。
［一八六四（元治元）年］
有栖川幟仁・熾仁親王、前関白鷹司輔熙、議奏正親町実徳など一六名……禁門の変で、長州に同情的だったとの理由。

このように三年連続して計三八名の公家が、朝廷政治の場から去っていった。彼らは主体的に発言し行動した結果として追放となったのである。いわば公家の中では有能、有力な人材だったのだ。朝廷はみずから戦力を低下させていたのである。幕府の老中体制と同様に、朝廷の政治体制も危機的な状態になっていたのだ。
どんなに堅固なものであっても、組織は時間とともに老朽化してゆく宿命にある。改革を忘れ怠《おこた》ると取り返しがつかない状態になる。幕府と朝廷が、その典型だったとみることができよう。

†私信の報告書

九月二十日に開催された長州征討をめぐる朝議にもどろう。会議の様相が近衛から大久保利通に伝えられたのは、いつものことである。しかし朝彦親王と二条関白に会って、本人の弁明まで聞き出せたのは異例のことだ。島津家と近衛家、薩摩と朝彦親王との特別な関係があったからこそで、他の大名家では考えられないことである。

朝彦親王が大久保に話したのは、慶喜の言動を非難したものだが、はからずも朝廷の無力さを、あからさまにする結果となった。これほどのことになっているのか、というのが大久保の正直な気持ちだったことだろう。鹿児島に早く報告しなければならない。そして四〇〇〇字余りの長文の手紙を書いた。非義の勅命とは、この手紙の文中に書かれた言葉だ。親王と関白の見苦しい弁解も文中にある。

手紙は九月二十三日の日付で、西郷隆盛あてになっているが、内容は鹿児島に届ける報告書である。西郷は兵庫沖に集結した外国軍艦の情報収集が目的で、大坂方面に出張し、近日中に京都にもどってくる予定だった。だからわざわざ手紙を書く必要はなかったのだが、朝廷と幕府、天皇と将軍にも批判の眼をむけたものが、万一他人の手にわたったとき、諸方面に迷惑がおよばないように、あくまでも私信であり、個人的な感想を述べたものだと言い逃れるためだった。

またこの手紙（報告書）は、写しを坂本龍馬にもたせて長州藩につたえるためでもあった。その場合も私信の形をとったほうが穏当であろう。西郷は二十三日に京都に帰った。大久保は朝議の模様をくわしく報告したことだろう。そして龍馬にもつたえた。龍馬は大坂から西郷といっしょだったのかもしれない。

大久保、西郷、龍馬三人の話し合いで、翌二十四日に、西郷と龍馬が大坂にむけて出発することになった。西郷が手紙（報告書）を、龍馬がその写しをもった。念のため大久保が控えを作った。

西郷と龍馬は、二十六日に薩摩の汽船胡蝶丸で兵庫を発ち、二十八日、上関《かみのせき》（山口県）に寄港した。ここで龍馬は船を下り、西郷は鹿児島にむかう。船中における二人の会話は想像がつく。幕府は自ら倒れていく。朝廷は絶望的だ。とすれば、おのずと日本を立て直す途がみえてくる。希望となるのは藩だ。我々なのだ。

翌二十九日、龍馬は柳井《やない》に到着。十月三日は宮市《みやいち》。ここで長州藩士楫《か》取素彦《とりもとひこ》と会って、重要な用件で来たから、山口の藩庁政事堂《せいじどう》に連絡してくれるように頼んだ。そして四日、三田尻（防府市）で長州藩重役広沢真臣と面会した。

†非義の勅命

広沢は山口に帰り、六日、岩国吉川家の山口詰家臣山田右門《うもん》を政事堂に呼び出して、龍馬と面談したことを話した。そして龍馬から受けとった書面を示して、極秘のものだが吉川家にも伝えておきたいから、写しを取って送るように指示した。

この間のやりとりは、吉川家の記録『吉川経幹周旋記』にあるが、同書には続けて「書取書面写し」と題されたものが掲載されている。ただし一見しただけでは、どのような書面の写しなのかわからない。写しは途中から始まっていて、終わりの部分もなく、手紙文のようではあるが、発信者、受取人、日付が欠けているので、内容を正確に読み取るのがむずかしくなっている。

私自身、読み始めた際に、何の書面写しなのか解らなかったが、非義勅命と書かれた部分で大久保の手紙ではないかと気がついた。これまで大久保の主な手紙は、くりかえし眼を通して頭の中に入っていたからである。『吉川経幹周旋記』は幕末史研究でも、あまり利用されてこなかった文献だから、研究者の目に留まらなかったのも無理はないが、私にとっては、かなりの興奮をともなう発見だった。

というのは、薩長誓約（薩長同盟、薩長盟約ともいう）は龍馬がこの手紙を広沢に伝え、

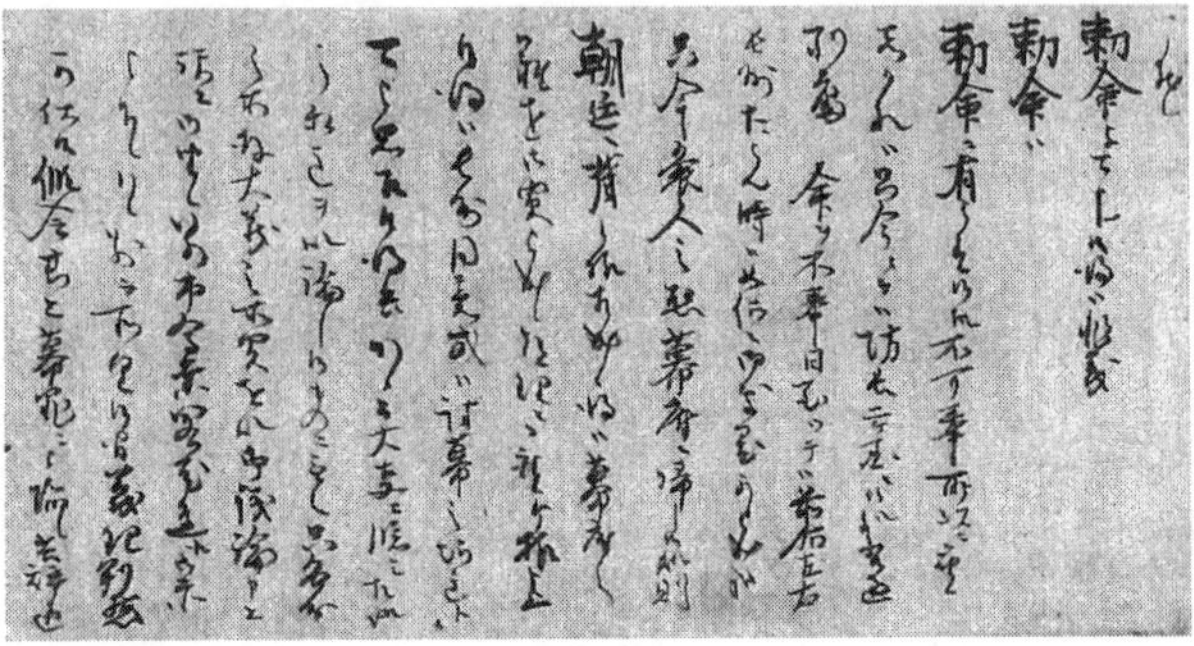

「非義の勅命」大久保利通の手紙（大久保利泰氏蔵）

手紙の内容と薩摩の趣意をくわしく説明したことが出発点になって、誓約にいたったと考えられ、この点も研究史上の空白となっていたからである。

手紙の最大のポイントは、長州征討の勅命を、非義（正義でない）の勅命であると断定して、そのようなものは勅命と認めない、だから従わないと明言したところである。勅命にたいする批判であり、間接的には天皇批判にもなる。広沢が「極秘」のものだといったのは、この点にあった。長州から天皇批判の声があがることは、およそ考えも及ばなかったときだったから、広沢が慎重にあつかうのも当然のことだった。

余談になるが、大学の通信教育スクーリングで、この史料をとりあげたとき、大久保は自分を「何様だと思って」こんなことを言うのかと、きびしく批判したレポートがあった（私と同世代の学生）。天皇崇拝論者なのか、大久保嫌いなのか、よくわからなかったので、このような見方をする人もいるのだな、などと思いながら、頭の中には別の事が浮かんでいた。

『大久保利通文書』第一に、この手紙が掲載されて刊行となったのが、一九二七（昭和二）年である。天皇や勅語にたいするタブーが日増しに強くなる時代に入りつつあった。このような時に、はっきりと「非義」の勅命と批判した手紙を公開するのは、相当の勇気が必要だったと思う。掲載を決断したのは、編纂に深くかかわった大久保利通の三男大久保利武である。幕末の薩摩の信念を受け継いでいるのだろうか、などと思いをめぐらしていたのである。

幕末にもどろう。長州藩主父子が薩摩の島津久光父子に送った礼状に、長州は朝敵となって自由な行動はできないが、日夜、朝廷のご様子を気にかけている、とあった。だから長州を支援する薩摩としては、朝議の模様を報告するのは当然の行為だった。しかし大久保は長州に、どうしても伝えたいことがあった。だから龍馬にたのんだのである。

†長州に伝えたかったもの

薩摩にあって長州になかったもの。島津家と近衛家のような親密な関係をもつ公家を、毛利家がもたなかったことである。

ただし島津と近衛は特別で、同じような関係をもつ大名はいない。それにしても毛利家には公家を通じての情報がすくなく、文久三年八月の政変で京都から追放されてからは、さらに顕著となる。

政変の前の五月、天皇は久光に、攘夷強硬論の三条実美らを排除して、朝廷改革をおこないたいから上京するようにとの内命をつたえた。しかし久光は、今すぐには上京できないと答えた。近衛からの手紙や、近衛と朝彦親王に密着していた京都薩摩藩邸の家臣からの情報で、朝廷内に協力者がすくなく、改革の実行は難しいと判断したからだった。

これにたいして禁門の変の長州は、情報もすくなく、朝廷内の状態をほとんど把握できないまま出兵していた。そして朝廷内の長州に同情的な公家に過大な期待をよせて、御所にむかって進撃した。その結果、期待していた朝廷からは朝敵とされ、さらにいま、征討が勅許となった。このように、本意とはことごとく相反する結果となったことについて、長州は納得できるような心の整理がついていたのだろうか。

大久保と西郷が長州に龍馬を派遣したのは、この点にかかわっていた。大久保の手紙(報告書)と龍馬から直接口頭で長州につたえたのは、このようなことだった。

幕府は自分から倒れていくと薩摩は判断した。その幕府が威信回復を目的として、征討を強行しようと勅許を要請した。天皇は戦争に消極的で、諸侯の衆議にはかろうとの意見だったが、関白と慶喜が反対して実現しなかった。

朝議は慶喜の弁舌に圧倒され、関白と朝彦親王はなすすべもなく、慶喜の脅迫に屈して勅許となった。しかしこのようなありさまで許可となった征討は、「非義」の勅命というべきで、薩摩は正当な勅命と認めないし、諸藩も同様だと信ずる。

大久保はこのような勅命だから恐れることはない、といっていたのである。そして手紙を読めば、言外に幕府の要求に応じた天皇にも、批判の眼をむけていることが読みとれる。おそらく天皇と朝廷に、まだ大きな期待をよせている長州に、実態はこうだと告げて、もはや朝廷と幕府は、日本再建の柱とはなりえないと、うちあけていたのである。

龍馬からは、薩摩が割拠を基本方針としたことがつたえられたに違いない。長州藩は諸藩にさきがけて、一八六二(文久二)年に割拠を藩の方針としたから、この点では大先輩だ。後輩の薩摩が先輩に、手を結ぼうと望んでいることが龍馬から広沢真臣に伝えられたと思う。

まず長州と薩摩が結び、その輪を広げていく。割拠有力藩の協力体制で日本を支えていく構想だ。この構想を実現するために、薩摩と長州が直接会って、よく話し合わなければならない。それが出発点だ。このように龍馬は広沢に語ったことであろう。

3　薩長誓約

†木戸孝允の上京

十二月初旬（一八六五・慶応元年）、薩摩藩士黒田《くろだ》清隆《きよたか》が鹿児島から下関に来た。薩摩の首脳部が木戸孝允の上京を懇願していることをつたえるためだった。

高杉晋作や井上馨など首脳部が、木戸に上京をすすめ、下関にいた龍馬も熱心に説いたが、木戸はためらっていた。薩摩にたいするわだかまりが、まったくなくなったわけではなく、薩摩の長州支援に引け目を感じていたうえ、ここ数年、長州は反省するべきことが少なくなかったからである。いまだに薩摩を敵視する奇兵隊などの諸隊も、上京に反対していた。

木戸は下関で黒田と会い、黒田はそのまま木戸からの返事をまっていた。のちの回想記だが、当時、高杉晋作と行動をともにしていた、土佐脱藩士の田中光顕《みつあき》が、黒田は木戸の上京が実現しなかったときは、切腹する覚悟でいたと、後に回想している（『岩倉具視関係史料』）。田中は木戸の上京に同行している人間で、明治政府では黒田と近い関係の人物だから、たしかな話だと思う。薩摩の首脳部は、ぜひとも上京させるよう、黒田にいいふくめていたのである。

二十一日、藩主から京・大坂の形勢視察を命じられて、木戸の上京がきまった。二十七日、黒田とともに三田尻を出港、諸隊の三好軍太郎《みよしぐんたろう》（奇兵隊）、品川弥二郎《しながわやじろう》（御楯隊）、早川渡《はやかわわたる》（遊撃隊）と田中光顕が同行した。彼らは護衛をかねたお目付け役だったのだろう。

年明けの正月四日（一八六六・慶応二年）に大坂着。禁門の変後、幕府が長州藩邸を壊してしまったから薩摩藩邸にはいった。これからは幕府の眼を避けた行動となる。八日の明け方、薩摩藩船で淀川を伏見にむかい、早朝、伏見の薩摩藩邸に到着。西郷隆盛と村田新八《しんぱち》がまっていた。そのまま徒歩で京都二本松の薩摩藩邸へ。藩邸では小松帯刀と大久保利通がむかえにでた。

薩摩藩邸は相国寺の広い敷地（現在の同志社大学今出川キャンパス）を借用して建てたもので、藩士用の長屋と、別棟の本殿があり、客人用の室も本殿に用意してあった。木戸の回想記によれば、待遇は懇志《こんし》をつくしたものだった。木戸が二年半ほど前までひいきにしていた、三本木《さんぼんぎ》の茶屋の芸者さんたちも、接待に呼ばれていたかもしれない。

木戸と小松、西郷、大久保との話し合いは、文久三年の政変から、元治国是会議、禁門の変、そして長州征討問題（幕府の長州処分案にたいする対応を含む）と、主に薩摩の真意を説明することと、朝議における幕府（主に慶喜）と公家の、眼をおおいたくなるような現状の報告にあったと思う。とくに朝議の実態は、ほとんど情報がない木戸にとっては、想像を絶する惨状とうけとめたことだろう。割拠を方針とした薩長両藩が、手を結ばねばならないとする薩摩の提言は、よく腑に落ちるものだったと思う。

†龍馬の提言

木戸は二十一日に京都を発って、山口に帰りたいと薩摩に話した。行動派の木戸にとっては、居場所がかぎられた二十日余りの生活に、疲れを感じていたのだろう。回想記では、薩長両藩の間の約条について、話が進まなかったことを理由にあげているが、薩摩の方は約条をむすぶという発想がなかったようだ。発言したことは実行するのが薩摩の流儀だから、約束を書面にすることを重視しないのである。

そこに龍馬があらわれた。一月二十日、薩摩藩邸の木戸に会った龍馬が、薩長両藩のあいだの誓約は成ったのかと質問した。そこまで話が至っていないと答えたら、龍馬ははなはだ不満の表情で、このように言った。

……自分が両藩のために、身をなげうって尽力してきたのは、薩長のためなのではなく、日本国家のためをおもうからだ。現状の日本では、将来をかんがえると夜も眠れないほどだ。せっかく両藩の首脳が相会《あいかい》しているのに、むなしく日を送っているのは理解に苦しむ。なぜ、わだかまりをすてて、日本の将来のために、真剣に話し合わないのですか……。

龍馬にしては珍しく、恨みのこもった口ぶりだった。木戸にも事情があった。戦争となれば長州は、四方を敵にかこまれ、身動きさえ不自由になり、当分は活路もみいだせない状態になるだろう。薩摩と日本の将来のために尽力しようと誓っても、長州は自主的に動けないから、かえって薩摩を危険な地に誘い込むようであり、また薩摩に援助を乞うようなものだ。それでは長州藩の恥になるから、とうてい自分の口からはいいだせない、と木戸は言う。

誓約については、下関で木戸と龍馬のあいだで話し合っていたのだ。木戸はそのつもりで上京したが、薩摩にそのようすがないから、話の糸口がみえない。木戸の心情はよく理解できる。もっともだ。薩摩は誓約を拒否しているのではなく、気がついていないことが龍馬にはわかった。それなら自分が薩摩に話せばよいではないか。

龍馬は西郷に話した。西郷はすぐに理解し、木戸に帰国の延期を求めた。予定していた送別の宴会もとりやめになった。じつは誓約の件もあるが、あらたな事態が発生していたのである。幕府が長州の処分案（一〇万石の減地、藩主敬親の蟄居と隠居、世子広封の永蟄居）を朝廷に提出したのがこの日で、長州が拒否した場合は、いよいよ攻撃に移るという段取りである。木戸との会談から、けっして妥協しないであろうとわかっている。

薩摩は戦争を阻止することに、力をそそいできたが、戦争がはじまった場合の対応が必要になった。軍事体制や心がまえなど、長州藩の機密にふれる事情などについても、木戸の意見を参考にしなければならない。木戸の方も、同行した品川弥二郎など諸隊の人間との相談が必要だった。二十日と二十一日は、薩長双方とも意見調整の時間となり、それをふまえて薩長誓約の素案がまとめられたのだと思う。

†薩長誓約の日

この薩摩と長州の約束を、諸書では薩長同盟または薩長盟約と呼ぶのが一般的である。以前は同盟がおおく用いられたが、倒幕をめざした軍事同盟を連想することから、近年は盟約のほうが用いられるようになった。薩長同盟、盟約ともに当時の史料にでる言葉ではなく、後にネーミングされたものである。

これまで述べてきたように、このとき、薩摩と長州は倒幕を目標にしていない。したがって同盟よりは盟約のほうがよいと思い、拙著でも盟約を用いてきた。しかし木戸と龍馬が誓約といっていることを尊重して、本書からは誓約を用いることにしたい。

誓約がなった日について、一月二十一日説と二十二日説がある。一日のちがいで誓約の内容や評価に違いが生ずることはないが、ほぼ二十二日に特定できると思うので、まずその点について述べておこう。

根拠とする史料は、さきにもふれたが木戸の回想記「薩長両藩盟約に関する自序」(『木戸孝允文書』。文書のタイトルは編者が付したもの)で、後年のものだという理由で、史料的価値が低く評価されてきた。したがって検討も不十分のまま近年にいたっている。しかし後年の記録だとしても、最長でも十年後くらいのものである。木戸自身「重大」な事柄であったと述べるように記憶は確かで、整合性にも矛盾がない。説得力のある回想文で、薩長誓約のいきさつを明らかにする、最も重要なテキストだと思う。

一月二十日、龍馬が木戸に会ってから、誓約へと動き出し、薩摩が木戸に帰国の延期を求めた。回想記は続けて「一日《いちじつ》」六カ条をもって「将来を約す」と記し、二十一日に関する記述がない。「一日」とは、日を改めて、という意味だから、二十一日のことではなく二十二日だ。二十一日なら翌日と書くだろうし、翌日のことを「一日」と記すことは常識では考えられないことだ。

二十一日説の論者は、この「一日」との記述を無視する。また品川弥二郎が一年後に木戸に送った手紙で（一八六七・慶応三年一月二十二日付）「昨年は昨夜（二十一日）京地発足仕《つかまつ》り、お供申上げ帰国……」とあることから、木戸は品川と二十一日の夜に京都を発ったので、二十二日には京都にいない。だから誓約は二十一日だと主張する。

しかし手紙の文面を、そのように読みとるのは間違いだ。「仕り」は謙譲語だから、京都を発足したのは品川自身であって、木戸は一緒でない。お供して帰国したのは大坂からである。薩摩は黒田清隆、村田新八ほか数人の護衛をつけて、木戸を大坂まで手厚く送り届けた。木戸はこれを誓約の翌日と記す。品川と一緒に、夜陰にまぎれて京都をあとにしたのではない。

二十二日、薩摩の小松帯刀、西郷隆盛、長州の木戸孝允、それに坂本龍馬が出席して、薩長誓約が結ばれた。場所は二本松薩摩藩邸本殿の一室であろう。近年、小松帯刀が近衛家から宿所として提供された、近衛家別荘の通称花畑屋敷（現在の上京区室町頭町にあった）であろうとの新説があるが、確証となる根拠にとぼしい。

小松の花畑屋敷が、木戸の息抜きの場として用いられたのは確かだ。しかし日本の将来のため、そして歴史に残る重大な事柄と位置づける誓約であれば、重要かつ機密の会議の場として用いられる、藩邸本殿の一室であったとみるのが自然であるように思う。

†誓約六カ条

よく知られた史料だから、全文を引用するのは控えようとも思ったが、条文の誤った解釈を正しておきたいのと、誓約の歴史的意義を述べるためにも必要と判断して、煩わしいと思われるかもしれないが、引用することにした。お付き合い願いたい。

一、戦とあい成り候時は、直様二千余の兵を急速差し登し、ただ今在京の兵と合し、浪速《なにわ》へも千程は差し置き、京坂両処をあい固め候事。

一、戦自然も我勝利とあい成り候気鋒《きほう》これあり候時は、その節、朝廷へ申し上げ、きっと尽力の次第これあり候との事。

一、万一、戦負け色にこれあり候とも、一年や半年に決して潰滅《かいめつ》致し候と申す事はこれなき事につき、その間には、必ず尽力の次第、きっとこれあり候との事。

一、これなりにて幕兵が東帰《とうき》せし時は、きっと朝廷へ申し上げ、すぐさま冤罪《えんざい》は朝廷より御免にあいなり候都合に、きっと尽力との事。

一、兵士をも上国《じょうこく》のうえ、橋会桑なども、ただいまのごとき次第にて、もったいなくも朝廷を擁したてまつり、正義をこばみ、周旋尽力の道を、あい遮《さえぎ》り候ときは、ついに決戦におよび候ほか、これなきとの事。

一、冤罪も御免の上は、双方誠心をもってあい合し、皇国の御ためにに砕身尽力つかまつり候ことは、申すにおよばず、いずれの道にしても、今日より双方、皇国の御ため、皇威あい暉《かがや》き、ご回復に立ち至り候を目途《めど》に、誠心をつくし、きっと尽力つかまつるべくとの事。

誓約六カ条は、西郷が口頭で述べた薩摩の運動方針を、木戸が六カ条に整理して書きとめたものである。したがって西郷の発言を、そのまま記録したものではなく、たとえば第二条の「我勝利」とあるように、木戸の言葉も入り込んでいることに注意してもらいたい。では条文を読んでみよう。

第一条は、このような意味だ。戦争となったら、すぐさま二〇〇〇余の兵を鹿児島から登らせ、在京の兵と合わせて、大坂にも一〇〇〇人ほど配置して、京都と大坂をかためる。

第二条。我が長州藩勝利の兆《きざ》しが見えたときは、薩摩が朝廷に交渉して、戦争の終結と冤罪が解かれるよう、きっと尽力するとの事。

第三条。万一、戦が負け色になったとしても、長州は一年や半年で壊滅することはないから、その間に薩摩が戦争の終結と冤罪が解かれるよう、きっと尽力するとの事。

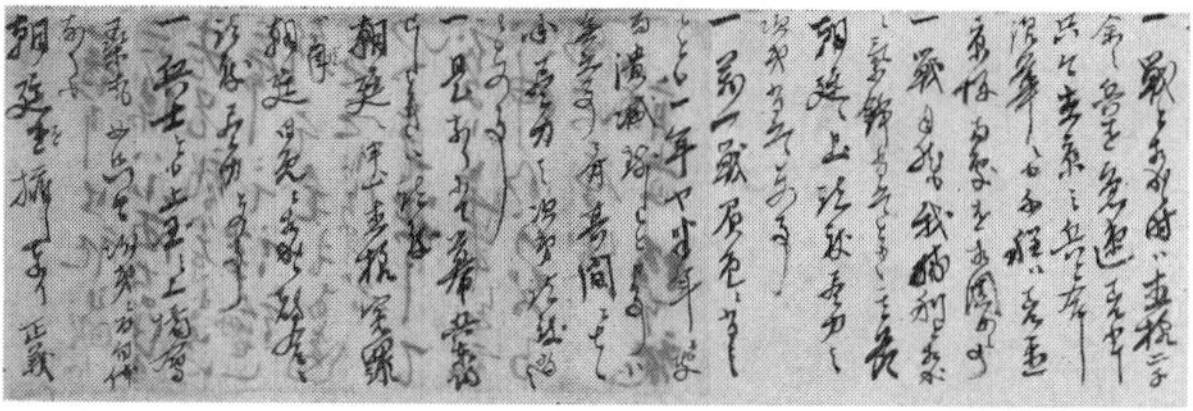
「薩長誓約六カ条」木戸孝允書簡（宮内庁）

条文が「との事」で終わっているのは、西郷の発言を書きとめたものであるからだ。また戦争の中止と早期の終結、そして長州藩の冤罪を解くことは、薩長会談の中心テーマであったから省略しているのである。第四条と第五条は、戦争にならなかった場合の薩摩の運動を述べたもの。

第四条。戦争にならないで幕府の兵が引き揚げたときは、かならず朝廷と交渉し、すぐさま冤罪が許されるように、尽力するとの事。

第五条。幕府が兵を大坂に滞在させたうえに、一橋、会津、桑名が、これまでのように朝廷を圧倒して、もったいなくも天皇をもかかえこんで、薩摩の正義の主張を拒否し、周旋、尽力の道を妨害するときは、正面から対決（「決戦」）するほかはないとの事。

「決戦」の用語にとらわれて、かつては倒幕のための軍事同盟だとする説が有力だった。しかし決戦は戦争だけに用いられる言葉ではない。当時では囲碁や将棋、現代ではスポーツの世界などでは、日常的に用いられる言葉だ。しかし現在でも戦争の意味にとる研究者がいる。薩摩が一藩単独で幕府と戦争すると考えているのだろうか。

第六条は最も重要な箇条だ。長州藩の冤罪が晴れた節は、双方が誠心をもって力を合わせ、皇国日本のために、砕身尽力することは言うまでもない。いずれにしても今日より薩摩と長州は、皇国日本の力が輝きをとりもどし、立ち直ることを目標に、誠心誠意力を尽くしましょう。

条分の「皇威あい暉き、ご回復……」を、朝廷が輝くよう回復する、という意味に解釈する研究者もいるが、間違っている。なぜなら、朝廷は再起不能な状態に近い、という共通した理解のもとで結ばれた誓約であり、朝廷に期待できないから誓約しなければならなかったのだ。

4　日本の将来のために

†龍馬に送った木戸の手紙

誓約の翌日（二十三日）木戸は龍馬に手紙を書いた。「六カ条に誤りがあったら訂正してほしい」と頼み、龍馬が「少しも相違ありません」と裏書きした有名な手紙であり、誓約六カ条は、この手紙だけに記録された貴重な史料である。宮内庁の所蔵となっていて、表装《ひょうそう》されているが裏書き部分に窓が開けられ、見られるようになっている。諸種の展示に出品されるから、ご覧になった方も多いことと思う。

薩長のためではなく、日本の将来のために誓約するべきだ、という龍馬の提言を、薩摩が受けとめて誓約がなったことは、西郷隆盛が「将来の形状を図り（日本の将来の姿を考え）」六カ条をもって「将来を約した」という、木戸の回想記であきらかだ。

木戸の手紙に沿って、この点について、もうすこし踏み込んでみようと思う。

木戸はこのように述べる。

薩摩（小松帯刀と西郷）から話があった「将来の見込み」については大賛成で心から喜んでいる。いずれ日本の再起が目に見えるようになるだろうから、その時のために、貴兄（龍馬）が言うように、誓約がなされたことを「明白」に特記しておきたい。ただし今は、自分を律することができない未熟な浪人どもには、決して洩らさないからご安心ください。また貴兄も姦物《かんぶつ》などに悪用されないよう、ご注意願いたい。

誓約は秘密同盟だったという人もいるが、そうではない。討幕の同盟だなどと気炎をあげる連中に悪用されることや、反幕の軍事同盟だなどといって、おとしめようとする者に気をつけようと言っているのだ。

小松と西郷の発言は、よくわかり頭に入っている。しかし日本の将来にかかわる重要な件だから、六カ条は自分と相違のないように承知しておいてもらいたい。違いがあっては、のちの「青史《せいし》（歴史）」に載せることができない、と木戸は龍馬に言って、六カ条の添削を頼んだのである。

六カ条は主に西郷が発言したものだったようだ。その発言の内容を、誓って約束したのである。これで間違いありませんかと、西郷本人に尋ねるのは、非礼な行為だ。また薩摩は誓いを実行することあるのみで、誓約書のようなものは考えていなかったと思う。しかし木戸は違った。日本の将来のため、日本をよみがえらせるために、薩摩と長州が手を結んだ、その出発点を歴史に残したかったのである。

ついでに述べておくが、木戸はこの手紙の文中四カ所で「大事件」と記している。これをそのままダイジケンと読む人がいるが、そう読んでは、木戸の意中を正しく理解できない。正確には「大事な件（重要な件）」と言葉をおぎなって読むべきで、そうしなければ手紙全体の意味も、不十分な理解となってしまう。あまりにも有名な手紙であるが、あまりにも杜撰な読み方をしてきたように思う。

†誓約の意義

日本を立て直すのは、薩摩と長州の二藩だけでは不可能だ。志を同じくする藩や同志の人々の協力が不可欠で、その輪を広げていかなければならない。木戸は龍馬に、自分は自由に行動が出来ない境遇だから、どうか雄藩の正義の人々に声をかけてほしい。しかし誤解されないように、細心の注意をはらって、誓約について説明してほしいとつたえていたのである。

誓約は将来のためのものだから、すぐには目に見えるような政治的動きにはならない。しかし着実に成長していったのである。ありふれた印象となった現代と違って、幕末に用いられた将来のために、という言葉は切実、新鮮に響きわかりやすい。

長州に声援を送りたい者も、幕府に恩義を感じる者も、立ち位置をこえて一緒に肩を組めそうな言葉だ。薩摩と長州の結合は、志のある人々の意識変革を呼び起こし、多少の意見の相違は大きく包み込んで、近代国家の建設に立ち向かっていったのである。

勝海舟の日記（二月一日の条）に「薩摩が長州と結んだ」ことと、龍馬がかかわっているとの情報があったことが出ていて、海舟は事実であろうと記している。さすがに海舟で情報の届くのが早い。誓約の趣旨についても伝わっていて、少なくとも薩摩と長州が軍事同盟を結んで、幕府と戦争しようとしているなどとは思っていないように見受けられる。

四月十四日、大久保利通が大坂城で老中板倉勝静と面会して、征長戦争にはどのような命令があっても断ると記した上申書を提出した。内容を読んだ板倉は、受け取れないと差し戻したが、大久保は拒否した。さらに板倉の役宅まで行って、なぜ却下するのかと迫り、幕府は朝廷を脅迫し、勅命を曲げ、いつわってまで長州征討を強行するのかと抗議した。

このあと薩摩藩家老岩下方平《いわしたみちひら》も加わって、老中との交渉が続けられたが、この執拗な抗議は諸藩の眼を意識してなされたものだった。大久保と岩下の行動は長州との約束を実行するとともに、諸藩へのアピールを目的としたものだったのである。

板倉を問いつめた大久保の行動は、大久保から鹿児島の西郷隆盛に伝えられた。西郷から報告を受けた島津久光と藩主茂久の両殿様（薩摩では二人をこのように言う）は、大久保が「でかした」と大満足だったと、西郷が大久保に知らせている（五月二十九日付、書簡）。

板倉が大久保の上申書の受理を拒否したのは、おそらく一度受け取れば、同様の抗議意見が諸藩から次々と出されることを逃れたかったからであろう。しかし、次々とはならなかったが五月二十九日と六月四日に、芸州藩が出兵を拒否する上申書を、広島に出張した老中小笠原長行に差し出した。同志の輪が着実に広がりつつあったのである。

†征長に抗議する大坂の民衆

小笠原老中が長州に処分方針（一〇万石減地、藩主の謹慎・隠居など）への回答をもとめたのが五月一日で、返事がない場合は、六月五日をもって長州攻撃を決行すると告げた。四月から五月にかけて、戦争が避けられないとの空気が濃密になっていったが、それは民衆の生活にも大きな打撃をあたえた。

大坂の平均米価は、開港前の一八五七（安政四）年にくらべて、一八六六（慶応二）年には一〇倍になっていたが、将軍が大坂城に進発した一八六五（慶応元）年から一八六六（慶応二）年にかけては、さらに三倍に急騰していた。原因は長州征討にあることが明らかで、とくに四月ころから急激に高値となり、大坂の周辺地域にも波及していた。

高騰は米不足のためだ。その原因は、①約一〇万といわれる幕府軍兵士の食糧として大量に消費されたこと、②諸藩が兵糧米の備蓄に動いたこと、③一部の商人が投機の対象として米を買い占めたこと、④幕府が戦争をひかえて関門海峡の通船を制限したため、日本海側と九州方面からの米の搬入が途絶えたことがあげられる。

五月一日、西宮（兵庫県）の主婦が集団で、米を安く売ってくれるよう米屋に交渉を始めた。しかし三日から四日にかけて、二〇〇〇人余りの集団となった民衆が、安売りを断った米屋を打ち毀《こわ》す行動にでた。

このような動きは、たちまち周辺に波及し、八日には湊川《みなとがわ》（神戸市）で一万人ほどの民衆が、竹槍をふるい、太鼓を打ち鳴らして、米屋や質屋、酒屋に打ち毀しをかけ、九日から十日にかけて、伊丹《いたみ》（兵庫県）から池田（大阪府）に広がっていった。

大坂では十四日と十五の両日、市中のほぼ全域が騒動にまきこまれた。民衆は米屋に、一升（約一・五キロ）時価七〇〇文の米を、四〇〇文で売ってくれるようにと交渉したが断られ、打ち毀しが始まった。ところが翌十五日には、米一升が二〇〇文で買えるとの噂が流れ、米屋が応じなかったため、殺到した民衆の打ち毀しとなった。

この日、被害にあった米屋が三三六町の八八五軒にのぼり、市中全域で同時に起こったため、大坂の町役人は打つ手がない有様だった。興味深いのは、民衆が打ち毀した米屋にお金を置いていったことだ。総額は銭で六五一八貫余と、金で四一両余り。民衆が持ち帰った米の量に見合うものではなかったが、略奪をはたらいた暴徒ではないという意識をあらわしたものだったのだろう。

この騒動の際、京都の大久保利通に、施《ほどこ》し米を民衆に配ったことへの許可を求めた、大坂薩摩藩邸留守居木場《こば》伝内《でんない》の手紙が興味深い。大坂町奉行が取り押さえた民衆を詰問したところ、この騒動の「張本人はお城（大坂城）の中」におられます、と答えたと記されている（五月十六日付『大久保利通関係文書』）。将軍家茂の大坂城進発が、この騒動となった、もともとの原因だといって、長州征討に手厳しく抗議していたのだ。

開港後の慢性的なインフレーションが、このとき極限に達していた。スーパーインフレーションの上をいくハイパーインフレーション（超インフレ）である。ルイ一六世の政府が大量の紙幣を発行し、紙くず同然となった紙幣をにぎった民衆が、パンをよこせと暴徒化して、フランス革命の起爆剤となり、ロシア革命の出発点も、ハイパーインフレだった。

フランス、ロシアとの違いは、日本が貨幣だったことであるが、米をよこせと暴徒化した民衆の意識は、フランス、ロシアの民衆に通じるものがあったはずだ。ただしお金を米屋に置いて去った町民や、将軍を斜めから批判する大坂の男性には、無自覚的であろうが、身体のどこかに理性を内蔵している、そんな大坂の民衆の姿が目に浮かぶ。

†幕長戦争

六月七日（一八六六・慶応二年）、幕府連合軍が周防大島郡の屋代島を砲撃。ついに戦争がはじまった。幕府は前年十一月、三二藩に出兵を命じ、攻め口も割り当てていた。しかし実際に出兵したのは、和歌山、彦根、松山、高田、大垣、宮津、浜田、福山、小倉、唐津、津和野、熊本、久留米、柳川の一四藩で、外様は津和野、熊本、久留米、柳川の四藩だけだった。

薩摩、芸州、越前、岡山、鳥取、宇和島、徳島、福岡、佐賀、岡などの有力藩が出兵を拒否した。挙国一致で日本を立て直さなければならない時に、国内戦争とは。幕府と長州の「私闘」に手を貸すことはできない。割拠に目を向けた、これら有力藩の提携が、強まって行くのである。

長州藩は芸州口、上関口、小倉口そして石州口《せきしゅう》と、四方から攻められることになった。このことから長州では、この戦争を四境戦争といっている。孤立した長州藩が、四方から大軍の攻撃をうけるのだから、通常なら戦うまえから結果が見えている戦争であろう。しかし木戸は薩長誓約の会議で、半年や一年で敗れることはないと断言した。

結果は、半年もたたないわずか二カ月で、長州の勝利となったのである。木戸の分析と判断を上回る成果だった。長州が勝利した要因は、主要な点にしぼれば二つあった。ひとつは戦略で、これには龍馬の印象的な観戦記がある。

六月十七日、龍馬はユニオン号（乙丑丸）の船上から、長州軍の小倉領田ノ浦への上陸作戦を観戦した。長州の兵士は船から上陸すると「ばらばらと開き、四間に一人ずつばかり立ち並ぶ」戦術をとった。いっぽう小倉藩は、軽輩の兵士を楯代わりにして、あちこちにひと塊りになって「見苦しい」ものだった。

長州の散兵戦術は、銃撃戦用に編み出された近代の戦術だが、欠点は広く散開した場合、指揮官の命令が届きにくいことにある。しかし充分な訓練をへて戦法に習熟し、そのときの戦略を理解し、戦況に自主的な対応ができたばあい、威力を発揮する。とくに小倉藩のような古典的な戦術にたいして、抜群の効果があったのである。

散兵戦術は木戸孝允に登用されて、軍制改革の中心となった大村益次郎《おおむらますじろう》の提言によるものだった。前線における長州軍の主力となったのが諸隊の兵士だったが、大村は実戦を想定した訓練で、諸隊を徹底的に訓練していたのである。

幕府軍には連合軍であるがゆえの欠陥があった。それぞれの藩が、自分の藩の戦術・戦法で戦い、連合軍としての訓練がなされず、攻め口の指揮系統も確立せぬまま、戦争となっていた。したがって藩相互の連携も、きわめて不十分だった。

長州藩が勝利した二つめの要因は、戦争にたいする意識・意欲の点である。木戸孝允・高杉晋作らの改革派政府となって武備恭順を藩論としてから、長州は武士、農民、町民が一体となって、日夜、厳しい訓練に耐えてきた。決して妥協に揺れず、みずから退路を断つような気持ちで、戦争に臨んでいたのである。そして日本再建の一翼を担うためにも、負けてはならない戦争だったのだ。

いっぽう幕府軍は、それぞれの思惑をかかえて戦争に臨んでいた。彦根藩は大老井伊直弱とともに、譜代の名門に浴びせられた汚名をそそぐチャンスとして、また熊本藩は、薩摩と長州の関係と薩摩への対抗を意識しつつ、九州を代表する外様雄藩の名をとどろかすチャンスとして、この戦争に参加していた。

幕府の命令に従うのみ、とする譜代の藩とともに、幕府軍の連帯意識は希薄だった。ましてやこの戦争を、日本のため、日本の将来のためと位置づける藩は、皆無だったと思う。これでは士気が高く意欲的な長州に勝つことはむりだ。

†見えた幕府の末路

幕府軍の劣勢は明らかだった。このまま戦争を続行するのは国家にとっての消耗である。たまりかねて七月十八日、芸州、岡山、徳島の三藩主が連名で、征長軍の解兵を朝廷に建白、二十日には薩摩、そして二十六日には鳥取と岡山の藩主が、戦争をやめるべきだと朝廷に建白書を差し出した。

建白書は、国家をかたむける内戦をやめなければならない、すみやかに休戦して、長州藩を寛大な処置でおさめ、混乱を解決するべきだと、強く主張したものだったが、とくに薩摩の建白は民衆の暴動にもふれて、一日も早い停戦と政治体制の改革が必要だと主張した点において特色があった。

敗報があいつぐなかの七月二十日、将軍家茂が大坂城中で亡くなった。徳川宗家を相続することになった慶喜は、自分が出陣して劣勢を挽回したいと強気の姿勢をしめしたが、八月一日に、幕府軍の拠点である小倉城が落城したことを知って断念した。九州方面の幕府軍が指示を待たないで戦争をやめてしまったのである。

八月十四日、慶喜は朝廷に、休戦と解兵の許可を願い出、朝廷は十八日に、休戦を命じた。そして九月二日、幕府と長州藩のあいだで休戦協定が成立した。

小倉落城の三日後（八月四日）であるが、来日していたフランスの経済使節クレーと、幕府が総額六〇〇万ドルの借款《しゃっかん》契約を結んだ。幕府が担保としたのは、生糸、蚕種《さんしゅ》（蚕の卵）、茶などを、フランスが独占的にあつかう貿易だった（借款はパリで公表されたが、当然のごとくイギリスが強硬に反対して、実現にはいたらなかった）。

借款の目的は、長州征討のための軍艦と武器の購入だった。外国にたよって政権の保持をはかるのは、混乱した国家の末期的政権がたどる共通の道だ。幕府は、その危険な道を歩み出していたのである。

大和国桜井《やまとのくにさくらい》（奈良県桜井市）の村役人高瀬道常《たかせみちつね》は次のように記している。

「三歳の童子」にいたるまで長州の勝ちを悦んでいる。ほどなく長州が上ってくれば、物価も下落するだろうとの噂だ。私には「いかなる間違い」で、このような戦争となったのか、まったく理解できない……。（『大和国高瀬道常年代記』）

民衆にとっては不可解な戦争であり、有力諸侯にとっては、やってはいけない戦争だった。内乱となる一歩手前で、戦争は休止となった。しかし終わったわけではなく、長州が朝敵でなくなったわけでもない。朝廷と幕府が、一歩踏み出すことを決断すれば、一挙に解決する問題だったが、このあと九カ月も宙ぶらりんのまま放りだしておくのである。

第 5 章

新政府の創設 1866–1867

「王政復古」島田墨仙画（明治神宮聖徳記念絵画館蔵）

1　ええじゃないかと踊る民衆

†最後の将軍徳川慶喜

戦場から幕府軍劣勢の報があいつぐなかで、将軍家茂（二〇歳）が七月二十日（一八六六・慶応二年）、大坂城中で病没した。死因は脚気《かつけ》による心不全だったようだ。生活環境の激変が遠因であろう。

和宮と結婚してからわずか四年半。この間、三度の上京があって、同い年の若いカップルが江戸城で一緒に生活したのは、実質二ヵ年半ほど。幕末の激流に翻弄《ほんろう》される、少年と少女の物語のようだった。

若すぎる将軍は、自分の意志で政治の流れを変えることはできなかった。老中や上層部幕府官僚が十四代将軍家茂に期待していたのは、彼らの方針に理解をしめしてくれることである。大御所として実権をにぎっていた十一代将軍家斉《いえなり》ではなく、十二代家慶《いえよし》、十三代家定と同様の、いわゆる老中政治を支持する将軍であれば十分であった。

次の将軍の最有力候補が、一橋家当主であり、京都政局における実績と政治力から、慶

年代	出来事
1866　慶応 2	8 月、慶喜の要請をいれて征長軍の解兵を勅許（16 日）。12 月、慶喜が征夷大将軍に就任（5 日）。孝明天皇が病没（25 日）。
1867　慶応 3	1 月、睦仁親王が天皇の位につく（9 日、満 14 歳）。3 月、将軍慶喜が大坂城で各国公使に、兵庫を開港すると明言。4 月、坂本龍馬の海援隊創設。5 月、将軍慶喜が兵庫開港の勅許をもとめ、朝議開催。同時に長州処分問題も議題となる。兵庫開港勅許（24 日）。長州を寛大な処置にすると布告される（25 日）。同日、京都でええじゃないかの民衆乱舞がおこり、大坂でも発生（27 日）。6 月、薩摩と土佐の盟約（薩土盟約）が結ばれる。7 月、長州藩士柏村数馬が上京し薩摩（小松帯刀、西郷隆盛、大久保利通）と会談。薩摩の討幕はしないという発言に納得して帰国。9 月、後藤象二郎が土佐藩の大政奉還建白書をもって、薩摩の小松帯刀、西郷隆盛、大久保利通と会談（7 日）。大久保利通が山口に行き、長州藩首脳部と会談（18 日）。薩長芸 3 藩出兵協定が結ばれる（20 日）。10 月、土佐藩の大政奉還建白書が幕府に提出される（3 日）。将軍慶喜が大政奉還の上表を朝廷に提出（14 日）。小松、西郷、大久保が「討将軍の偽勅」を持って、藩主島津茂久の率兵出馬を要請するため、京都を発ち鹿児島にむかう（17 日）。慶喜が征夷大将軍の辞表を朝廷に提出（24 日）。11 月、土佐藩福岡孝弟が松平春嶽に、土佐の新政府構想を説明（9 日）。坂本龍馬遭難（15 日）。大久保利通が政変方式で新政府を創設することで正親町三条実愛を説得（29 日）。12 月、西郷と大久保が政変の決行を後藤象二郎に相談し、後藤が了解（2 日）。王政復古の政変で新政府が創設される（9 日）。王政復古の大令が発令される（14 日）。

喜であることは明らかだった。将軍職に就任する前に、まず徳川宗家の相続人になる。家茂が没した直後から、この話がすすめられた。しかし当初、慶喜は固辞した。

将軍後見職への就任（一八六二・文久二年）、禁裏御守衛総督就任（一八六四・元治元年）と老中の全面的な支持があったわけではなく、また一八五八（安政五）年の将軍継嗣問題の際における、実父徳川斉昭の露骨な大奥工作にたいする反発感情が未だに残っていた。江戸の幕府内勢力との意見調整が必要だったのである。慶喜が相続を引き受けたのは二十七日だった。

諸侯の戦争中止を求める建白をうけて、七月二十九日に、解兵するか否かで朝議が開催されたが、この日、慶喜は自分が幕兵を主力とした部隊を引き連れて出陣したいと、勅許を求めた。慶喜のもくろみは、長州を圧倒することではなく、形勢を少しでも優位に挽回して、休戦協定にもちこむことだった。八月四日、天皇は慶喜に進発を命じた。

しかし八月一日に、幕府軍の拠点である小倉城が落城。十一日には小倉口の幕府軍が指示を待たずに解散してしまった報が、大坂城に届いた。他の攻め口では戦争が続いていたが、慶喜はここであっさりと進発を断念する。変わり身が早いのだ。元治国是会議における諸侯との約束のように、天皇との約束も手踊りのように、ひらりと手のひら返しができるのである。近世日本の武家社会の人間とは、かなりの距離がある個性の持ち主だった。

大久保利通はこのような慶喜を「譎詐《けつさ》（いつわり、あざむく）」の人だと批判するのであるが……。

八月十三日、慶喜は二条関白に、解兵の勅許を内願した。しかし天皇は、すぐには認めなかった。自分で決着をつけなさい、という慶喜に対する不満の意思表示だった。朝議が解兵を決めたのが十六日である。慶喜に対する不満の声が、ここでも続出していた。二十日、家茂の発喪《はつも》と慶喜の宗家相続が布告された。

慶喜が征夷大将軍職に就任したのは、十二月五日だった。家茂の就任が十月二十五日（将軍家定は七月六日没）だから、将軍空位期間が異常にながかったわけではない。しかし家茂と慶喜では、本人がおかれた状況がまるで異なっている。家茂の場合は大老井伊直弼が政治全般を取り仕切っているが、慶喜には自ら最前線で政治に取り組むことが求められていた。兵庫開港を強硬にもとめる外国にたいする対応も、緊急な課題となっていたから、いつまでも将軍不在ではすまない。

徳川慶喜

しかし慶喜は腰を上げない。多少ギクシャ

クしてしまった朝廷との関係を修復し、なるたけ多くの諸侯の支持を取りつけてから就任するつもりだ。対抗馬がいないから急ぐことはない。十月十六日、慶喜が参内して天皇に拝謁《はいえつ》するが、その際の待遇がすべて将軍とおなじものだった。慶喜が二条関白に働きかけて実現したものである。十一月二十八日には、将軍職への就任をうながした天皇の内意が伝えられた。天皇は幕府に一切を委任するという、庶政委任体制にもとづく天皇と将軍（慶喜）との関係を、変革することは考えていなかったのである。

京都藩邸詰めの薩摩藩士内田正風《まさかぜ》は、慶喜を将軍にするのは、虎を千里の野に放つようなものだと酷評するが、逆風をおこすことはできなかった。

†孝明天皇の急逝

慶喜が将軍になってから二〇日後の、十二月二十五日、孝明天皇が急病で亡くなった。死因は「紫斑性痘瘡《しはんせいとうそう》と出血性膿疱《のうほう》性痘瘡の両者をふくめた出血性痘瘡」で、発病から死亡までの経過を記した記録を検討した、大学の医学研究の方々の結論である。この成果は原口清氏の論文「孝明天皇は毒殺されたのか」と題して『日本近代史の虚像と実像』1（大月書店、一九九〇年刊行）で発表された。

それまでは、天皇は毒殺され岩倉具視がかかわっている、との説が有力で、石井孝氏が天皇の病気についての同じ記録を検討した結果として発表したものが、最も有力な説となっていた。石井氏は病理学の知識が浅く、専門家の意見をくみ取った原口氏の説が、はるかに説得力に富んでいる。もはや異説の出る幕はないだろう。

しかし今でも講演のときなど天皇の死因と岩倉との関係について質問をうけるので、ここでは岩倉がかかわることはあり得なかったことについて述べておきたい。

岩倉は洛中から追放されて、洛北岩倉村に隠棲していたから、犯人といっても黒幕としてのかかわりである。ではなぜ毒殺しようとしたのか。その理由は、天皇は公武合体論者であるのにたいして、岩倉は倒幕をめざす薩摩、長州とともに、王政復古の実現をめざしていたから、岩倉にとっては天皇が邪魔だった、というのが一般的である。岩倉にとって天皇は、本当にそのような存在だったのだろうか。

天皇の死を岩倉は「仰天、恐愕……万代《まんだい》の遺憾」だと嘆き、これまで天皇に建白などで進言してきた、身をなげうって尽力したい新国家・新政府構想が、ことごとくみな「画《が》餅《べい》」となってしまったと失望に沈んだ。岩倉の構想は、当時の一般的な王政復古論とはちがった、独特のものだった。

孝明天皇は国内の混乱を自らの罪として、神前《しんぜん》で謝罪し、政治の一新を誓う、そのような率直な姿と決意を示すことによって、天下臣民の感動を呼び起こし、天皇の万機親裁《しんさい》体制を挙国一致で構築する（「全国合同策密奏書」）……このような構想だった。

天皇の力量、政治能力そしてカリスマ性に期待するもので、孝明天皇だからこそ実現可能な構想なのである。天皇の万機親裁体制といっても、天皇の専制・独裁を意味するものではない。朝廷、幕府、藩そして全国の人民が支えていく挙国一致の体制である。そうでなければ日本の再建は不可能なのだ。

岩倉の発言を虚心に聞くと、孝明天皇を亡きものにすることなど、ありえないことだったのが明白である。この問題にかんしては、私自身も、岩倉の主張を詳細に検討せずに、石井孝氏の説を受け売りして、岩倉が黒幕だったと誤って論じている。（拙著『戊辰戦争』中公新書、一九七七年初版。なお一九九〇年の増刷の際に、あとがきの追記で誤りだったことを記した。また岩倉の構想については、拙著『岩倉具視』吉川弘文館、二〇〇六年刊行、で詳しく述べておいたので、ご参照いただければ幸いである）。

年が明けて、一八六七（慶応三）年一月九日、践祚《せんそ》の儀がおこなわれて、新天皇が誕生した。満一四歳の、元服前の幼い帝で、関白・左大臣二条斉敬が摂政となった。大赦《たいしゃ》がおこなわれて、三条実美ほかの長州に脱走した者を除いて、朝廷から追放された多くの公家が赦免《しゃめん》となったが、岩倉にはおよばなかった。証拠はないが二条摂政の意向だったようだ。さすがの岩倉も落胆して、朝廷へ働きかけてくれるよう大久保利通に相談したが、いましばらくは「忍の一字」で我慢されたいとの返事だった。

岩倉の構想は、天皇が存命であったとしても、早期での実現が可能なものではなかった。天皇親政をささえる組織すなわち確固とした政府が必要なのである。朝廷も幕府も現状では不合格だ。岩倉は朝廷改革への望みを捨てたわけではないが、大きな期待はしていなかったと思う。

それよりも朝廷や幕府を母体としない、まったく新しい政府を創設することに、心が動いていたようにみえる。この点では薩摩の方向と一致していた。前年、慶喜が宗家相続を引き受けた際に、松平春嶽が慶喜に大政の奉還をすすめたが、朝廷に国政を担当する能力のないことがわかっているから、新政府の創設と大政奉還はセットになっているのである。新政府の創設は、まぎれもなく新たな潮流となっていた。あとはいつ、なにをきっかけに勢いよく動きだすのか。しかしそのときは、意外にも早く、しかも向こうからやってきたのだった。

†兵庫開港問題

新将軍慶喜にとって、最大の問題が兵庫開港だった。条約で一八六八年一月一日（陰暦の十二月七日）に開港と約束しているが、列強はできるだけ早く開港をと、しつように要求してきた。しかし孝明天皇は通商条約を勅許したが（一八六五・慶応元年十月五日）、兵庫の開港だけは頑《がん》として拒否した。兵庫にも横浜のように居留地がつくられ、外国の軍隊が駐留するようになっては、さらなる日本の屈辱であり、自分の責任によるものだとの理解だったと思う。

その天皇がいなくなったから、慶喜の前にあった大きな壁がなくなったようなものだが、天皇の意志に基づいてなされた、兵庫は開港しないとする朝議決定は生きているのである。フランス公使ロッシュは、この問題を解決しないのは、友好的な外交関係の維持を考えていないか、または解決する能力がないと判断せざるをえない、と慶喜に迫っていた。

三月五日（一八六七・慶応三年）、慶喜は朝廷に上書して、兵庫開港の勅許を求めた。十九日、二条摂政から、孝明天皇が反対していた件を、急に改めることはできないとの回答があった。二十二日、慶喜は、朝議で検討されたいと再度上書したが、諸藩の意見も参考にしなければならないとの理由で、勅許は見送られた。慶喜にとっては予測されたことで、一歩踏み出して朝廷の対応を窺ってみたのだと思う。

三月二十八日、慶喜は大坂城で、イギリス公使パークス、オランダ公使ボルスブロック、フランス公使ロッシュ、アメリカ公使ファルケンボルクと公式謁見をおこなった（パークスが最初で、順番に単独謁見）。このとき、慶喜が各公使に、条約に基づいて兵庫を開港すると明言したのである。まだ勅許となっていないが、朝議で勅許を決議することができる確信があったのだと思う。

兵庫開港について、反対する藩はほとんどなくなっていた。土佐藩が開成館を創設して交易による富国強兵策に着手したのは一年前の四月だが、同年の暮れと、この年二月に蒸気船を購入し、坂本龍馬の海援隊を開成館事業の準専属として組織させるなど、事業の強化をはかったのがこの四月だった。

世は貿易・交易の時代になっていた。諸藩にとっては貿易・交易の場が多くなることは、歓迎すべきことだった。いわば世論の後押しで、朝議を動かすことが可能だとの判断だったのだろう。

†混乱する朝議

慶喜の頭の中は、兵庫開港問題でいっぱいだったようだが、諸侯の関心とはおおきなズレがあった。とくに島津久光、松平春嶽、山内容堂、伊達宗城の四侯は、兵庫開港は当然のことで、長州問題解決のほうを重要な課題としていた。

四侯は連絡をとりあって、朝議が開催される前に上京することを約束した。慶喜と話し合いの場を持って、意見調整をするのが目的で、四月十二日に、まず久光が着京し、五月一日に容堂が上京して、四人がそろった。

四侯と慶喜は数回の話し合いで、四侯は慶喜が望んでいる兵庫開港が勅許されるよう、全面的にバックアップする、慶喜は、朝敵の扱いになっている長州の罪を赦免し、休戦のままになっている長州征討を終結するよう、朝廷に働きかけ決着をつける、以上のような約束でおちついた。

五月二十三日、朝議開催。通常のメンバーの他に、近衛忠煕、鷹司輔煕・輔政などの元老クラスと朝議OB、さらに武家側からは、板倉勝静、稲葉正邦の両老中に、京都所司代松平定敬、松平春嶽など、そして将軍慶喜が出席した、いわば異例の拡大朝議とも言うべきものだった。重要な朝議だとの位置づけだったのである。

長州藩を寛大な処置でおさめること、勅命で兵庫を開港すること、この二件は自分だけではなく、四侯も強く要望していると、慶喜の発言があって会議がはじまった。すこし改革の風が吹いていたが、朝議が公家側のペースで進行するのは以前とかわらない。武家発言のあげあし取りに、どうどうめぐりの議論で結論を出せないのも、もとと同じだ。夜の十二時ころ出席した伊達宗城に、結論となるまでは、何日かかっても退出しないと、慶喜が言った。兵庫開港は、開港期日の六カ月前(六月七日)に布告することになっているから、切迫感があったにちがいない。

例のごとく徹夜となったが、朝議の結果を気にした公家が参内して議論を始め、御所内が騒然とした状態となった。ここで二条摂政が慶喜に、勅命を出すことが困難だと告げたが、慶喜は勅命が出るまでは退出しないと突き放した。

ここで鷹司輔政が二条摂政に直接意見を求めた。二条は、自分は慶喜の要求を認めたいと思い、天皇の意向をうかがったところ、天皇も同じ意見だったと答えた。鷹司が、それならば御所内の紛議を理由に、勅許を先延ばしにするべきでないと抗議した結果、二条もようやく決断したのであった。

この日の、朝廷内の混乱を「戯場《ぎじょう》（げきじょうとも読む）」のようだったと松平春嶽が記している。しもじもの者があつまって騒がしい芝居小屋のようだったと、痛烈に批判した言葉である。また伊達宗城は、会議における慶喜の言動を、朝廷を軽蔑することがはなはだしく「言語に絶する」ものがあったと日記に記していた。慶喜の強硬な姿勢と威嚇《いかく》的な発言が、公家を圧倒していたのである。

二十五日、幕府は兵庫開港と長州藩を「寛大な処置」にすることを布告した。朝敵として征討しようとした長州の罪を問わない、という意味である。

†ええじゃないかの発生

布告をうけて同じ二十五日、京都三条大橋の高札場《こうさつば》から、朝敵の長州を征討すると書かれた制札《せいさつ》がおろされた。これを機に民衆の踊りがはじまった。……長州の勝チャ勝チャ、米価やもろもろの物価が、どんどん下落する……。このようにいいまわり、即興の踊りがもりあがって二日も続いた。

大坂高麗橋《こうらいばし》の高札場からは、二十七日に制札がおろされた。見物する者が群衆となって、制札がはずされた瞬間、ドッと歓声があがった。そして長州勝ちゃ、勝ちゃと手拍子、足拍子をうち、いろいろな風俗、衣装をつけて踊りがはじまった。

休戦ではなく、もう幕府と長州との戦争はおこらない。戦争は長州が優勢だったことを民衆は知っていた。幕府は負け、長州が勝ったのだ。将軍慶喜は、そのうちにすごすごと江戸に退き、長州が京にのぼってくるのだ。民衆の期待がおおきくふくらむ。

大坂ではきれいな着物をきて、二〇〇人から三〇〇人が一組になって、即興の踊り(「俄《にわ》か踊り」)をくりひろげた。ひとびとはこれを「長州おどり」と唱えて、長州が京にのぼってくるのをまっている、その祝い事だと言っていた。

踊りはかけ声をともなっていた。よいじゃないか、クサイモノニフタシテ、オメコニフ

「ええじゃないか図」（『近世珍話』より／京都国立博物館蔵）

タシテ（あるいは、オメコニカミハレ、ヤブレタラマタハレ）、ええじゃないか、えいじゃないか、と声を出しあって踊り狂うのである。

これは日常生活のすみずみにいたるまで目を光らせ、統制・規制しようとする町役人に対する抵抗の声であろう。臭いものにフタしたから、もう臭わない、オメコに紙を張ったから、もう見苦しくない、ええじゃないか、えいじゃないか、なのである。まさに前代未聞の、民衆による集団行動だった。

民衆はなぜこれほど長州の「勝ち」を喜んだのだろう。なぜ長州が京に上ると、物価がさがると考えるのか。これほど長州への期待が大きかったのは、どのような理由によるものだったのだろう。

前年五月、大坂の民衆は、大津波のようなハイパーインフレーションに直撃され、たまりかねて米屋に打ち毀しをかけた。開港してから右肩上がりに続く物価高に追い打ちをかけたのが、幕府が大量に発行し続けた劣悪貨幣（万延二分金）

で、超インフレの根本的原因がここにあることを、経済の都大坂の民衆は知っていた。

そもそもの原因は通商条約にある。その条約を破棄または改めて、外国と対等な条約を結び直そうというのが破約攘夷論で、その先頭に立って運動したのが長州だ。そして積極的に動こうとしない幕府に、厳しく抗議しつづけたのも長州だった。

尊皇攘夷。条約勅許になっても、このフレーズはけっして忘れられた言葉ではなかった。長州なら我々の声を受け止めて、インフレに歯止めをかけてくれるだろう。劣悪貨幣の発行も終わりだ。破約攘夷が実現するかもしれない。こうして長州への期待がおおきくふくらんでいくのである。新しい時代の匂いがする。ええじゃないか、えいじゃないか……。

†大政奉還とええじゃないか

ええじゃないか研究には豊富な蓄積がある。しかしこの京・大坂であった民衆の踊りを深く検討した研究はすくない。その原因は「お札降り」がともなわなかったからで、ええじゃないかの前段階での運動と位置づけられてきた。したがって長州との関係についても、分析的に検討したものはあまり見られない。

ええじゃないか研究を牽引してきた田村貞雄氏の研究で注目され、氏がええじゃないかの出発点と位置づけた、三河地方の御札降りをきっかけに始まった民衆の乱舞は、駿河地方に伝播して大爆発となったが、ええじゃないかの掛け声はなかった。お札降り、乱舞、掛け声を、ええじゃないかの三要件とすることにこだわらなければ、それぞれの地域の特性を反映したええじゃないかと見ることができる。田村氏も近年の研究では、京・大坂の乱舞は、十分にええじゃないかの要件を満たすと評価している。

お札降り、乱舞、掛け声がそろった三点セットのええじゃないかは、将軍徳川慶喜が大政奉還を朝廷に上表《じょうひょう》（十月十四日）した直後から、京都ではじまった。伊勢大神宮のお札をはじめ、えびす、大黒などさまざまなお札が降り、豊かな町民は、しめ縄をはり、お供物をそなえて祀り、酒をふるまった。民衆は着飾って、ヨイジャナイカの掛け声とともに乱舞した。

京都の民衆は薩摩の動向に神経をとがらせていた。薩摩は慶喜が自発的に政権を返上することはないだろうと判断して、藩兵を上京させ、武力を背景に大政奉還を迫ることを考えていた。薩摩のこの動きを、民衆は倒幕の挙兵ではないか、京都が戦場になるのかと不安をつのらせていたのだが、大政奉還の上表で、戦争は起こらないと安堵した。そしてええじゃないかとなったのである。

平和を保ちながら、政権の交代がおこなわれ、新しい世の中になる、なんとすばらしいことではないか。喜びが踊りとなって爆発したのである。ちなみに江戸でもお札降りがあったが、ええじゃないかにはならなかった。徳川時代の終焉を予感した江戸っ子は、踊る気分にはなれなかったと思う。

ええじゃないかを倒幕運動をカモフラージュするために仕掛けたものだとする説があるが、民衆の心理、心情を無視した俗説である。天から降ってくるお札を目撃した人はいない。だれかがそっと置いていったものだ。またこのええじゃないかでは、長州に期待した話も残っていない。このとき民衆にとって長州は、薩摩と手を組んだ危険な藩のように見えたのであろう。

2 薩摩と土佐の盟約

†新政府が必要だ

五月二十三、二十四日の朝議にもどりたい。兵庫開港が勅許されたが、会議で慶喜は、開港は四侯をはじめ諸大名も強く望んでいることを強調し、最後は剛腕がモノをいわせた結果だった。

では四侯と約束した長州問題はどうだったのか。ええじゃないかで見たように、長州を朝敵とすることは解除された。しかし四侯が慶喜に要求したのは、藩主毛利父子の官位復旧と入京の許可など、赦免の内容を具体的に示すことを、朝廷に働きかけることだった。しかし慶喜はこの問題に踏みこまず「シラヌ顔」をしていたと伊達宗城がいっている。慶喜にとっては、なによりもまず兵庫開港勅許であり、長州問題は二の次であるからわからぬでもないが、四侯との約束をホゴにしたことは確かだ。四侯はまたしても慶喜に、との思いだったが、慶喜の方は違っていた。

将軍になるまで、慶喜と四侯は対等に話をしていた。しかしいまの慶喜は、将軍が特別のはからいで、大名でもない隠居に会って話を聞いてやる、といった態度だったのである。これでは以前のような率直な意見交換はできない。朝議の模様は春嶽と宗城から久光と容堂に報告された。久光は腰痛の持病があり、鯨海酔侯《げいかいすいこう》を自称する容堂は、長時間の会議にたえられる体調ではなかった。このままではいけない。四侯の危機感は強いものだった。

幕府に一切委任するとの勅命（一八六四・元治元年）でなりたっている庶政委任体制だが、国家の大政と大事な議事は、朝議で議論することになっているから、朝議が日本国家の最高会議である。その朝議が慶喜の思うままに動かされる状態となっている。これでは朝議が慶喜の政治を権威づけるためのものとなり、慶喜の専制政治をおぎなう道具のようなものになってしまう危険がある。

西郷隆盛が「幕府は自ら倒れる」といったが、なりふりかまわずの延命策で、しぶとく生きている。だが挙国一致への努力は、どこをさがしても見えてこない。朝廷もまったく同じだ。旧態依然とした朝議のありかたを見ても、日本の将来を真剣に考えているとは思えなかった。

このころの政治形態を、近現代の連立政権といっしょにしてはいけないが、かたちとしては朝廷と幕府の連立政権のようなもので、かりに朝幕政府と名づけておこう。その政府の会議が朝議だ。しかしその政府会議が、流れの速くなっている幕末の時代状況からかけ離れていた。これでは日本は動かない。根本的な改革が必要だった。

四侯の共通した理解は、朝廷と幕府を母体としない、まったく新しい政府を創設することだった。大政奉還は、そのための最初の一歩である。慶喜から政権をうけとっても、朝廷には国政を担当する能力のないことが明らかだ。宙に浮いてしまう政権を引き受ける受け皿が必要なのだ。それが新政府である。しかしまず何よりも、慶喜に大政奉還を決断させることが先決の問題だった。

動いたのが薩摩だ。六月初め、大久保利通は手紙で、鹿児島の側役蓑田伝兵衛に、軍艦で一大隊の藩兵を上京させる準備をすること、状況次第では、藩主茂久の出馬もあり得ると述べていた。在京の薩摩首脳部（久光、小松帯刀、西郷、大久保）は慶喜が自発的に大政奉還をおこなうとは思えなかった。藩兵の派遣は、武力を背景として、慶喜に大政奉還と将軍職の辞職を迫るための準備だったのである。

この薩摩の動きを、武力倒幕のための準備だとする説もあるが、薩長討幕派史観にとらわれた、誤った理解である。

†薩土盟約

ついで土佐が動いた。坂本龍馬と一緒に、長崎から上京した土佐藩参政後藤象二郎が、六月十七日、同役の寺村左膳《さぜん》に、慶喜に大政奉還を求めることを提案した（なお証拠となる史料が残っていないが、船中八策は長崎からの船中で、後藤と坂本龍馬が話し合った新政府の方針について、まとめたものだといわれている）。

後藤象二郎

このとき同役の福岡孝弟《たかちか》と真辺栄三郎《まなべえいざぶろう》も在京していて、四人の土佐藩首脳が相談のうえで、後藤の提案を土佐の方針にすることを決め、寺村がその要点を「大条理旨趣《ししゅ》」と題した書面にまとめた。二十日、後藤がこの書面を持参して、薩摩の小松

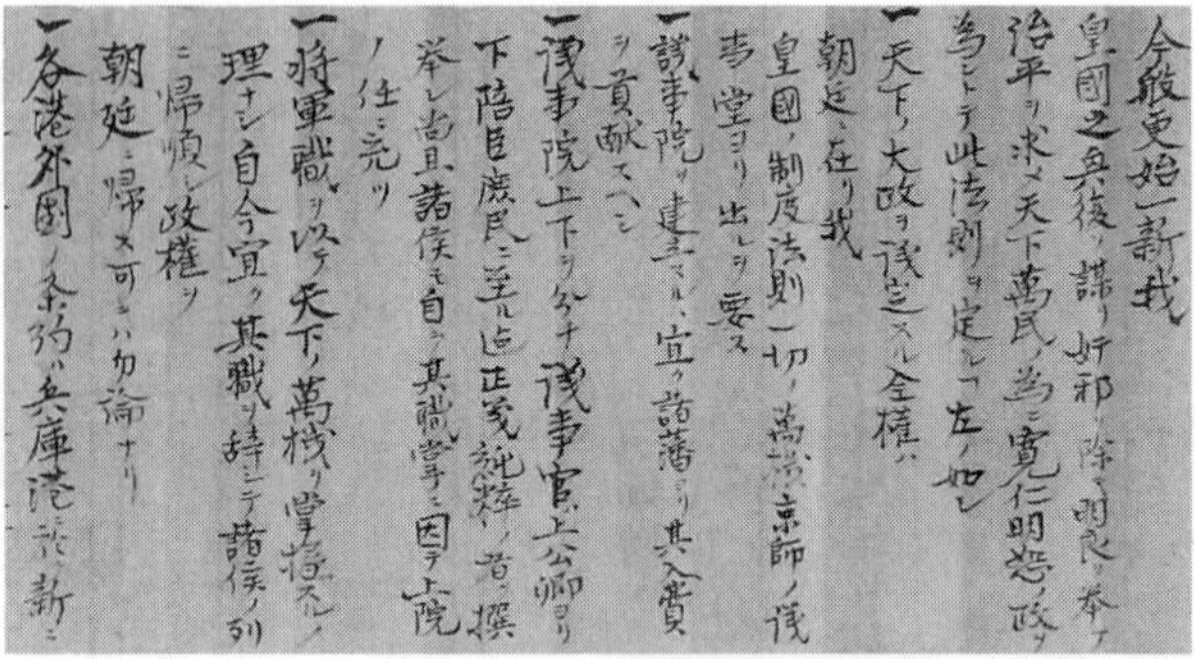
今般更始一新我
皇國之興復ヲ謀リ奸邪ヲ除キ明良ヲ挙テ
治平ヲ求メ天下萬民ノ為ニ寛仁明恕ノ政ヲ
為シトテ此法則ヲ定ルコ左ノ如シ
一天下ノ大政ヲ議定スル全權ハ
朝廷ニ在リ我
皇國ノ制度法則一切ノ萬機京師ノ議
事堂ヨリ出ルヲ要ス
一議事院ヲ建立スルハ宜ク諸藩ヨリ其入費
ヲ貢献スヘシ
一議事院上下ヲ分チ議事官ハ上公卿ヨリ
下陪臣庶民ニ至ル迄正義純粋ノ者ヲ撰
挙シ尚且諸侯モ自ラ其職掌ニ因テ上院
ノ任ニ充ツ
一将軍職ヲ以テ天下ノ萬機ヲ掌握スルノ
理ナシ自今宜ク其職ヲ辞シテ諸侯ノ列
ニ帰順シ政權ヲ
朝廷ニ帰スヘキハ勿論ナリ
一各港外國ノ條約ハ兵庫港ニ於テ新ニ

「薩土盟約約定書」（鹿児島尚古集成館蔵）

帯刀と面談したところ、小松は同意したという。またタイミングよく佐佐木高行《たかゆき》（大監察）も上京して、建白書で慶喜に大政奉還を要求することが決まった。

二十二日、土佐が後藤、寺村、福岡、真辺。薩摩から小松、西郷隆盛、大久保利通が出席して会談がおこなわれた。坂本龍馬と中岡慎太郎も出席している。土佐の首脳部で薩摩と親交のある人物はいなかったから、この会談の設定に動いたのは龍馬であろう。中岡も役割があったのかもしれないが、薩摩と龍馬の関係とは密度がちがっている。

議題の中心は大政奉還運動だが、薩摩は異論がなかった。またここで大政奉還後の受け皿である新政府について、土佐の構想が紹介された。これについて薩摩がどのような反応を示したのかわかっていないが、二十六日に、訂正されたものが薩摩に届けられているから、多少の注文があったようだ。ともあれ両藩のあいだに大きな意見の相違がなく合意となった。薩摩と土佐の盟約成立だった。

朝廷でも幕府でもない、史上初の新政府構想が姿をあらわした。幕末史の潮流は、この新政府の創設運動が主流となっていく。現実に歴史を動かした点からいえば、薩長誓約よりも薩土盟約に軍配をあげなければならない。では新政府構想をみておこう（数字は便宜的に著者がつけたもの）。

①政府は「天下の大政」を議論して決める。制度・法令などすべて京都の議事堂から発令される。
②議事院の経費は諸藩が分担して負担する。
③議事院は上下の二院制。議員は公卿から庶民にいたるまで「正義純粋」の者を選抜する。諸侯は上院の議員となる。
④将軍が「天下の万機《ばんき》」を掌握する道理はない。政権の返上はもちろんで、慶喜は辞職して一大名となる。
⑤新しく条約を結び、対等な貿易をおこなう。
⑥制度や法律を一新する。
⑦官僚は私意を去り、公平に基づいて、人心の一和を主とする。

議事堂は政府と政府機関が置かれる場所。議事院は現在の国会のような議会ではなく、政府の構成メンバーによる会議をさす。④は新政府創設の前提となる、慶喜の大政奉還についての箇条だが、政権返上だけではなく将軍職の廃止を掲げている点が重要である。⑤から⑦は、新政府が取り組むべき課題について述べたもの。

盟約書の終わりには、以下の言葉がある。議定した盟約は、方今《ほうこん》の急務であり、天下の大事である。盟約を決議した上は、成るか成らぬかなどと考えないで「一心協力」して、実現をめざさなければならない。

③で議員(政府員)には「正義純粋」の者を選ぶとある。現在の日本では夢のような適格条件だ。後藤や小松など土佐と薩摩の代表から、この言葉が出るとは思えない。いかにも龍馬がいいそうなことで、盟約に深くかかわっていたのである。

†政変で新政府を

盟約書の文面に書かれていないが、朝廷と幕府の政治組織は、天皇と公家そして徳川宗家の私的な政治組織となり、日本国家の行政にかかわることはなくなる。これまで大久保一翁や松平春嶽、勝海舟にも、諸侯会議や公議会などの政体・政権構想についての発言があるが、それらの構想からはるかに進んだ、幕末における政権構想の到達点に位置するものだ。

この構想は大政奉還と新政府の創設が急務だとする容堂の意見を受けて、政治体制や官制に造詣の深い福岡孝弟が中心になって作ったものだろう。あるいは容堂が命じたのかもしれない。福岡は外国の政体や制度にも詳しく、明治初年の官制・政体書を起案した、政治家というより有能なテクノクラートといいたい人物である。

土佐が盟約の相手に薩摩を指名したのも自然ななりゆきだ。四侯の危機感が大政奉還と新政府の創設を決断させたのだから、朝廷にも幕府（慶喜）にも気後れしないパワーのある薩摩をパートナーに選ぶのは当然のことで、この点でも容堂の了解があり、あるいは容堂の指示があったとも考えられる。容堂が否といえば動けないのが土佐なのである。

西郷は、盟約のいきさつを記した手紙と盟約書の写しを持たせて、村田新八を長州に送った。山口到着が七月十五日。長州からは直目付柏村数馬《かしわむらかずま》が派遣され、八月十四日に京都の小松帯刀邸（近衛家から提供された借家）で、小松、西郷、大久保との会談がおこなわれた。柏村の質問に、主に西郷が答えるかたちで進行している。

長州（柏村）の関心の中心は、新政府をどのような方法で創設するのか、という点にあった。薩摩と土佐ともに、慶喜が大政奉還と新政府創設に協力的になるとは思えないから、武力を背景にして進めなければならないと判断している。では武力はいかなる状況で、どのように発動されるのか。長州も出兵覚悟で、協力する以上、確認しておかなければならない点だった。

西郷はこのように答えた。新政府は政変で創設される。すなわち文久三年八月十八日の政変と同じ手順だ。このとき、兵力は動員されたが武力衝突とはならなかった。しかし今度は武力で敵対してくることも考えられる。しかし、その場合も京都守護職松平容保と配下の会津藩兵だけだから、対応はむずかしくない。政変は一挙に断行しなければ失敗する恐れがあるので、正義の公家のほかには、当日まで秘密にしておく。

文久三年政変にならえば、新政府誕生にいたるシナリオの一つは、おそらくこのようなものだったのではないか。勅命で慶喜に政権の返上と将軍職辞職を命じる。応じない場合は、庶政の委任を取り消し（元治元年の幕府に一切を委任するとの勅命）、将軍職を罷免する。あるいは勅命で将軍職を廃止することも可能だ。引き続いて、勅命で新政府の創設を発令する。

重要な点は、政権返上から新政府創設までを、連続して一挙におこなうものと考えていることであり、そのための武力だったのである。現実の王政復古政変は、大政奉還から政変まで、約二ヵ月の間があるが、この時点では考えも及ばないことだった。

ただし計画が漏れた場合と、政変後に幕府側が逆襲してきた場合の対応は必要だ。黒谷の会津藩邸を急襲し、堀川の幕兵屯所を焼き払うことも想定内のことだ。万一禁裏御所周辺で火災が発生した際には、とりあえず天皇を石清水八幡宮に動座《どうざ》させる。また先のことになるが、幕府勢力が大坂から進攻してくる場合の対策として、大坂城を手に入れ、幕府の軍艦を破砕することも考えている。

†討幕はできない

西郷は最悪となった場合も想定して、周到な準備の上で政変を決行すると柏村に説明していたのである。また越前藩は徳川親藩であるが、決して幕府のために出兵することはないと春嶽が約束し、伊達宗城も協力を約束したことを告げた。そして次のように言う。薩摩は「討幕」をするのではない。

柏村は、このように応えた。世間では種々疑惑もあるが、「討幕」ではなく、四藩（薩摩、土佐、越前、宇和島）が「合体」して尽力することを詳しくうけたまわり、よく理解できました、日本国家のため、長州も協力することを約束いたします。

幕末史を「薩長討幕派」の運動として語る諸書を目にするが、私は薩摩と長州の主要人物が、討幕を目標にしていると言明した史料を目にしたことがない。もし長州がこのとき討幕をめざしていたなら、柏村は西郷の発言に不満を感じるはずだ。

討幕という言葉がなかったというのではない。酒宴が盛り上がったときなどには、飛びかっていた言葉であろう。しかし討幕は薩長二藩では無理だ。幕府の長州征討が、幕府と長州の私戦だと批判されたように、薩長の討幕は、薩長と幕府との私戦だといわれ、春嶽、容堂、宗城ともに協力を拒否することが明らかだ。

また武力を動員して討つためには、なにゆえ討たねばならないのか、その罪を明白に掲げなければならないのが当時のルールだ。幕府の罪を掲げるとすれば、通商条約を天皇の許可なくむすび、経済的混乱の原因をつくったことと、幕長戦争を強行して、社会的混乱を招き、日本がめざしていた挙国一致の体制を自ら阻害した、ということになるだろう。

しかし誰にでもわかる、この二つの大罪とするものには、天皇の勅許があるのだ。慶喜の剛腕にふりまわされた結果とはいえ、朝議のメンバーと天皇に、全く責任がないとはいえない。幕府の罪は、朝廷と天皇の罪でもあったのである。これでは討幕を正当化できないし、賛同をえることも期待できない。薩摩も長州も、そのことがわかっていたのである。

七月初め、藩兵を連れて戻ってくる、といって帰国した後藤象二郎の上京は、九月になった。イカルス号事件でイギリス公使パークスを相手にしていたこともあるが、「後ろ楯《だて》」に兵をもちいて大政奉還と将軍職辞職を交渉することに、容堂が強く反対し、いっぽうで

「討幕論」を唱える者もいて、藩論がまとまらなかったことによる。

九月七日、後藤と西郷、小松、大久保が京都で会談した。後藤は大政奉還の建白が土佐の方針であることを強調した。ただし持参した建白書では、盟約書第四条にかかげた将軍職辞職の件が、すっぽりと抜けていた。これも容堂の意向によるものだった。

しかし薩摩は将軍職を問題にしていた。将軍だから慶喜が横暴となり、彼の専制政府となる恐れがある。建白で慶喜が動くとは考えられない。土佐の方向と薩摩の方針とは、おおきなズレが生じていた。西郷は後藤に、盟約の解消を申し入れた。

後藤は薩摩との連署で建白書を提出したいと要望した。しかし建白書でことが進むと思えないので、薩摩は挙兵・政変で行きたいと、西郷が断った。ただしここで薩摩と土佐がけんか別れをしたのではない。新政府創設という大きな目標はおなじだから、おたがいに制約を受けないで、おのおのの方法で進んでみよう、ということだった。

†薩長芸三藩出兵協定

薩摩は政変の準備である。大久保利通が山口にむかい、九月十八日、山口政事堂（藩庁）で、長州藩主父子、木戸孝允などの藩首脳部に、このように訴えた。

……皇国日本が倒れてゆくのを、なにもせずに見ているのはたえられない。「赤心《せきしん》より、やむをえず」政変の決行を決断した。政変後の混乱に対応するため、藩兵を派遣してもらいたい……（『大久保利通日記』）。

事実関係のみを理詰めで説明し、想定されることがらも、あくまでも現実性のある範囲で考える大久保が、このように心情を吐露《とろ》して訴えるのは珍しいことだ。この点では西郷とかなり距離がある。西郷の話題は、現在進行していることから、突然最悪の場合を想定した極論に飛ぶことがよくある。

たとえば柏村との会談で、西郷は会津藩邸を急襲するというが、通常では現実味がない。会津軍は長州藩兵におされぎみだった禁門の変当時と、装備の面では変わっていない。新式の洋銃を装備して、実戦を想定した訓練を積んでいる薩摩軍にとっては、機先を制して襲いかかる敵ではない、というのが西郷の本音だった。このような西郷の手紙や談話の飛躍を承知していないと、とんでもない解釈をしてしまうので注意が必要である。

木戸から大久保に二、三の質問があったが、柏村と西郷の問答の確認で、翌十九日、「条約書」が取り交わされ、長州の協力出兵が決定した。この日、大久保は山口を発ち、三田尻にむかったが途中で芸州藩勘定奉行の植田《うえだ》乙次郎《おとじろう》に会った。

植田は藩主の命令で、薩摩と長州の会談に参加しようと、広島から来ていた。もちろん薩長会談が、討幕ではなく新政府を政変方式で創設することにあるのは承知の上である。芸州を政変計画にさそったのは薩摩だった。

芸州は文久三年八月の政変前から、薩摩と交易もふくめた深い接触を持つようになり、長州征討問題や幕長戦争休戦の建言など、薩摩と同じ方向で運動してきていた。六月八日、その芸藩執政辻維岳《つじいがく》が小松帯刀に、大政奉還と将軍職辞職を慶喜に勧告する方針であると話していた。大政奉還にとどまらず、将軍職の辞職をはっきりと主張した点においては、薩土盟約よりも先をゆく。だから六月二十八日に、土佐の佐佐木高行と寺村左膳が辻維岳に、盟約について報告したのは自然な流れだった。

九月十日、小松と辻が話し合った。辻は、まず建白書を差し出して、慶喜に大政奉還と将軍職辞職を強硬に迫る、しかし採用されなかったときには武力に訴える、これが芸州の国論だという。そういうことなら、と小松は辻に政変計画をうちあけた。

辻は同意であると述べたうえで、力をあわせ「同心一同」となってやりましょうと応じ、広島の藩政府に、この件を報告した。芸州の政府構想はわからないが、慶喜を将軍職から引き離すところまでは、薩摩と芸州の方針が一致していた。植田乙次郎は薩芸両藩間の、このような話し合いを経たうえで山口に派遣されていたのである。

十九日、大久保は植田に、小松と辻が十日に話し合った内容、十八日の、長州首脳部との会談の内容について、夜遅くまで詳しく説明した。植田は二十日、山口に至り、長州藩と出兵について協定を結んだ。薩長芸出兵協定である。

その内容を要約して紹介しておこう。薩摩約八五〇、長州約四八〇、芸州約五〇〇の兵が、九月末までに、軍艦で大坂湾に集結する。三藩兵の大坂着港を確認して、翌日夜、政変を決行する。在京の兵は、薩摩が約一五〇〇、芸州が約五〇〇。京都の政変が終わったころ、集結した三藩兵で大坂城を攻撃する。

この行動計画は、あくまでも想定される行動の一つであり、かつ最悪の展開となった場合にかぎって実行されるものだ。さいわい慶喜が自ら大政奉還を願い出て、この計画は実行されなかった。無謀な計画のようにも思えるが、薩摩、長州、芸州三雄藩の首脳部が、成功すると判断していたのだ。

それにしても会津藩が見くびられすぎている。このとき会津藩の兵力は約三〇〇〇。対する薩芸連合軍は約二〇〇〇。この計画が、もし会津に漏れていたなら、奮起した会津の予測を超えた反撃に、薩芸軍は手ひどい傷を負っていたかもしれない。

3 大政奉還

†大政奉還と大舞台

話をひと月ほど戻したい。八月二十日、長崎だ。情報収集のため長崎に出張していた木戸孝允の蒸気船が故障し、修理に出したら一〇〇〇両不足した。幸い龍馬がいたので相談したら、一緒に来ていた佐佐木高行が、岩崎弥太郎《いわさきやたろう》（土佐長崎貿易出張所の主任格）にかけあって用立ててくれた。龍馬と佐佐木はイカルス号事件で出張していたのである。

二十日に木戸、龍馬、佐佐木の三人でお礼の宴会となった。翌日、木戸が龍馬に送った礼状に「大酔不敬《たいすいふけい》」のいたりだったとあるから、おおいに盛り上がったのだろう。話題は大政奉還である。

薩摩と約束した藩兵の派遣ができなくなって、龍馬と佐佐木はすこし引け目を感じているが、そのかわりというわけではないが、武力倒幕論をぶっている板垣退助が高知から上京する予定だから、建白書をそっと差し出すようなことで終わることはないだろう。ともあれ土佐は、建白から将軍職の辞職、そして新政府の創設へと全力を傾けるのみだ。このような二人の話に、木戸からは大いに期待しているとの言葉だったようだ。

下関に帰った木戸は、九月四日、龍馬にこのような手紙を書いた。大政奉還から新政府の創設までを、芝居に見立てた有名な手紙だ（現代文に改め、原文の木戸の言葉を「　」に入れて引用した）。

> 上方《かみかた》の「芝居」はそろそろ始まるのでしょうか。このたびの「狂言」は是非ともうまく成功させなければなりません。さしあたって役に立つ「頭取株《とうどりかぶ》」の者は言うまでもありませんが、ともかく「舞台」のつとまる者は、仲間にひきこむ工夫が肝要です。「乾《いぬい》（板垣退助）頭取」の役割が最も肝要《かんよう》と思います。芝居を成功させるためには、乾頭取と「西吉（西郷吉之《きちの》助《すけ》・隆盛）座元《ざもと》」が、よくよく打ちあわせて手順を決めることが急務かとおもいます。この狂言がくいちがっては、世間から大笑いされるでしょうが、それだけではなく終《つい》には「大舞台《おおぶたい》」が崩れてしまう結果となって、つまるところ芝居は失敗となるでしょう。乾には急いでこのことを伝えていただきたい。

京都を劇場にしておこなわれる芝居である。現代の日本でいえば永田町劇場でおこなわれる政治ドラマだ。芝居が成功するか否かは、幕開きの狂言（大政奉還）にかかわっているから、なにがなんでも成功させなければならない。リーダー格の者だけではなく、協力してくれそうな者は、一人でも多く仲間にいれてはどうか。

狂言を演出・指揮する乾頭取の役目はきわめて重要だから、座元（総合プロデューサー）の西郷と綿密に話し合うことが重要だ。くいちがいが生じて狂言がうまくいかなかった場合は、大舞台（フィナーレ。すなわち王政復古の政変による新政府、新国家の創設）をむかえる前に、芝居は終わってしまう。このような意味である

日本の将来がかかっている大芝居だ。スタートでつまずいてはならない。建白書を提出するだけではだめで、慶喜に政権を返上させなければ無意味だ。そのためには、薩摩との約束を、あっさりとなかったことにしてしまうような後藤象二郎では役不足であぶない。土佐最右翼の強硬論者である乾退助の役目だ。そしていざとなれば、敵陣に単身乗り込んで交渉できる豪胆な西郷の出番だ。このような体制で取り組むことを期待したい、と木戸が龍馬に伝えていたのである。

木戸は西郷の政変構想を承知（柏村は八月二十四日、山口に帰着）したうえでの発言だ。土佐の方法で、まず建白書を提出してみよう。そのうえで薩摩が決断する。これが西郷の方法だから、建白には西郷も反対していたのではなかった。

†大政奉還の上表

十月三日、土佐の建白書が老中板倉勝静に提出された。後藤は慶喜の側近である若年寄永井尚志《なおゆき》と接触をもって建白の件を打診していたが、永井と老中板倉勝静が相談のうえ、提出するようにと永井から後藤に連絡があった。慶喜は建白に対応する意思を示したのである。芸州の建白提出は六日となった。

山内容堂は建白書で（別紙として、将軍職問題にふれる箇条を除いた、薩土盟約と同文のものが添えられている）、朝廷、幕府、公卿、諸侯の意見が異なっている現状は、我が国の「大患《たいかん》」であると同時に、彼（列強）の「大幸《たいこう》」となっている。これを改めるには「国体を一変」し「王政復古」の政治体制にしなければならないと述べていた。

王政復古の政治体制とは、天皇が承認した新政府による政治のことだ。幼い天皇の実際政治とのかかわりがはっきりしないが、天皇親政を目標にしていることは確かだ（天皇親政は一八六八・慶応四年七月十七日に、詔で布告される）。この政治体制・新政府で、一日も早く挙国一致の体制となり、彼（列強）と新しく対等な条約を結べるように国力を培っていくのだ。

慶喜の回想談（『昔夢《せきむ》会筆記《かいひつき》』）によれば、彼自身も新政府で政治の一新をしなければならないと自覚していたから、土佐（薩土盟約）の上下両院政府構想は、理解可能なものだった。朝廷・公家に力がなく、幕府に諸大名を統制する力がなくなった現実をふまえると、上下両院における公議・公論による政治が現実的であることが明らかなのである。

十二日、慶喜は二条城で、大小目付をはじめ諸役人に、朝廷に政権を返上する方針であることを告げた。幕臣の不満の様子は明らかだが、反対の声をあげる者はいなかった。翌十三日、在京の諸藩（四〇藩）重役が、二条城大広間の二《に》の間《ま》に召集され、老中板倉勝静が大政奉還上表案を示して意見を求めたが、発言する者はいなかった。

そこで板倉老中が、直接慶喜に意見を述べたい者は、申し出るようにと言ったところ、小松帯刀（薩摩）、辻維岳（芸州）、後藤象二郎・福岡孝弟（土佐）、都筑荘蔵《つづきしょうぞう》（宇和島）が手を挙げた。また薩芸土から、三藩一同で面談したいと要望があり、大広間の一《いち》の間で慶喜と会うことになった。

三藩協議のうえで小松から発言があった。政権を返上しても、朝廷は執行する力がない。諸侯を招集して対応策を考えなければならない。それまでのあいだは、外国事務と国家の重要事は朝議にはかるとして、その他はすべて、これまでのように将軍に委任する体制となるべきだ、というものだった。慶喜は、その通りだと答えた。

慶喜が建白に動かされるとは思ってもみなかったが、現実だとすれば、名目だけの返上にしてはならない。諸侯召集までと期限をつけ、外交と重要な国事は朝議の権限だとして、慶喜の裁量を限定するが、慶喜には朝議を左右する力があるから、実態はこれまでとあまり変わらないだろう。

この日、幕府から将軍職についてふれる発言はなかった。慶喜自身は、将軍職を辞して幕府を廃止することも選択肢のひとつだった。永井と板倉は理解を示していたが、慶喜の周辺は圧倒的多数が反対論者だったから、話題にするのを避けたのだろう。

小松ら四人は別室に移ってから、板倉に、これより直ちに参内して、上表を提出されたいと申し入れた。慶喜の心変わりと得意の変わり身の早さを警戒したのだが、十四日に上表提出、十五日に慶喜が参内することになった。

十四日、小松、後藤、福岡、辻の四人が、摂政二条斉敬に面会して、慶喜の上表をすみやかに裁可することを求めた。しかし二条は、自分だけでは決めかねるといい、責任を負うことを避けたい様子だった。小松が姿勢を正して、対応が遅くなっては天下の大混乱になり、われわれにも「決心」があるといい、裁可することを切論した。

小松の脅しが効いて、午後からの朝議で、上表を受け入れることが決まり、十五日に参内するよう慶喜に伝えられた。慶喜は当日正午に参内、上表が勅許となって退出したのが翌十六日の午前二時だった。ここにいたっても朝廷は自主的に対応できない。もはや回復の見込みがたたない末期症状の病気だが、本人に自覚がないのだ。

†討将軍も視野に

朝廷が十万石以上の諸侯に上京を命じ、とくに徳川慶勝（尾張）、松平春嶽（越前）、島津久光（薩摩）、伊達宗城（宇和島）、山内容堂（土佐）、浅野長訓《ながくに》（芸州）、鍋島閑叟《なべしまかんそう》（佐賀）、池田茂政（岡山）の八人には至急上京するように命じたのが、おなじ十五日である。

返上された政権を、朝廷の責任で運営することができないから、諸侯との合議で今後の対応を決めたい、ということだった。しかし諸侯は一人も上京してこない。混乱に巻き込まれたくないという気持ちが半分、そして公家、朝廷と関わりたくないという、見放した気持ちが半分といったところだろうか。

二十二日、朝廷は慶喜に、諸侯が上京するまで、これまで通り庶政を委任すると命令せざるをえなかった。二十四日、慶喜は将軍職の辞表を提出した。小松、後藤、辻との面談で、直接の話題にはならなかったが、彼らが将軍職を問題にしているのを察して、新政府の創設に向けて、慶喜がみずから一歩を踏み出したのだろうと私はみている。これにたいしても朝廷は、二十六日に、諸侯が上京するまで待つようにと命じて、受け取りもしなかった。諸侯の上京がいつになるのか、見当もつかないのに……。

大政奉還と将軍職の廃止（辞職は、事実上の廃止を意味する）。日本国家のターニングポイントになるはずだった。しかし現実は、なにも変わらなかった。むしろ悪い方向をむいている。行政も軍事も外交も、事実上その責任者が不在となっているから、もし列強とのおおきなトラブルが発生したら、どのように対応するのか。

動いたのが、やはり薩摩だった。十月八日朝、辻維岳、植田乙次郎、寺尾生十郎《せいじゅうろう》（以上、芸州）、広沢真臣、品川弥二郎（以上、長州）と小松、西郷、大久保の会談がおこなわれた。場所は御所近くの石薬師通りにある大久保の借家であろう。広沢と品川が数日前から泊っているように、別棟が長州客人の宿泊所になっていた。家には客人用の薩摩の紋所《もんどころ》がはいった羽織と、◯に十の字が書かれた菅笠《すげがさ》が用意されていて、外出の際には薩摩武士に装うのである。

この会議で、薩長芸三藩出兵協定における行動を基本戦略として、政変方式で新政府を創設することが確認された。大久保、広沢、植田の三人が、中御門経之邸に行き、邸で待っていた中山忠能と中御門に報告したところ、両人は本当に「安心」したと答え、中山からは政変の決行のさいには、ぜひ三藩から一人だけでも藩主が上京してほしいと繰り返し要望があった。中山の本音は薩摩の藩主茂久か久光の上京である。

この後だと思うが、小松、西郷、大久保が連名で中山、中御門、正親町三条実愛に要望書をさしだした。新政府を創設する際に、場合によっては武力を用いて将軍慶喜を討たなければならないと覚悟したから、そのときには、我々の行動を正義と認める旨を記した「宣旨《せんじ》」を発行して下さるよう、ご尽力をお願いしたいとの要求だった。

「宣旨」は勅命・勅語を伝える形式のなかでは、最も簡単な手続きで発行される公文書だ。その対極にあるのが、複雑な手続きで発行され、かつ天皇の一人称で語られる様式の詔で最も重いあつかいとなる。ありていにいえば、内勅や内命と同じような内容でかまわないが、手紙などではなく、朝廷が発行する公的な書面で発行してほしい、と要求していたのである。八日は王政復古政変のスタート地点だったのだ。

†討将軍の偽勅

十一日、小松、西郷、大久保が話し合って、三人がそろって帰国することを決めた。元治国是会議以降、三人の内だれか一人は京都にいる体制となっていたが、藩主茂久の率兵出馬は、三人で説得にあたらなければ実現が難しいとの判断だった。

これより先の十月七日に、薩長芸三藩出兵協定にもとづいて、島津久寿《ひさとし》が一大隊の兵を率いて鹿児島を発ったが、その際に討幕の出兵ではないかと、強い反対論があった。これにたいして、討幕などは心得違いの議論で、出兵は朝廷を警衛するためであると、茂久と久光の連名による諭達《ゆたつ》が藩内に布達されていたのである。

藩主茂久の率兵出馬を実現するためには、説得力のある理由が必要だった。推測だが三人は、茂久の上京を求める宣旨（公文書）を発行してくれるよう議奏の正親町三条実愛に要望したのだと思う。いうまでもないが討幕などには触れなくてよい。八日以後の新しい状況で必要となった宣旨なのである。

十四日、正親町三条から「秘物《ひぶつ》」を受け取ったと、大久保が日記に記した。秘物は「詔《みことのりす》」ではじまる、天皇の一人称漢文の命令形で書かれた詔書《しょうしょ》の様式である。本文の重要な個所は、慶喜が先帝の詔を「矯《た》めた（いつわる）」ことを罪として、「賊臣《ぞくしん》慶喜」を「殄《てん》（ほろぼす）戮《りく》（ころす）」せよと命じたところだ。討て、という言葉はなく、罪状も抽象的で説得力に欠けるが、内容は討将軍の詔だ。

しかしこの文章は、岩倉具視が重用していた国学者玉松操《たままつみさお》の手によるものであり、もとより天皇の発言をうけて作ったものではない。また二条摂政をはじめとして、朝廷の上層部や文書作成にかかわる役人は、いっさい関与していない。

大久保がうけとった秘物を発行した者として、中山忠能、正親町三条実愛、中御門経之の名前があるが、筆者は本文、署名ともに正親町三条である。なお同文のものが長州にもあたえられ、広沢真臣がうけとったが、これも全文の筆者は中御門だった。

この討将軍の詔は、漢文の公文書などは作ったことのない国学者玉松操が、岩倉具視に命じられて起草した習作で偽勅である。正親町三条は、すべて承知の上で大久保にあたえたのだ。ではどのような意図がこめられていたのか。

まず秘物をあたえたことは茂久の上京を求めていることの証である。そして上京して討幕あるいは討将軍の宣旨が必要となったときには、この秘物のような内容の公文書を発行することができると伝える、いわばサンプルとして示したものであろう。

私が注目するのは、秘物に中山、正親町三条、中御門の名前を記したことと、正親町三条が大久保に請書の提出を求めたことである。広沢真臣、福田侠平《ふくだきょうへい》、品川弥二郎（以上、長州）と小松、西郷、大久保が署名し、中山、正親町三条、中御門、そして岩倉具視の四人連名あてにさしだしている。

これは公家と武家それぞれの、念書を意味するものだと思う。慶喜や公家の心変わりに、苦い汁を飲まされてきた薩摩の、とくに在鹿児島の藩上層部は公家にたいする不安があったとおもう。公家の決意表明も、茂久の上京を後押ししていたのである。

十五日、朝廷が一〇万石以上の大名に上京を命じた。朝廷だけでは政権返上に対応できないことを明らかにしたのだ。薩摩にとってラッキーだったのは、藩主茂久の率兵上京が、これによって朝廷の求めに応じたものになったことだった。正々堂々と誰にはばかることもなく、勅命におうじて入京することが可能になったのである。

十七日、小松、西郷、大久保が秘物を持って京都を発った。十九日、芸州の軍艦で大坂出港。広沢もいっしょだ。二十二日、小松と西郷が、山口で藩主父子に面会。鹿児島到着は二十六日である。

二十七日、重臣一同による衆議がおこなわれ、翌日、久光と茂久に衆議の結果を報告、二十九日、茂久の出馬上京が決定した。

†島津茂久の率兵上京

秘物（詔案・サンプル）が薩長両藩でどのようにあつかわれたのか、両藩ともになにひとつ記録が残されていない。薩摩の場合、三人が鹿児島に着いた当日、登城して久光と茂久に報告した際と、翌日の重臣会議で披露されたに違いないが、その後のことはわからない。両藩ともに、公開するべきものではないとの理解だったことは間違いないだろう。

秘物が「討幕の勅書」と名づけられて、知られるようになったのは明治二十年代に入ってからである。そして一九一七（大正六）年に刊行された『徳川慶喜公伝』で「討幕の密勅」として全文が掲載された。幕末史の終章が、薩長両藩の討幕運動として語られるようになるのは、このころからのように思える。

さて茂久の上京であるが、十一月七日、「御変革」のために上京することが、藩士一同に布達された。すでに慶喜が将軍職を辞職したことが伝わっているが、政変決行方針はかわらない。

十一月十三日、茂久は城下兵一大隊他（約一〇〇〇人）を率いて鹿児島出港。家老島津伊勢《いせ》、同岩下方平、西郷隆盛が同乗した。小松帯刀は足痛のため後発、大久保利通は小松の代理で土佐にむかった。

十八日、三田尻で茂久と長州藩世子広封が面会。西郷は楫取素彦、山田顕義《あきよし》らと薩長芸三藩兵の出兵、進退について話し合った。これによると月末ころには政変の決行が予定されている。ただし京都の政局しだいとなるのは当然のことだ。

二十三日、茂久が入京。京都の政局は、思いのほか大きく動いていた。大政を奉還した慶喜に、朝廷がこれまでのように庶政を委任すると命じたのが十月二十二日。一八六四（元治元）年の庶政委任の勅命にあるように「一切委任」である。二十四日、慶喜は将軍職辞職を申し出るが、朝廷は受け取らない。諸侯が上京して対応を協議するまで待てというが、諸侯は上京しない。

薩摩は、慶喜が政権を返上することや、さらに将軍職をみずから辞職することはないとみていた。だから政変で、慶喜を排除し新政府を創設する計画だったのである。しかし見込み違いだった。慶喜の英断を評価する声も高くなっている。討幕は論外として、三藩出兵による大坂城襲撃も批判の的になるだけだ。政変計画の根本的な見直しが必要となっていた。

さらに土佐が、政変方式ではなく、合法的平和的に新政府を創設しようと動き始めていたのである。

4 王政復古の政変

†土佐の構想

十月十三日、大政奉還について、諸藩の重臣に諮問がなされた二条城の会議に出席する後藤象二郎に、龍馬は、政権返上を確約させることができなかったら、帰ってこなくてもよい(切腹しなさい)といい、その場合は、自分と海援隊で慶喜を襲うとまで強硬だった。しかし大政を奉還した慶喜には、英断だと評価が高い。先入観を引きずらないで、虚心に人を評価できる龍馬なのである。

大政奉還と将軍職辞職に対応できず、諸侯の上京を待つことしかできない朝廷。早く新政府をつくらないと日本があぶない。龍馬が後藤のかわりとなって、春嶽に一刻も早く上京をお願いしたいと福井にむかった(二十八日、福井到着)。火中の栗をひろいに行ってはならぬという反対の声をおしきって、春嶽は十一月八日、京都の藩邸にはいった。藩邸は道路をはさんで二条城正門の東むかいにある。

翌九日、土佐の福岡孝弟が藩邸に来て、春嶽に新政府についての構想を語った。内容については越前藩の記録『再夢紀事《さいむきじ》・丁卯日記《ていぼう》』にも記されているが、龍馬の「新政府綱《こう》領《りよう》案(新政府綱領八義《はちぎ》)」をふまえて述べているので、先に龍馬の構想……新政府の基本方針・政策を八カ条の綱領案として列記し、綱領として確定する手順・方法について述べたもの……をみておこう(『坂本龍馬全集』では、タイトルが「新政府綱領八策」)。

第一義と第二義は人材の登用について。第三義は条約改正。第四義は新しい法律や制度の制定。第五義は上下の議政所について。第六義は海陸軍局の設置。第七義は親兵《しんぺい》(政府直属の軍隊)。第八義は外国の貨幣と、同種同量の交換ができるようにあらためる。薩土盟約に掲げられた構想の延長線上にあるものといえよう。

次は、この案を新政府の綱領として確定する方法である。まず二、三人の「明眼士」が検討をくわえて「議定」する。そのあとで有力諸侯(十月十五日に、朝廷が上京を命じた徳川慶勝、松平春嶽、島津久光、伊達宗城、山内容堂、浅野長訓、鍋島閑叟、池田茂政の八名であろう）の上京をまって、合議のうえで決議する。そして「○○○自ら盟主」となって、天皇に報告し、承認を得た上で「天下万民」に公布する。反対する者には身分を問わず「断然征伐」をくわえる。盟主となる○○○はだれなのか。いろいろな説があるが、龍馬は慶喜を想定していたように思える。

福岡はこのように述べた。上下両院の議事院を開設する。上院は二条摂政と徳川慶喜が「主宰」し、有力諸侯がくわわる。下院は諸藩士と庶民から選抜して議員にする。「有名諸侯（上記の八名に慶喜がくわわる）」の合議によって「国体《こくたい》（新政府の綱領）」を決議する。ついで天皇に報告し、天皇の前で「誓約」して確定する（そのうえで公布する）。一般の諸侯には通達するのみ。反対する者は「追討」する。

よくわからない点があるが両者をまとめると、新政府の中心機関が上下の議事院（議政所）であることと、新政府の基本方針（「国体」、龍馬の綱領案）を有力諸侯で検討のうえ議決し、天皇の承認をえて公布する、この二点が中心になっていることがわかる。諸侯の合議を重視しているのは、新政府を合法的・平和的に立ち上げたいと望むからであり、薩摩の武力を背景とした政変方式を意識してのことだった。

†武力を用いなくても

福岡は、この話を慶喜に申し上げたところ、至極もっともだ、との返事だったという。翌日十日、春嶽の側近中根雪江《なかねゆきえ》と慶喜の側近で、このころは慶喜のスポークスマンのような役割をしていた若年寄永井尚志が会った。

中根は福岡の話を永井にくわしく伝えて、慶喜の真意を確認したかったのである。永井によると、慶喜は「政権の復旧」など考えていないし、朝廷は政治に慣れていないから迷惑と思っているかもしれないが、慶喜の意志は固い。しかし幕臣や親藩・譜代の連中は、慶喜の真意をよく理解していないので困っている、とのことだった。

十一日の朝、龍馬が永井に会いに行った。中根から話を聞いて、自分も会って確かめたかったのだろう。龍馬の手紙によれば、永井とは「ヒタ同心」だといっている。ピッタリ同じ意見だったのだ。十四日、今度は夜、永井に会いに行った。見張られている感触が強かったようだ。龍馬は翌日、近江屋で遭難したのだ。

永井があとで中根に語ったところによると、龍馬の話は面白く、後藤象二郎などより「高大《こうだい》」だという。新政府の創設については、時間がかかるのではないかといったら、薩摩と土佐にまかせれば可能だとこたえ、また薩摩は兵を用いた政変で新政府を創設する計画のようだが、兵力を背景にして朝廷に圧力をかけては失礼であろうといったら、兵力なしで実行する方法があるとのことだった。

注目すべきは、兵力は幕府勢力ではなく、朝廷対策だとする二人の理解である。たしかに慶喜が会津に足止めすれば、抵抗勢力は朝廷内の反対派だけになる。彼らを事前に説得できれば、兵は無用となるのだ。これが龍馬の方法だったのである。

二十五日、土佐の後藤象二郎、福岡孝弟、神山郡廉《こうやまくにきよ》が春嶽に面会し、後藤から提案があった。在京している有力諸侯の会議で、新政府を創設することを決議する。そのうえで朝廷内の人材だと評価が高い正親町三条実愛に、これが公論となったと説得して、朝議を動かしてもらう。ついであとから上京してきた諸侯の意見をまとめて、天皇に報告し、天皇の前で誓約する。つぎに議事院などについて議決する。

基本的には九日に福岡が春嶽に話したことと同じだが、違いは、有力諸侯がそろうのはいつになるかわからないから、在京の有力諸侯だけで、早く決議しておこうという点だ。それでもこの時点で在京している有力諸侯は春嶽と徳川慶勝の二人だけだから、他の諸侯に上京を催促しようとの含みであろう。

新しい提案は、正親町三条をつうじて朝廷勢力を動かそうという点だ。これは龍馬が提案していたことではないだろうか。十四日に龍馬が永井に話した、兵を用いないで実現する方法である。

別室に移って、土佐と越前重臣（中根雪江、酒井十之丞《じゅうのじょう》、青山小三郎《こさぶろう》）の話し合いで以下のことが合意された。越前から尾張と熊本に呼びかける。土佐が芸州と薩摩に。さらに芸州から鳥取と岡山両藩に働きかけてもらう。越前、尾張、熊本、土佐、芸州、薩摩、鳥取、岡山の八藩で新政府を立ち上げようというのだ。協力を得るまでの交渉と意見調整は簡単なものではないだろう。超強力接着剤のような龍馬が生きていてくれたら……。だれもがそんなおもいだったのではなかろうか。

以上が、土佐が提案した合法的・平和的な新政府創設方法だった。九日の提案よりも早い実現をめざし、朝廷の動向も視野に入れた、より具体的な方法を提示したものとなっている。政変路線を歩みだしている薩摩にも、声をかけるのは不思議に思うかもしれないが、政変方式以外は受けつけないというのではなく、早期に創設しようとすれば政変でやる以外にはむずかしい、という薩摩の判断なのである。

土佐の提案は一歩前進しているが、それでも実現はいつになるかわからないのが最大のネックとなっている。平和的に話し合いで実現するのが、最も望まれる方法であるのは当時も今も同じだ。そしてこの方法は実現に多くの時間を要するのも同じである。幕末の日本は急いでいた。そのときがくるのを待っている時間がなかったのだ。

†薩摩の政変路線

大久保利通は十一月十日に鹿児島を発ち、十二日夕方、高知で後藤象二郎と会って藩主茂久の率兵出馬を報告。約束していた小松帯刀が病気の旨をつたえ、十五日に京都に帰った。龍馬の遭難がこの日の夜。知ったのは翌日の朝で、新撰組の仕業にちがいない、復讐したいと、沈着無比な大久保にしては、めずらしく取り乱していた。

高知に行けなかった小松は後藤に手紙を送った（十二日付）。約束した「外国議事院」について詳しく調査中だが、さらに細部まで調べて持参したい。容堂様が上京されたら、茂久と親しくしていただき、長州の寛大なとりはからいを実現することと、慶喜の将軍職辞職の勅許を、すみやかに運ぶように、ご尽力願います、という内容だった。

小松が調べている議事院は、イギリスやアメリカの国会（上院、下院）などを連想しがちだが、政府の組織や機能のことで、できるだけくわしく調べて上京したいといっている。この点は土佐も薩摩も構想のなかばだから、緊急の課題でもあった。当時、外国の諸制度について、最新の情報を質量ともに最も多く持っていたのは薩摩だったのである。ちなみに誕生した王政復古政府の中心である議決機関は、上議事所と下議事所の名称である。

このように土佐と薩摩は、盟約を解消した後も接触を断つことなく、むしろ密接な交流と協力関係を維持しながら、最終目標にむかっていたのである。これまで幕末政治の最終局面を、薩長討幕派と土佐・越前公議政体派との対抗関係として述べた史書が多かったが、実態とかけはなれた理解だったといわねばならない。

二十七日、大久保が春嶽から藩邸によばれた。土佐の後藤も来ていた。春嶽から二十五日の土佐・越前会談について意見を求められ、慶喜と二条が上院を主宰することについて異論をのべた。とくに慶喜には「反正《はんせい》」の実行を明確にしめすべきだというもので、ようするに将軍職を辞職するだけではすまない、はっきりとケジメをつけてからだというものだった。

二十九日、大久保が正親町三条邸に行き話し合った。ここで正親町三条は、左大臣近衛忠房にかわって九条道孝《くじようみちたか》、右大臣一条実良の後任に大炊御門家信の就任がきまり、二条摂政も辞任の意向だ、このように朝廷人事の大改革が実施されるから、新政府を創設することまでは考えなくてもよいのではないかという。

大久保が反論し説得する。人事で朝廷の体質は変わらない。まもなく兵庫が開港し、列強の軍艦が到来する。なにかが起こった時にどうするのか。つけこんで何を吹っかけてくるのかわからない。この屈辱的な行為に対して、現状の日本では対応不可能だ。

朝廷が中心になっている政治体制の根本的改革、すなわち新政府の創設が急務だ。そのために薩摩と芸州と長州の兵が上京した（薩摩は藩主茂久が藩兵約一〇〇〇を率いて二十三日に入京。芸州は浅野茂勲《もちこと》が藩兵三〇〇を率いて二十八日に入京。長州藩兵四八〇が二十八日に西宮に上陸）。この兵は新政府の兵で「至理至当」の大変革に反対する者は「掃討」する覚悟だ。この千載一遇のチャンスをのがしてはならない。

普段はきわめつきの寡黙人間なのだが、時には人が変わったようになるのが大久保で、いまこそ「非常のご尽力」が必要なのだと熱弁をふるった。弱気の虫がつきかけた正親町三条だったが、ここで政変を決断した。

†政変の始動

このあと大久保は岩倉具視邸に行って報告し、今夜中にも中山忠能と正親町三条の三人で話し合って、最終的に公家側の結論をだしてほしいと述べた。夜、中山邸に正親町三条と岩倉そして何人かの同志が集まった。名前がはっきりしないが、中御門経之、長谷信篤、大原重徳、万里小路博房であろう。同志といっても全員でわずかに七名だけ。しかも朝議に出席できるのは中山と正親町三条と長谷の三人。これでは朝議はもとより朝廷を動かすことは不可能だ。必然的に政変の方法をとらざるをえないのである。ところが今度は中山に弱気の虫がとりついてしまった。

翌日の十二月一日、大久保が中山邸に行き、時間をかけてようやく説得した。秘物に名前を出し、請け書（念書）まで要求したこともあって決断にいたったようだ。ここまできたらできる限り早く決行したい。なにしろ手の内を知られてしまっているのである。

二日、西郷と大久保が後藤のところに行き、政変の決行について相談したところ、後藤はすすんで同意し、八日決行の予定も決まった。容堂の許可を得ていないが、新政府の創設にあたって異変が起こった場合のためにと、藩兵三〇〇を上京させていたから、在京首脳部が決断したのであろう。

状況は政変の流れになっていた。慶喜が新政府の創設を支持しているから、会津などの強硬論者を抑えてくれれば、武力衝突の大混乱にはならないだろう。二条などの朝廷首脳部には反対するエネルギーがない。尾張も政変支持であることがはっきりした（十一月二十九日に、徳川慶勝の使いで家臣が、大久保に脇差《わきざし》一腰を届けている。大久保にすべてまかせるという意思表示である）。芸州は積極的。春嶽が一番の慎重論者になっていた。

土佐の決断を西郷と大久保は岩倉具視に報告。八日の決行に岩倉も同意した。岩倉は十一月八日に洛中への帰住《きじゅう》が許可され、このころは大久保の借家（寺町通り石薬師東入ル）から歩いて数分の岩倉実相院里坊を住居にしていた。朝廷と公家の意見調整や、政変の際に発行する諸種の布達、政府の組織を明記した書類、王政復古の宣言文の起草など、日に日に役割の重くなっている岩倉と薩摩の、綿密な打ち合わせが必要だった。

五日。前日とこの日、薩摩（西郷、大久保、岩下方平、吉井友実）と後藤がはなしあって政変の手順と新政府の構成がきまった。新政府は、朝廷をささえてきた摂関制度と朝議の組織を廃止したうえで、太政官《だじょうかん》（総裁、議定、参与の三職制）を設置する。政変の際に動員される薩摩、土佐、越前、芸州、尾張五藩兵の配置などだ（長州藩兵は洛西の光明寺で待機）。もちろん岩倉には報告した。

春嶽には後藤から報告した。春嶽は武家側の中心人物だから、報告するのは当然のことだが、政変を妨害しないよう、慶喜と尾張につたえてほしいと頼んだ。本人よりも、周辺がなにを起こすかわからないから用心のためである。

翌六日、春嶽は中根雪江を遣って、二条城の慶喜に告げた。中根が恭順の姿勢を失うことのないようにという春嶽の言葉をつたえたところ、慶喜はごく自然な態度でうけとめたという。そして会津に、動くなと命じた。この日、後藤から容堂の着京が遅れるので、決行を九日にしてほしいと要望があった。七日、中山から、八日夜から重要な朝議があるから都合が悪いとの連絡があって、ようやく決行が九日に決定した。

†政変決行

八日。夕方、岩倉が薩摩、芸州、土佐、越前、尾張の五藩要人を邸に呼び、明日、王政復古の新政府が誕生するはこびとなったことを告げて、その際、混乱が起こった場合の対策として、御所内の要所の警備につくことを命じた。薩摩（七二〇人）は公家門と台所門の警備を担当し、土佐（約七〇人）が応援する。芸州（約七〇人）は朔平門と尋常御門の担当。越前（八〇人）は御所空間の西半分を遊軍的に警備し、尾張（七五人）は東半分を担当する。

九日。朝までかかった徹夜の朝議で、長州藩主父子の官位を復し、岩倉具視や三条実美などの赦免を決定。ずるずるとここまで引きずってきた問題に決着がついた。八時すぎに、禁裏御所から公家が退出したが、出席者のうち正親町三条実愛、中山忠能、長谷信篤と武家の松平春嶽、徳川慶勝、浅野茂勲が残った。

十時ころ、岩倉が王政復古の大令文案（王政復古の大号令案）と政府の組織および人事案を入れた小函《こばこ》を持って参内。一八六二（文久二）年夏いらい五年ぶりの禁裏御所だ。すこしおくれて薩摩、土佐、芸州、越前、尾張の五藩兵が警備に着いた。

岩倉は正親町三条、中山、中御門経之とともに常御殿の天皇のまえに出て、用意した王政復古の勅諭案他を呈《てい》し、王政復古の断行を上奏。退出して小御所に移ったところで五藩の重臣と同志の公家が参内した。ここで政変がおこなわれたむねが御所内に申し渡され、二条摂政、朝彦親王ほか朝廷首脳部に参内差し止めが布達された。混乱はなにも起こらなかった。

午後四時過ぎから、参内した熾仁親王、晃親王、嘉彰《よしあき》親王、山内容堂、島津茂久をくわえて小御所で会議が開催された。新政府を成立させる会議である。ここで中山から「新政府の基本を定めるように」との、天皇の言葉が告げられた。天皇が政変と新政府の創設を承認したのである。

ただしこの会議では「激論」がおこなわれたと春嶽が記している。有力諸侯が参加する政府が春嶽の年来の構想であり、五藩だけの政府に不満だった。また薩摩の主導による政変にも違和感があったようだ。しかしここまできて先延ばしにはできない。異論をつつみこみながらも、出席者の合意となって、新政府の樹立となった。

ついで新政府の人事が、以下のように発表された。

総裁　有栖川宮熾仁親王

議定　山階宮《やましなのみや》晃親王　仁和寺宮嘉彰《にんなじのみやよしあきら》親王　中山忠能　正親町三条実愛　中御門経之
　　　徳川慶勝　松平春嶽　山内容堂　島津茂久　浅野茂勲

参与　岩倉具視　大原重徳　長谷信篤　万里小路博房　橋本実梁《さねやな》

任命はこれだけで、藩士身分の参与人事は十二日と十四日におこなわれた。この日の夜に小御所でおこなわれた新政府最初の会議（小御所会議）には大久保利通や後藤象二郎など、十二日に参与に就任する藩士も出席した。

†小御所会議の議論

議定中山忠能の発言で新政府最初の会議がはじまったが、波乱の幕開けとなった。中山から、「公平無私の精神で王政の基本を建てることを望む」という天皇の言葉がつたえられ、つぎに徳川慶喜は政権を奉還したが、長年の失政があるから、謝罪の証をしめすことを要求したいと発言があった。

慶喜の謝罪について、色々と発言があったが、突如山内容堂が大声を発した。大政奉還の大英断を実行した慶喜を評価して、この席に慶喜を参加させるべきだといい、中山にたいしてはこのように抗議した。政変のような陰険なやりかたは、幼い天皇をかかえこんで、権力を盗み取ったようなものではないか、と。

王政復古だから、幼くても要所で告げられる天皇の言葉が、重要な意味を持ち次にすすんでいく。外祖父の中山（娘慶子《よしこ》が天皇の生母）がつたえる天皇の言葉が、本当に天皇のものなのか、容堂の率直な気持ちだったのではないか。またなにもかも公家のペースで進行していることに、強い違和感があったのだろう。

しかし容堂の発言は、大久保が「傍若無人なり」と日記に記しているように、中山にたいする罵倒だった。小御所は天皇が武家と対面する、公家にとっては特別な空間だ。容堂の無神経な行為にたまりかねて、岩倉具視が叱った。礼儀を重んじる武人のやることかと。

多くの方が目にしていることと思うが、図版(本章扉)の小御所会議の図は、一九三一(昭和六)年に作成されたフィクションだ。天皇は出御していない。ヒゲの岩倉が容堂を指さして叱責しているように描かれているが、ありえない誇張である。

会議は慶喜を参加させるべきだと主張する容堂と春嶽、反対する岩倉、大久保との議論になった。この会議は、朝廷が投げ出してしまった、慶喜の大政奉還と将軍職辞職を承認し、そのうえで慶喜の反省自責のしるしとして、官位を一等級さがって従二位前内大臣となり、政府に徳川家の領地の一部を納地することを求める、いわゆる辞官納地で、これが主要な議題だった。

慶喜の処遇について話し合う会議に、本人の出席をもとめるのは無理な注文といわざるをえない。容堂と春嶽は、慶喜を政府のメンバーに加えることを望んでいたことはたしかだが、すこし性急でありすぎたとでもいうべきだろうか。岩倉と大久保も、慶喜がケジメをつけたうえでなら、政府への参加を許可する方針だったのである。

この議論は、はじめから岩倉と大久保の方に分があり、時間を要したが容堂と春嶽が納得した。会議の結果は、翌日、春嶽と徳川慶勝が使いとなって慶喜に伝えられた。慶喜は自ら辞官納地を申し出ることをふくめて、すべて承諾した。

二条城中の会津や旗本の強硬派は激昂《げきこう》し、武装して武器をもち、城中を「ゾウリばきにて往来し、今にも討って出」ようとする勢いだった（『徳川慶喜公伝』）。慶喜は彼らをおしとどめ、十二日に全員をひきつれて大坂城に移り、混乱を避けた。

だが強硬論者は、反撃に出るよう慶喜をせめたてる。自分の手で幕府廃絶の幕引きをすることにも葛藤があって、春嶽と慶勝に約束した辞官納地にも動けない。心配した春嶽と慶勝が、二十六日に大坂城に出向いて説得した。ここでようやく慶喜も決断して、上京のうえ辞官納地を申し出ることを約束した。

春嶽に同行した中根雪江から、慶喜が上京の準備をしていることが元日（一八六八・慶応四年）、岩倉に報告された。岩倉は慶喜が謝罪を申し出たら、即日、議定に就任させるつもりだと答えた。筋を通したのである。しかし三日、鳥羽伏見《とばふしみ》の開戦となった。強硬論者の勢いをとめようがなかったと慶喜は回想するのであるが……。（『昔夢会筆記』）

†王政復古の大号令

王政復古の大令（大号令は後に命名されたもの）は教科書などでも、九日に発令されたとするが、事実ではない。なぜなら大令の最初の部分にある、大政返上と将軍職辞退は深夜まで続いた小御所会議で承認されたのであるから、当日に発令することは不可能だ。正式な発令は十四日だった。

では新政府の成立宣言であるとともに、政府の基本姿勢とめざす方向を明確にしめした重要な点を指摘しておこう。まず全文を原文のまま引用し、現代文に改めたものをくわえておこう。

徳川内府、従前御委任大政返上、将軍職辞退之両条、今般断然被聞食候、抑癸丑以来未曾有之国難、先帝頻年被悩宸襟候次第、衆庶之所知ニ候、依之被決叡慮、王政復古国威挽回之御基被為立候間、自今摂関幕府等廃絶、即今先仮リニ総裁議定参与之三職ヲ置レ、万機可被為行、諸事神武創業ノ始ニ原ツキ、搢紳、武弁、堂上、地下ノ別ナク、至当ノ公議ヲ竭シ、天下ト休戚ヲ同ク可被遊叡念ニ付、各勉励旧来驕惰ノ汚習ヲ洗ヒ、尽忠報国之誠ヲ以可致奉公候事。（『明治天皇紀』）

徳川慶喜に委任していた大政の返上と将軍職辞退の両件を、今般天皇が断然とご承知なされました。そもそも嘉永六年ペリー来航いらいの未曾有の国難を、仁孝天皇が毎年心配されていたことは民衆も知っていることです。このようなことから天皇が決意されて、王政復古によって国威を挽回する基本をたてるために、いまから朝廷の摂関制度と幕府などを廃絶し、かわりに総裁、議定、参与の政府三職を置いて、万機の政務をおこなうことになりました。そして諸事を、神武天皇が国家を創業した出発点の精神に見習って、身分と官位の高い貴人、武家、公家、庶民の区別なく、公平な議論を尽くすとともに、国民と喜びや悲しみを共にしたいと天皇が望んでおられます。ですから、各人は勉励につとめ、これまでのおごってなまける汚習を洗い、忠義をつくして国家にむくいる、そのようなまごころをもって国家に奉公いたしなさい。

新政府は朝廷政治の母体である摂関制と幕府、すなわち公家と武家の政治にかかわる組織・体制を廃絶した上で成立したものであること。神武天皇の古代に回帰するのではなく、神武天皇が国家を創業したように、新政府は原点から出発する前向きの姿勢が基本であること。身分にかかわりなく公議をつくして国家のために尽力すること。そして屈辱に耐えてきた日本をたてなおし、国威を挽回し、日本をよみがえらせることをめざすものであること。以上の決意を国民にうったえていたのである。

幕末日本の最大の課題であった挙国一致の体制が、ようやくスタートした。さまざま、かつ多くの意見の相違や対立があった。しかしそれらを大きくつつみこんで、乗り越えることができたのは、日本を立ち直らせたいという共通の目標があったからだ。日本の将来のために。この言葉は、宿敵のあいだのような慶喜と大久保にも、しっかりと共有されていたのである。

第６章
明治国家の課題 1868–1890

岩倉遣外使節団。左より木戸孝允、山口尚芳、岩倉具視、伊藤博文、大久保利通。
1872（明治５）年１月、サンフランシスコにて。

1　近代国家をめざして

†五箇条の誓文

鳥羽伏見戦争の混乱もあって、新政府の成立を外国に通告することが遅れていたが、一八六八（慶応四・明治元）年一月十五日、これからは「日本国天皇」が外国との交際にあたることを国書でつたえた。

また外国との和親を方針とすること、ただし条約には「弊害」があるから「改革」しなければならないと国内に布告した。破約攘夷は封印され、まだ条約改正の言葉も用いられない。しかし幕末の課題が、明治国家の最重要課題として引き継がれたことを宣言していたのである。

半開の国とみなされ、おしつけられた差別的な不平等条約。この屈辱からたちなおるためには挙国一致で近代化を達成し、一日も早く対等な条約を結ぶことだった。

ではなにからはじめたのか。

残念ながら新政府は重大な欠陥をかかえて出発していた。岩倉具視が、公家が武家を

年代		出来事
1868	明治 1	3 月、五箇条の誓文を誓約（14 日）。天皇が大坂行幸に出発（21 日）。7 月、東京奠都。詔で天皇が万機親政を宣言。9 月、明治と改元（8 日）。
1869	明治 2	6 月、版籍奉還。12 月、東京横浜間の電信開通。
1870	明治 3	7 月、盛岡藩が廃藩を願い出る。
1871	明治 4	7 月、廃藩置県。11 月、岩倉遣外使節が横浜出港。
1872	明治 5	5 月、品川横浜間で鉄道仮開業。11 月、太陽暦を採用。
1873	明治 6	1 月、徴兵令を布告。9 月、岩倉大使帰国。10 月、明治 6 年の政変。11 月、内務省創設。
1874	明治 7	2 月、佐賀の乱。5 月、台湾に出兵。
1875	明治 8	1 月、英仏公使、横浜駐屯軍隊の引き揚げを通告。4 月、漸次立憲政体樹立の詔。
1876	明治 9	10 月、熊本神風連の乱、山口萩の乱。12 月、伊勢暴動。
1877	明治 10	2 月、西郷隆盛が鹿児島出発し、西南戦争はじまる。8 月、内務省主催の第 1 回内国勧業博覧会開催。
1878	明治 11	5 月、大久保利通遭難。7 月、地方三新法を制定。
1879	明治 12	4 月、沖縄県誕生。
1880	明治 13	3 月、国会期成同盟成立。
1881	明治 14	8 月、開拓使官有物払下げ問題を『郵便報知新聞』が暴露。10 月、明治 23 年に国会を開設するとの勅諭。
1882	明治 15	1 月、条約改正予議会が東京で開催される。3 月、伊藤博文が憲法調査を命じられてドイツに出発。8 月、ウイーン大学教授シュタインの講義に感銘する。
1883	明治 16	8 月、伊藤博文が近代内閣制度の構想をもって帰国。
1884	明治 17	10 月、秩父事件。12 月、朝鮮で甲申事変。
1885	明治 18	12 月、近代内閣制度成立、伊藤博文が総理大臣。
1886	明治 19	5 月、第一回条約改正本会議を外務省で開催。井上馨外務卿が日本の条約案を提示。
1887	明治 20	4 月、イギリス提出の条約案を本会議で議決。政府内外から批判が高まる。7 月、条約改正会議の無期延期を各国に通告。8 月、憲法「夏島草案」完成。
1888	明治 21	6 月、枢密院で憲法草案を審議。
1889	明治 22	2 月、大日本帝国憲法発布。
1890	明治 23	11 月、第 1 回帝国議会（国会）開会。

「奴僕《ぬぼく》（身分の低い召使《めしつかい》）」のようにみることをやめなければならない、というように、おおくの公家は武家をみくだし、参与職であっても無位無官であれば、御所の各部屋に立ち入ることを厳禁していた（廊下までは可）。

また議定松平春嶽が、会議に家臣の参与中根雪江などと同席することに不快感をもっていたように、武家の側にも問題があり、結局、藩士身分の参与は御所内でおこなわれる政府会議に出席できなくなった。身分制社会の慣習と意識は、政府の一体感をさまたげ、公議公論の政治をあやうくしていた。この欠陥を改めなければ、新しい政府として、前に進むことがむずかしい。

五箇条の誓文は、新政府の成立宣言であり、かつ国是として定められたとされる。その点について異論はないが、議定正親町三条実愛が、これは公家と武家の盟約なのだと日記に記していることに注目したい。五箇条の誓文を『明治天皇紀』から原文のまま引用し、カッコ内に現代文にあらためたものを注記した。

一、広ク会議ヲ興《オコ》シ万機公論ニ決スベシ（広く会議の場を設け、天下の政治は世論を尊重し、公平な議論のもとで決定する）

一、上下心ヲ一ニシテ盛ニ経綸《ケイリン》ヲ行フベシ（身分の高い者も低い者も、心を一にして協

力し、国家を整え治めることに力をつくす）

一、官武一途庶民ニ至ル迄《マデ》各其《ソノ》志ヲ遂ケ人心ヲシテ倦《ウ》マサラシメン事ヲ要ス（国の政治に携わる者は、公家と武家はもとより庶民にいたるまで、各自が高い志を持ち、協力して国家建設を推し進め、国民の心が離れないように心掛けなければならない）

一、旧来ノ陋習《ロウシュウ》ヲ破リ天地ノ公道ニ基クヘシ（これまでの悪い習慣を破棄して、世界に通じる公正な道理に基づいて行動する）

一、智識ヲ世界ニ求メ大ニ皇基ヲ振起スヘシ（知識を世界に求めて学び、平和に国家を治め近代化するために、大いに諸事業の基礎をかため、かつ盛んにしなければならない）。

一条は王政復古の大令でも強調された、公議・公論の原則をあらためてかかげたもの。二条と三条は、その阻害要件となっている溝《みぞ》をとり除くことを求め、挙国一致の体制で、国家建設をすすめることを要求する。そして四条で、陋習すなわち身分制社会の、もろもろの慣習を破棄し、意識変革をとげて国家の政治にたずさわることを求める。

もちろん五箇条の誓文は、公家と武家の意識改革のために定められたものではない。しかし重要なことは、三月十四日に、御所の紫宸殿《ししんでん》において、天神地祇《てんじんちぎ》（日本国土の固有の

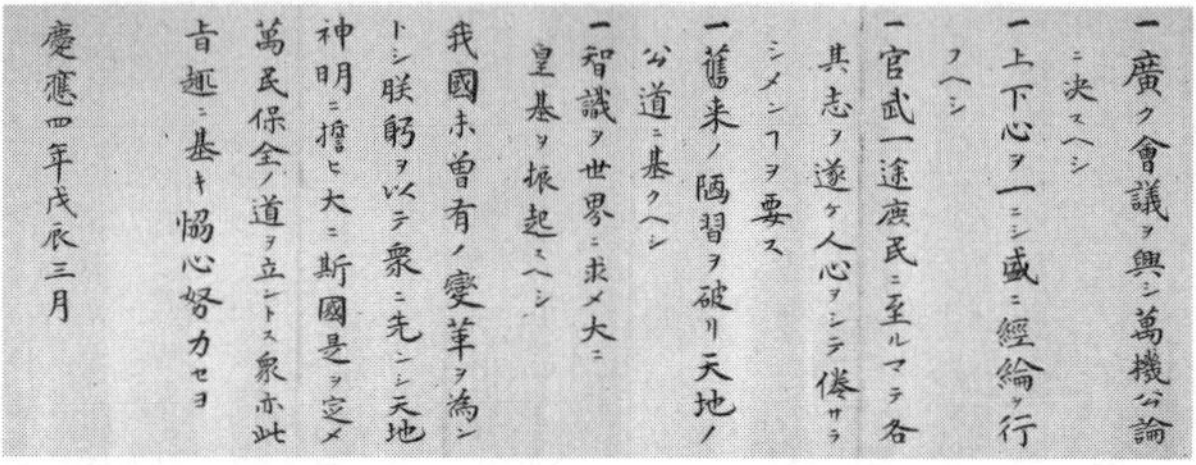
一廣ク會議ヲ興シ萬機公論ニ決スヘシ
一上下心ヲ一ニシ盛ニ經綸ヲ行フヘシ
一官武一途庶民ニ至ルマテ各其志ヲ遂ケ人心ヲシテ倦サラシメンコトヲ要ス
一舊来ノ陋習ヲ破リ天地ノ公道ニ基クヘシ
一智識ヲ世界ニ求メ大ニ皇基ヲ振起スヘシ
我國未曽有ノ變革ヲ為ントシ朕躬ヲ以テ衆ニ先ンシ天地神明ニ誓ヒ大ニ斯國是ヲ定メ萬民保全ノ道ヲ立ントス衆亦此旨趣ニ基キ協心努力セヨ
慶應四年戊辰三月

「五箇条の誓文誓約書」（宮内庁）

神々）に、公家と諸侯が天皇とともに誓った「盟約」だったことである。儀式で読まれた祭文は、今日の誓約に違反するものは、たちまち「神々の刑罰」を受けるであろうと結ばれていた。

†東の都を定める

誓約の効果は絶大だった。頑迷な公家が反対していた天皇の大坂親征行幸が、儀式のあとで三月二十一日に出発と公表された。行幸は天皇が先頭にたって戊辰《ぼしん》戦争を遂行し、国家を平和に治める決意を表明することが名目だった。しかし議定伊達宗城は、天皇にイギリスの巨大な軍艦をみせて、天皇の心を啓発することが真の目的だと語っていたように、「智識ヲ世界ニ求メ」ることを実践する行動だったのである。

そしてもう一つの革命ともいいたい目的があった。四月九日、行幸先の行在所《あんざいしょ》（宿所・本願寺津村別院）で、大久保利通が天皇の面前で京都の状況について報告した。無位無官の藩士が天皇と対面した、未曾有の大事件である。三条実美と岩倉具視の発案だったようだが、禁裏御所ではありえない大改革だった。

閏四月二十一日、二条城に置かれていた政府（太政官。一月二十七日、二条城に移転）が、たまりにたまった陋習が掃除された禁裏御所にもどった。同日、官制改革が実施され、総裁職を廃止して輔相《ほしょう》職を設け、三条と岩倉が就任してツートップ体制になった。

また天皇自身と生活空間の大改革もおこなわれた。これまでは「幼年」だから後宮から出なかったが、これからは毎日御学問所に出御して、万機の政務にたずさわり、かつ文武の「研究」もおこなう、と布告された。帝王教育の開始と、政治の世界への登場である。天皇の私的空間をふくめて宮中改革を推進したのが岩倉だった。しかし反対勢力の抵抗も相当なものだった。

反対勢力を代表して、天皇の生母中山慶子から父忠能にあてた新出の手紙を紹介しよう。まず岩倉批判から。岩倉殿は、どのような功労があって、珍しいほど昇進されたのか、あきれてしまいました……。公家の最下級家柄出身の岩倉が政府のトップになったことにたいする強い違和感だ。

つぎは天皇について。後宮から表にでるようになってから、振る舞いがあらあらしくなりました。また西洋好みになったなどと申し立てられ、まことに恐れ入ることです……。西洋近代国家の帝王のような、たくましく能動的な天皇になってほしいと、大久保利通が大坂遷都の建白書で述べていた。しかし一日の大半をすごす後宮で、天皇をとりまく大勢の女官が、女性のような伝統的天皇であることを望んでいたのだ。

御所に勤務する者の服装がさまざまになっていますが、宮中にいるあいだだけでも、これまでのように衣冠の装束で勤務するように取り計らっていただきたい。そうでなければ万人の笑い草となり、悲しいおもいです……。御所内では、着衣の伝統をまもってもらいたい、という主張である（『岩倉具視関係史料』）。

制度や規則で陋習をあらためることはできても、意識改革にまではなかなかおよばない。後宮の陋習は、天皇教育を重視する政府首脳部にとって悩みの種だった。御所で生活するかぎり、女官を一掃することは困難だ。天皇から女官を切り離すことを考えた政府の結論は、天皇を御所から移すことだった。

七月十七日、詔で江戸を東京（東の京。京はミヤコの意）と定めることが発令された。東京奠都《てんと》の詔である。『明治天皇紀』から引用しておこう。

朕《チン》今万機ヲ親裁《シンサイ》シ億兆ヲ綏撫《スイブ》ス、江戸ハ東国第一ノ大鎮《タイチン》……親臨《シンリン》、以《モッ》テ其政《ソノマツリゴト》ヲ視ルヘシ、因テ自今《ヨッジコン》、江戸ヲ称シテ東京トセン……

まず、自ら万機親裁を宣言し、国民をいたわり安心させたいという。江戸は東国第一の要地であるから、その地に臨んで政治をおこなう。よって今から江戸を東京と呼ぶことにしたい。

平安京いらい一〇七四年ぶりの新しいミヤコの誕生だった。新都東京で帝王教育はもとより一新した政治をおこなう、これが政府の考えで、とうぜん遷都も視野にいれていた。そして九月二十日に東京行幸に出発（九月八日に明治と改元）、京都還幸《かんこう》、東京再幸と手順をふんで、一八六九（明治二）三月二十八日、東京城（江戸城を改め）に入城して、皇城とあらため太政官も皇城に移した。東京遷都である。

ただし遷都についての発令も政府声明もなかった。実質的遷都でさしつかえない。古代の例にならうことはない。というのが政府首脳部の合意である。また天皇、朝廷、公家社会をささえてきた、京都の市民感情にたいする配慮もあった。

東京奠都の詔は岩倉が中心となって作られたが、議定と参与の全員（他出を除く）が意見を述べた上で成稿《せいこう》となったように、公議公論のスローガンは実態となっていた。なお東京遷都によって、京都が都でなくなったわけではない。西京《さいきょう》とよばれ、首都東京にたいする副都のあつかいだった。また京都を廃都とする法的なものは何もない。日本は今も東京と京都の二つのミヤコをもっているのである。

†版籍奉還

現在の京都丸山公園のあたりにあった料亭で、一八六九（明治二）年一月十四日、大久保利通、広沢真臣、板垣退助の薩長土三藩代表が会合した。「土地人民返上」の話しあいだった。ここで三藩の協力が約束され、とくに板垣が力をいれているからご安心ください、と大久保が岩倉につたえていた。

このあと肥前佐賀藩にも会議の模様をつたえ、協力をとりつけた。佐賀藩は戊辰戦争での奮戦が評価されて存在感を高め、また前藩主鍋島閑叟の諸藩にたいする影響力が期待されたことによる。こうして一月二十日、島津忠義《ただよし》（薩摩。茂久を改名）、毛利慶親（長州）、山内豊範（土佐）、鍋島直大《なおひろ》（肥前）四藩主連名による版籍奉還の上表が政府に提出された。

上表で土地（版）と人民（籍）は天子（天皇）のものであり、藩主の私有する道理がないから返上するという。ただし土地人民を私有物と考えている藩主もいるということで、一般には土地人民の管轄権を、将軍からあたえられた朱印状によって保障されていると理解していた。

返上したものは土地、人民とその管轄権であり、管轄にかかわる諸権利も一様ではない。だから政府で調整し、飛び地など入り組んだ土地関係を整理した上で、改めて詔で確定してほしいという。このように再交付を願い出たものではなかった。

重要な点は、政治・軍事・法制などすべて政府の方針を基本として、藩政を統一化するべきであり、そうすることによって海外各国と並び立つことが可能となる、としていることだ。まぎれもなく近代統一国家の構想を述べたものだった。

近代統一国家については、徳川慶喜が新政府創設について議論が深まっていった二年前（一八六七・慶応三年）の十一月、封建制を廃して統一国家にならなければ強国にはなれないから、日本もその方向を目指さなければならないと言っていたが、その近代統一国家すなわち廃藩置県が、もう少しで手が届くところまで近づいていた。版籍奉還の四藩主上表にならって、諸藩主からは次々と上表が提出された。おそらく多くの藩主は、版籍奉還の次にくるもの（廃藩置県）を予感していたのではないかと思う。

六月十七日、版籍奉還を許すという勅書と、藩主を藩知事に任命する辞令が藩の重役に渡された。藩名も新たに定められ（鹿児島、山口、高知、佐賀など）、旧藩主は明治政府配下の地方長官に任命された。知事職を世襲にしなかったのは、政府の官吏だからで、また近い将来廃藩置県となることを、自覚させるためだったように思う。

七月八日には太政官の官制があらためられ、右大臣三条実美、大納言岩倉具視、参議に大久保利通（薩摩）、広沢真臣（長州）、前原一誠《まえばらいっせい》（長州）、副島種臣《そえじまたねおみ》（佐賀）が就任した。

この頭部の下に、卿《きよう》を長官とする民部《みんぶ》・大蔵《おおくら》・兵部《ひようぶ》・刑部《ぎようぶ》・宮内《くない》・外務《がいむ》の六省が置かれた。少数の政府頭部を、参議候補者と上級官僚がささえる体制である。人材のリクルートを容易にして、政府を強化するのが目的だった。

諸藩は版籍奉還をどのように受け止めたのか。興味深い彦根藩のケースを紹介しよう。九月十四日、藩内への布達は、これまで殿様といってきたが、これからは藩知事様といいなさい、とある。そして十月六日、知事井伊直憲《なおのり》が城をでて、近くの欅《けやき》御殿に移った。城は政府の地方役所だから、知事の私的住居に用いてはならない、という理由だった。意識変革が、思いのほか早く進んでいたのである。

†廃藩への助走

政府は一八七〇（明治三）年九月十日、「藩制」を布告した。藩の収入の一割を藩知事の家禄（生活費）とし、残りの収入の一割を軍事費にあて、その残りを藩の諸経費と藩士の家禄にあてること、歳出入の明細を政府に提出することなどを命じたもので、政府による藩政指導であるとともに、事実上の藩政への介入だった。諸藩は抵抗することなく、政府の指示にしたがった。

よく知られているように、一八六九（明治二）年十二月から一八七一（明治四）年六月までのあいだに、盛岡藩など一三の藩が、自ら廃藩を願い出ていた。藩財政の破綻がその理由である。また一八七〇（明治三）年四月には膳所《ぜぜ》藩が、九月には熊本藩が廃城願いを政府に提出した。膳所藩は城の修繕が困難であることを理由としていたが、熊本藩は、近代の戦争には役にたたなくなったこと、そして伝統の名城をまもることは、旧慣にこだわる意識をのこすことになるから、このさい城を破棄して無用をはぶき、旧習を一洗する機会としたいと述べていた。このように意識変革が急速に進行していたのだった。

一八七〇（明治三）年の末から一八七一（明治四）年の三月にかけて、鳥取、徳島、名古屋、米沢、高知、福井、熊本の各藩から、廃藩を志向する意見が、政府に提出されていた。一八七一（明治四）年七月四日には熊本藩少参事の安場《やすば》保和《やすかず》が大久保利通を訪問して、廃藩意見を述べているが、大久保は正論だといいながら、即実行は慎重に考えなければならないと応じていた。このように政府の内外で、廃藩への潮流が強まっていた。

では政府は、どのように動いたのか。木戸の強い要請で、七月五日から制度取調会議が開催された。メンバーをみておこう。三条実美（右大臣）、岩倉具視（大納言）、嵯峨《さが》実愛（正親町三条改め。大納言）、徳大寺実則（大納言）、木戸孝允（参議）、西郷隆盛（参議）、大久保利通（大蔵卿）、大隈重信《おおくましげのぶ》（大蔵大輔）、寺島宗則（外務大輔）、佐佐木高行（前参議）、福羽美静《ふくばびせい》（神祇少副）、山県有朋《やまがたありとも》（兵部少輔）、井上馨（民部少輔）、後藤象二郎（工部大輔）、大木喬任《おおきたかとう》（民部大輔）、江藤新平《えとうしんぺい》（制度局御用掛）、吉井友実（宮内大丞）、以上一七名で政府の中心人物とブレーンによる構成である。

この会議の議題となったのは「会議」「定律《ていりつ》」「国法」「独裁」などであるが、もうすこし後のわかりやすい言葉になおすと「会議」は国会で、「定律」は現代の六法のような国家の基本法、「国法」は憲法である。また「独裁」は、天皇親政か立憲君主制なのか、つまり君主権・天皇大権にかかわるものであろう。

木戸は、この会議で憲法や議会のような、国家の根本について数日間議論をし、その可否を論じて策定することを考えていたようだ。もちろん細部にわたるものではなく、大筋である。ねらいは廃藩を前提に、国家の基本体制・原則のあらましを、ここで確定しておこうというもので、廃藩反対論者を説得するための強力な武器を用意しておこうとする意味もあった。

木戸の主張は正論である。しかし急ぎすぎていた。国家の大問題について、準備の時間もなく、数日の議論で話がまとまるとはおもえない。連日の会議は、話題が拡散してまとまらず、熱の入らない会議になっていった。そしてついに九日には、欠席者が多く流会となった。会議は完全な失敗に終わったのである。

†廃藩断行

長州の鳥尾《とりお》小弥太《こやた》（兵部省官僚）と野村靖《やすし》から、廃藩論を熱心に説かれていた山県有朋が、井上馨を通じて木戸に廃藩意見をのべたのが七月六日だった。同日、山県から西郷隆盛にもつたえ、大久保利通には西郷が話した。

ただしこの時点では、いつおこなうかということまでは不確定で、木戸としてはその前に国家の基本を議論するとともに、政府の一体化・強化を確かなものにしておきたかったのである。翌七日、木戸は長州藩知事毛利元徳《もとのり》を訪問して廃藩について説明、八日にも会って元徳の意見をうかがったが、「知事公の御進歩」はありがたいことだと日記に記したように、元徳には同意してもらったようだった。

しかし九日、会議は解体。しかも政府の強化どころか、分裂の大ピンチとなった。このままでは廃藩どころではなくなってしまう。木戸、井上、山県、西郷、大久保の薩長要人が集まって話し合った結論は、廃藩の断行だった。

長州は木戸から知事元徳に、基本的には話が通じているから、理解してくれるだろう。だが薩摩は事情がことなる。廃藩について久光とふみこんだ話は何もしていない。久光がどのような行動に出るのか、心配な点はあるが、いまが起死回生の手に出るときだとのおもいは共通していた。そして廃藩置県の手順にいたるまで話し合った。十日と十一日は、廃藩置県後の政治体制や政府人事などの意見調整。

十二日。木戸、西郷、大久保が会談。廃藩置県の決行を決議した。手づまりのままで「瓦解《がかい》」するより「大英断に出て」状況を変えることを決断したのだと、大久保は日記に記している。そして三条実美と岩倉具視に報告して、天皇に奏上して勅許を得ることを要請した。

十四日、諸藩の知事が皇城によびだされ、天皇が出御して廃藩置県が宣告された。

こうして幕末いらいの国家的課題であり目標であった、一つの国家・一人の元首の国、近代統一国家が誕生したのである。廃藩の断行による混乱は、なにひとつ起こらなかった。封建国家から近代国家への移行が、抗争・混乱もなく平和的におこなわれたのは、世界の歴史の上でも稀有のケースである。

東京から送られた廃藩置県の報告をうけとった島津久光は、いずれ廃藩になることは承知していたが、それにしても、あまりに急速なことで驚愕した、と述べていた。旧藩主のおおくは久光とおなじ思いだったにちがいない。日本の将来のために、日本がたちなおるために、踏み外してはならない道なのだ、そのように理解していたのである。

2　岩倉遣外使節

†その目的

近代日本の出発だった。もう日本を「半開の国」などとは言わせない。彼らは忘れても、日本はあの屈辱を忘れはしない。しかしこれからが大事なのだ。彼らが日本を近代化し安定した国家だと認めて、そこではじめて条約改正交渉のテーブルにつくことができるのである。

アメリカと最初に結んだ通商条約で、条約改正の交渉が一八七二年七月一日（和暦明治五年五月二十日）から開始できると定められていた。政府は廃藩置県の前から準備にとりかかっていたが、期日通りに開始することには悲観的だった。

アメリカをはじめ外国は、万国公法（国際法）を標準として、条約改正交渉に応じるだろう。そして日本の法律や制度を、万国公法に抵触しないものに改めることを要求するだろうと予測していた。しかし日本は、その要求に応じられる体勢ではなかったのである。

政府の結論は交渉の延期だった。条約を結んだ諸国に使節を派遣して、儀礼訪問をする

岩倉具視

とともに、国書を捧呈《ほうてい》し、日本の事情を説明する。日本はまだ十分に文明化を遂げていない。近代化のなった各国の文物をよく視察して学び、帰国のうえで採用につとめ、文明開化をなしとげたい。そのうえで協商のテーブルに着くことを望みたい。このように述べて条約改正交渉の延期をもとめるものだった。これが岩倉遣外使節の第一の使命だった。

十月三日、政府のナンバー2であることを示す右大臣に就任した岩倉が特命全権大使となり、副使が参議木戸孝允と大蔵卿大久保利通、工部大輔伊藤博文、外務少輔山口尚芳《なおよし》。随員をふくめて総数四八人の使節団だった。

使節一行は、十一月十二日に横浜を出港、十二月六日（洋暦一八七二年一月十五日）に、サンフランシスコに到着した。市民は熱狂して岩倉らを迎え、新聞は岩倉のアメリカ訪問は、イギリス首相のアメリカ訪問とおなじくらい、重要なレベルのものだと持ち上げた。

一月二十三日（洋暦）にサンフランシスコで催された歓迎パーティーにおける、伊藤博文の英語のスピーチは、このようなものだった。

……我が国の諸侯は、自発的に領地と領主権を放棄しました、日本の封建制度は、一個の弾丸も放たず、一滴の血を流すこともなく廃棄されました、そして近代文明の象徴である鉄道の敷設や電信の設営を推進しているところです……。

演説にサンフランシスコ市民は、あの流血のフランス革命をおもいうかべる。伊藤は計算した上で、日本の平和な革命をアピールしていたのだ。これもまた使節団の使命の一つだったのである。

†視察の旅

使節団はロッキー越えで大陸を汽車で横断し、首都ワシントンに移り、三月四日(洋暦。以下、洋暦を用いる)、大統領に謁見して国書を呈した。ついで十一日から、出発前の計画にはなかった、条約改正の予備交渉に入った。これはアメリカ駐留の外交官森有礼が、歓迎ぶりから察して、アメリカは交渉に応じてくれると判断したことによる。日本から申し入れ、アメリカは好意的に対応してくれたのだ。

ところが国務長官フィッシュから、予備交渉も含めて正式な外交交渉に必要な、全権委任状を持参していないことが指摘された。大久保と伊藤が急いで帰国し、全権委任状を持ってワシントンに帰着したのが七月十七日。しかしこのとき、アメリカは交渉にまったく関心を示さなくなっていた。

うかつだったことはたしかだが、そもそも出発前は、予備交渉をするつもりもなかったから全権委任状は不要だとの判断だったのだ。ともあれ、最初の国アメリカで、大きくつまずいてしまったのである。これからは「鉄面皮《てつめんぴ》」で各国を訪問して使命をはたすことになると、めずらしく岩倉はつらい心境を三条実美にうったえていた。

岩倉大使の任務は、各国の元首に国書を呈して、日本の希望をつたえることになり、使節団一行は各国の近代化された文物《ぶんぶつ》の視察・調査を主要な任務とすることにきりかえられ、そのための要員が追加派遣された。また当初の日程では、十カ月半の旅だったが、全権委任状問題のブランクもあって、変更が必然となり、結局岩倉大使の旅は一年と十カ月になった。

使節団は八月十七日にロンドンに到着した。しかしイギリス王室が夏季休暇中であったため謁見できず、一行は視察の旅行に出て、結局ビクトリア女王に謁見できたのは十二月五日になっていた。

視察の旅は衝撃の連続だった。アメリカでは予想外の繁栄に驚嘆し、その原因は鉄道にあり、日本でも東西を結ぶ鉄道の敷設が急務だと岩倉は述べる。そしてイギリスでは、蒸気と水力の動力を、ベルトと歯車でつたえて機械を動かす工業技術に「筆舌《ひつぜつ》に述べがたい」と圧倒されるのである。

大久保もイギリスで打ちのめされた。リバプールの造船所、マンチェスターの木綿工場、グラスゴーおよびニューカッスルの製鉄所、ブラッドフォードの絹織物・毛織物工場などを視察して、「巨大にして、機械精巧をきわめる」と絶賛する。同時に、石炭を燃料に、蒸気エンジンがうなり、黒煙をはいて鉄を生産し、整備された鉄道と道路で製品を輸送して、巨大な船舶で世界に送る、このような生産と販売のシステムにも注目し、イギリスの富強を支えているのがここにあると納得する。

大久保の結論は、こうだった。イギリスの驚異的な発展は、政治・経済・産業・文化の総合的な土台の上に築かれたものだ。たんなる知識やテクノロジーを移入し、一つや二つ模倣したところで、イギリスの近代化を日本でなしとげることは不可能だ。では、なにから始めるべきか。ふだんから寡黙な大久保が、ほとんどものも言わずに考え込んでいたと、随員の久米《くめ》邦武《くにたけ》が回想している。

†ドイツ・ビスマルクの発見

十二月十六日、使節団がパリ着。二十六日にフランス大統領ティエールに謁見し、新年一月一日にもベルサイユで面会しているが（和暦明治五年十二月三日。この日をもって日本も洋暦となる）、大久保、木戸両者ともに、プロシアとの戦争で敗北した後の戦後処理につとめ、パリコミューンを制圧したティエールの政治手腕を高く評価した。

木戸はイギリスでもそうだったが、その国の歴史に関心をよせるとともに、絵画などの美術品や古器物などに興味をしめす。日本でも書画骨董の世界を好む木戸らしいところで、大久保との大きな違いがあらわれていた。

三月九日、ベルリン着。十一日にドイツ皇帝ウィルヘルム一世に謁見した。統一ドイツ帝国の成立が一八七一年一月十八日（和暦明治三年十一月二十八日）で、日本の廃藩置県より約七カ月早く近代統一国家となった、ヨーロッパでは後発国である。プロシア国王がドイツ皇帝になり、プロシアの首都ベルリンが帝国の首都に、首相ビスマルクがドイツ帝国の宰相となって、強力な政治力で牽引する、プロシア中心の帝国だった。

宰相ビスマルクの課題は、帝国を形成する諸邦国ごとに異なる、法律、制度、貨幣、度量衡、鉄道などのインフラを、統一的なものに整備して、近代化を進めることだった。そ

岩倉使節とフランス大統領ティエールとの会見
（「ル・モンド・イリュストレ」1873年1月4日号）

のために行政の権限を宰相に集中し、内務省、外務省、大蔵省、法務省などの長官を、実質的に宰相の直属とし、政府と各省・官僚が一体となって近代化の達成をめざす体制をつくりあげた。

三月十五日、使節団を招いた晩餐会の演説で、ビスマルクはこのように述べた。

……わが祖国プロシアは貧弱な国だったため、大国の圧力で自主の権利を奪われそうになったこともある。しかし愛国心を奮励《ふんれい》して、いかなる国とも対等な権利で外交をなす国となった。イギリス、フランスは植民地の拡大に走り、信用をおけないから、日本も用心しなければならない。国権自主を重んじるドイツこそ、もっとも信頼できる日本の友好国となることを期待したい……。

日本にたいする熱いエールだった。

大久保は感銘を受けた。ドイツは他の国とちがって「淳朴《じゅんぼく》の風」があると親近感をもった。またビスマルクは国民に信任されているとみる。官民が一体となってすすめる近代化も理想的だ。ドイツ・ビスマルクを手本にして、日本の近代化をすすめたい。このように西郷隆盛に送った手紙で報告していた。

大久保はドイツ・ビスマルクと出会い、その国家建設の方法を発見して、イギリスで受けたショックから立ちなおった。ビスマルク流の挙国一致体制をつくり、近代化を推進し、条約改正にのぞむ、この明確な路線を、信念をもって歩んでいく。これが長い旅をふりかえって、最大の成果であったとまで述べる、大久保の発見だった。

†内務卿大久保利通

三条太政大臣の要請で、大久保は大使一行と別れて帰国にむかい、五月二十六日（一八七三・明治六年）、横浜に着いた。ドイツ・ビスマルクを発見して、視察はもう十分だった。帰国して目にした政府の状態は予想外のものだった。岩倉大使一行の留守をあずかる留守政府は、学制の制定（七二年九月）、徴兵令の制定（七三年一月）と近代化政策を進めていた。留守中に大きな改革はおこなわない旨、出発前に約束があったが、十カ月の旅程を前提にしてのものだったから、約束は解消されていた。

そして各省は、近代化のための予算要求を、各省間の意見調整もなく、大蔵省をあずかる大輔井上馨に提出し、責めたてた。留守政府の参議は、西郷隆盛を筆頭に、大隈重信、板垣退助、江藤新平、大木喬任、後藤象二郎だが、それぞれ自己主張がつよく、各省との調整にも意を配らなかった。大久保の目にうつった政府と省・官僚は、「人（参議）馬（官僚）ともに倦《う》み果てた」まったく意欲をなくした状態で、自分一人で手をつけられるようなものではないと落胆するいがいになかった。

大久保利通

これにくわえて西郷参議の朝鮮派遣問題である。新政府が成立して以来、朝鮮との国交を求めてきたが、拒否されてきた。西郷は膠着《こうちゃく》した日朝関係に、打開の道を開こうと、自分を朝鮮に派遣する閣議決定をするよう、参議板垣に応援を求めた。

板垣への手紙で西郷は、交渉がうまくいかなかった場合は、死ぬことくらいはできる。そうすれば朝鮮を討つ正当な理由になる、と述べていた（七月二十九日付『西郷隆盛全集』）。西郷発言の特徴である、最悪の場合を想定した極論なのだが、岩倉大使が帰国してから開催された閣議の争点となり、西郷派遣を強硬に主張する、板垣、江藤、副島、後藤の四参議と、戦争にもなりかねない西郷派遣に反対する岩倉、大久保、大隈（木戸は病中）との対立となった。

このとき西郷は、高脂血症が悪化して動脈硬化の症状もあり、朝鮮に渡航できるような健康状態ではなかった。西郷自身は自覚していて、国家への最後の御奉公だと思っていたようだ。いっぽう大久保周辺の薩摩人は、朝鮮問題ごときで西郷を死なせてはならないと、大久保の力に期待していた。

大久保は悩みぬいたあげく、閣議で西郷と対決することを決意し、西郷の派遣は無期延期となった。十月二十三日の朝、西郷は四参議に相談することもなく、さっさと辞表をだし鹿児島にむかった。翌日、板垣、江藤、副島、後藤も辞表を提出した。一八七三（明治六）年の政府分裂（政変）である。

大久保はドイツで構想していた内務省を、十一月十日に設立し、自ら内務卿に就任した。ただし制度、組織、人事が整って省務が開始されたのは、翌年（一八七四・明治七年）一月十日である。

内務省は勧業寮《かんぎょうりょう》（所管は、農業、牧畜、開墾、織維、貿易など）と警保寮《けいほ》（行政警察）の二寮が一等寮で、二等寮が戸籍、駅逓、土木、地理の四寮。設立の趣旨で、国内を安全に保ち、人民を保護し、人民が安心して諸業に励み、殖産興業を推進することをあげるが、県知事が内務省から派遣される地方長官であったように、国内行政全般を管轄する広大な権限をもって設立された。

しかし、いざスタートのときになって、江藤新平の佐賀の乱がおこった。大久保は自ら願い出て平定にあたったが、東京に帰着すると、今度は台湾出兵である。鹿児島士族の勇み足の色が強い出兵の責任をとって、大久保は戦後処理の北京談判に出張、清国に出兵を「義挙」と認めさせ、償金まで受け取って帰国したのが、十一月二十七日だった。

3 国会の開設を

†文明開化の軌道修正

設立から一年たって、ようやく内務行政を本格化する体制になったが、政府の仕事がおおくなり、大久保（四五歳）は省務に専念することができなかった。三条実美（三八歳）は西郷派遣をめぐる混乱の際に、心痛のあまり卒倒し、いらい政治へのかかわりに消極的になった。岩倉具視（五〇歳）も西郷派遣に反対したとの理由で、高知県士族らに襲われて（七四年一月）から体調をくずし、政治の場から遠ざかりつつあった。ナンバー1とナンバー2の存在がうすい政府となっていたのだ。

木戸孝允（四〇歳）も帰国後の体調悪化から回復できずにいた。大隈重信（三七歳）は不用意な発言がおおく人望の面で問題があり、山県有朋（三五歳）は政治世界のキャリア不足。伊藤博文（三二歳）は若くて政府をまとめることがむずかしい。好むと好まざるとにかかわらず、大久保の位置は重くなった。大久保政権の成立などと、挫折を経験することなく、権力への階段をのぼりつめたとの見方もある。しかしみずから薩摩の人間は政治家に向かないといっているように、大久保は権力志向ではなく、官僚タイプの人間だった。

その大久保の前に、農民と士族がハードルとなって立ちはだかる。一八七六（明治九）年十二月三重県で明治期最大といわれる農民暴動がおこった。地租改正とくに税制（現金で地租を納入する制度になり、不作の年は米価が下落し、固定地租を払うと割高になる）に不満な農民の嘆願にたいして、県庁と警察（ともに内務省の管轄）の対応がわるく広範囲の暴動となったものである。

すでに熊本神風連《しんぷうれん》の乱（十月二十四日）、山口県萩《はぎ》の乱（十月二十八日）と士族反乱があいついでおこっていたが、大久保は農民暴動を重視した。士族の反乱は地域的なものだが、農民問題は全国の問題だったからである。

大久保は大隈と伊藤に相談し、地価にたいする三パーセントの課税を、〇・五パーセント軽減することを提案し、年が明けた一月四日、天皇の詔で実施した。わずかなようだが地租収入が中心だったから、国家財政にとっては、大きな痛手だった。補塡のために大久保が決断したのは、内務省の改革を中心とする、徹底的な行政改革（官庁の統合、予算減額）だった。

翌年（一八七七・明治十年）の西南戦争をふくめて、士族反乱は想定されたものだった。近い将来の解体を覚悟させる、士族の常職をうばった徴兵令は、西郷の苦渋の決断だったが、士族を年金生活者にする金禄公債発行条例（七六年八月発令、翌年より実施）も視野に入れていた。一八七五年の統計によれば、日本の総戸数の五・七パーセントにすぎない士族のために、歳入の二四パーセントが支出されていた。このあまりにいびつな財政を変えなければ、近代化が進まないのは自明のことだ。

ハードルは高かったが、電信や郵便事業、道路や港湾の整備などインフラ面での成果はあがりつつあった（鉄道は工部卿伊藤博文の管轄）。また世界遺産に登録された群馬県の富

官営富岡製糸所（画像提供：時事）

岡製糸場は、最も早く成果があらわれた殖産興業の一例である。人材をひろく登用し、専門官僚の育成を開始していたからだった。他のアジア諸国と違って、外国資本にたよらないで、在来の事業や産業を活用する、いわゆる民活路線を採用したのも、大久保・内務省の方針で、日本の近代化を土台から築くことにつながったのである。

ただし大久保が反省の言葉をのこしているように、士族への対策が遅れていた。そしてこれから早急に手を打たねばならないと、決意を表明して家を出たところで、金沢士族に襲撃されて遭難したのである。一八七八（明治十一）年五月十四日午前八時過ぎだった。

また大久保は欧米の近代化にならうことを意識して、急ぎすぎていたことも反省していた。日本の歴史、伝統、慣習に配慮した、日本の実情に即した着実な文明開化に軌道を修正しようとしていた。この方針は大久保の死後、政府にうけつがれ、欧米の模倣でない、日本独自の近代化が達成されたことはいうまでもない。大久保一人を倒しても、国家・政府の方向はゆるがなかった。

†自由民権運動

政府攻撃のための刀や弾丸は無力だった。言論の時代となっていた。国会の開設を求める建白書と請願書の合計が、一八八〇（明治十三）年に八五通に達した。士族の運動として出発したものが、農民や府県会議員、都市部の知識人にもひろがって、おおきな潮流となっていた。

自由民権運動の背景には、大久保とその政府がのこした、二つの遺産がある。一つは「漸次《ぜんじ》立憲政体樹立の詔」だ（一八七五・明治八年）。将来の目標として、憲法を制定し、天皇は立憲君主（憲法で定められた天皇）になることを約束したものである。どのような憲法になるのか、天皇の位置は……。国家のカタチを定めることに、われわれも参加する権利がある、と主張したのである。

もう一つは新しい地方制度の制定（一八七八・明治十一年七月に制定した、大久保の最後の仕事）にもとづいて、一八七九年から開催された府県会・町村会（地方民会と略称）である。制限選挙で議決権がなく、議題もかぎられていたが、住民がもっとも関心をよせる税金の使途について、発言し議論する場が設けられたことだった。地方民会で経験をつんだ市民が、国政について発言を求めて行くのは、自然な潮流だった。

国会開設の建白と請願の内容は、それぞれさまざまだが、論点が明快で、文章も平明でわかりやすい、天《あま》の橋立《はしだて》で有名な京都府宮津（現宮津市）にあった、天橋《てんきょう》義塾の請願書を紹介したい（一部、現代文にあらためた）。

……「条約改正いまだ整わず、輸出入いまだ平均をえず」外国がおごりたかぶり「国権が凌辱」されている状態だ……一日も早く、国民が一致合同しなければならない。その道は「国会を開くにあるのみ」だが、その前に「憲法を制定」するべきだ。憲法で定める立憲議会でなければ、議会と議員の権利・権限があいまいで「官憲《かんけん》」の武器となり、あるいは「民権派の専横」になるおそれがある。だから憲法の制定が重要だ。また憲法は人民が参加して制定するべきで、天皇の命令で制定するものであってはならない……。

天皇からあたえられる憲法ではなく、人民が参加し、議論して憲法を制定する。その憲法にもとづいて、近代的な秩序ある議会を開設する。それが国民の一致合同、すなわち挙国一致の体制となる道なのだ。そこで条約改正を実現し、屈辱をはねかえして、真の近代的独立国家となる。このような主張だった。

請願と建白には共通して、国会の開設のほか、民衆が身近に感じていた諸種の願望がのべられていた。なかでも民衆の諸権利を保障することが必要で、そのためには法や制度の改革が必要だというものだった。内務省が推進していた産業の近代化ばかりでなく、制度の近代化が必要ではないか、という批判の声だったのである。

†政府批判の嵐

一八八〇年と一八八一年(明治十三・十四年)は自由民権運動が頂点に達した年だった。東京と大阪を中心に、各地で政談演説会や文化講演会が開催され、運動をもりあげ、すそ野を広げていった。地域の民権結社(当時、政治運動を主とするものから、文化サークルのような集まりも結社とよばれた)では、学習会や討論会が定期的におこなわれ、この活動のなかから、かの有名な私擬《しぎ》憲法(民間で作成された憲法案)「五日市《いつかいち》憲法草案」が生み出されたのである。

東京都の西端、五日市町（現あきる野市）の五日市学芸講談会は文化活動を中心としたユニークな民権結社だ。豪農から、教員、僧侶、神官、商人、林業労働者、小農民まで、約一〇〇名の会員である。彼らは山の中腹にある寺を会場に、学習会を開き、人民の権利と自由を、こまやかに注意深く規定し保護する、ひときわ特徴のある憲法案を結実させた。寺の山門に立つと、山の切れ目からスカイツリーがマッチ棒ほどに見える、そのような山村である。

自由民権運動は、政府攻撃や政府批判を主な目的とするものではなかった。しかし一八八一年七月、北海道官有物の払下げ問題をめぐっては、嵐のように政府に襲いかかった。七月二十一日、『郵便報知新聞』が、三〇〇万円の実価があると推定する北海道開拓使官有物を、わずか三〇万円、しかも二十年余りの年賦で、関西の実業家五代友厚（鹿児島出身）に払い下げる話がすすんでいることを報じた。開拓使長官黒田清隆（鹿児島出身）が閣議に提出したものが、外部にもれたのである。犯人は参議大隈重信だと、黒田が激怒した。

黒田が手塩にかけた開拓使の諸事業だが、成果があがらず、当初からのきまりで払い下げの期限がきていた。黒田は五代に、全事業を一括して引き受けてくれることを頼みこんで、五代が赤字の事業であることを承知の上で、うけたのである。おそらく五代のほかには、引き受け手はいなかったであろう。

黒田とともに五代も政商のレッテルをはられて、たたかれた。しかし五代は私利を追求する実業家ではない。大阪商法会議所の初代会頭となって、維新後低落した大阪商業・実業界の復興に力をそそいだ。五代を慕う大阪の財界人は今でも多い。

同じ時期の東京商法会議所会頭が渋沢栄一《しぶさわえいいち》である。彼もまた私利を求める実業家ではなかった。東西のリーダー渋沢と五代がめざしたのは、官民（政府と民間人）が一体となって推進する産業の近代化であり、その功績はおおきい。

しかし民権派は政府と五代の癒着だとみる。各地で開かれた政府批判の演説会は聴衆であふれた。おりから天皇が北海道・秋田・山形への巡幸に出、黒田と大隈が同行していたこともあって、政府の対応が後手になり、しだいに手も足も出せない状態となった。

政府の選択は一つしかなかった。天皇が東京に還幸するのをまって、十月十二日、勅諭で、一八九〇（明治二十三）年に国会を開設することを約束し、同時に、払い下げの中止を発表、大隈には辞職を求めた。

憲法の制定と国会の開設は、政府がめざしていたものでもあったから、いずれ政府の方針を明らかにするべきだとは理解していた。そして民権派の声に背中を押されて、その時がきたと決断したのである。

4 立憲国家の成立

†伊藤博文の憲法調査

大隈重信が下野して、伊藤博文が事実上の政府ナンバー1になった。その伊藤が勅命をうけて、ヨーロッパ君主国の憲法調査のため、一八八二(明治十五)年三月十四日、東京を発った。

伊藤を強く推薦したのが寺島宗則(前参議・外務卿)で、憲法の原理と実際の運用を調査して「日本独特の憲法」を制定するために、伊藤に期待したのである。伊藤に命じられたのは、内閣・議会・各省の組織と権限、地方制度、君主国の王室など、三一項目の調査だった。

伊藤はドイツをめざした。ドイツ憲法を手本にするのが政府の方針だった。伊藤は五月末から、ベルリン大学教授で公法学(歴史法学)の権威といわれたグナイストの講義をうけた。しかしグナイストの講義は、憲法理論・哲学が中心で、伊藤が求めていたものではなかった。

また伊藤が目にしたのが、ドイツ帝国議会の混乱だった。プロシア首相時代のビスマルクは、強引な議会操縦で名高かった。しかし、みずから中心となって制定したドイツ帝国憲法は、国内政策にかんしては、法律案を提出し議決権をもつと、議会、議員の権限が広く規定され、政府が提出した法律案を否決することもできるようになっていた。

このとき、帝国財政のてこ入れのため、ビスマルクが提出したタバコ専売化（政府が製造・販売する）法案が否決され、窮地におちいったビスマルクが、病気を理由にひきこもり、その結果、行政が機能不全におちいっていたのである。

伊藤博文

憲法と議会と政治（行政・政府）。この三者の重要な関係について学ぶ必要を痛感して、伊藤は八月初めウイーンに移り、ウイーン大学教授シュタインを訪ねた。シュタインは、のちに近代行政学の父といわれた、国家学の権威だった。国家学とは国家の諸問題（法律、経済、財政、思想、政治など）を総合的に研究する学問で、シュタインは特に行政を重視した学説で有名だった。

シュタインは伊藤の要望にこたえて、憲法

の運用すなわち選挙や議会と政府の関係、官僚機構と組織について等々、いわば政治のノウハウについて講義した。英語でなされたシュタインの講義筆記(随員の参事院議官補伊東巳代治《みよじ》の筆記)から、一部を引用してみよう。

立法部(議会)と行政部(政府)の権限は、かならずその分担を明らかにし、おたがいに権利をおかさないようにするべきだ……行政部が自立した権利をもたないと、立法部の下で指図をうける存在にすぎなくなる。また立法部は、議会が開催される期間にのみ現れ、常には存在しない。だから普段は、状況に応じて法律を施行する権限は、政府にある……。

行政は自立しなくてはならない。しかも強い権限をもたねばならない。シュタインの言葉は、伊藤の全身にしみわたった。制度だけではなく、実態をもった自立した強い政府を頭の中に描いて、伊藤は一年五カ月の調査を終え、一八八三(明治十六)年八月三日、帰国した。

†近代内閣制度の成立

伊藤が横浜に着いたのが八月三日。食道ガンで死期が近いことを医師ベルツから宣告された岩倉具視は、伊藤につたえたいことがあるとまちこがれていたが、臨終にまにあわなかった。

廃藩置県で体制を整えた政府を、明治太政官政府と呼んでいる。太政大臣、左大臣、右大臣の三大臣が頭部で、参議が協議して決議したものを最終的に決定し、天皇に奏上する。三大臣は天皇の万機親政を補佐して国家を運営する、その体制の中心だった。

ところが太政大臣の三条実美は、温和な人物だが統率力が弱く、政治への意欲も減退気味で、左大臣有栖川熾仁は政治の世界に発言するのをひかえめにしていた。したがって調整役を任務と心得ているが、発言力と統率力のある右大臣岩倉の存在は重くきわだっていた。その岩倉がいなくなった。左大臣には一時的に島津久光が就任したこともあるが、原則は公家と皇族が就任する、前近代的身分制を残しているポストだ。岩倉に代わる人材は、どこを探してもみつからない。政府の危機だった。

伊藤が帰国した時点で参議が一一名。全員ではないが省の長官（卿）を兼任することになっている。だが、参議兼工部卿の佐佐木高行や参議兼農商務卿の西郷従道は、その経歴や発言にてらして、管轄省の業務に、どれほど理解があったか疑問だ。内務省の官僚と一体となって牽引していた参議兼内務卿大久保利通とは決定的な違いがあった。政府のむかう方向がみえにくくなり、政府および政府と省・官僚の一体感も希薄になっている。根本的な改革が必要となっていた。

しかし着手は先おくりになった。翌一八八四（明治十七）年には、群馬事件、加波山《かばさん》事件、秩父《ちちぶ》事件などの、自由民権運動から派生した民衆蜂起があり、同年暮れには朝鮮でクーデターが起こり、日本公使館がかかわっていた。伊藤はこの後始末のため全権大使となって、清国の李鴻章《りこうしよう》と談判、一八八五（明治十八）年四月十八日に、日清両国軍の朝鮮における行動にかんする天津条約を結んだ。

伊藤はこの年（一八八五・明治十八年）八月、ようやく太政官内閣をあらため、近代的内閣制度を制定するために動くことができた。伊藤が参議井上馨を通じて、三条実美に新しい内閣制度の創設について説明したところ、三条は難色をしめした。三条は伊藤を左大臣、黒田清隆を右大臣にどうかと提案した。三条としてはこの案でも大改革のつもりだったのである。

公家社会の伝統が、政治の世界にのこっているのは、この太政官内閣だけになっていた。三条の抵抗は、残った一つにたいする執着だったのかもしれない。しかし急がなければならなかった。最初の議会では野党勢力と対決になることがみえている。議会・政党から自立した、強い政府でなければ乗り切ることがむずかしい。混乱なく議会が開催されるのかと、外国が注目しているのだ。

天皇も大改革を支持する意向を示した。こうして十二月二十二日、近代内閣制度が成立した。首相（総理大臣）は各大臣の代表として、行政全体を統括する。内閣を構成する各大臣は、各省の長官を兼任する。大臣は各自が天皇にたいして輔弼《ほひつ》の責任を負う（連帯責任をとらない）。宮内大臣は内閣にくわえない（天皇側近が政治に介入できない体制）。

このように、行政の実権をにぎる、独立した最高機関（政党勢力によって左右されない）と位置づけられ、政府と省・官僚が一体となった、強い内閣が誕生したのである。

†条約改正交渉

伊藤博文はヨーロッパ出張の準備中だったが、一八八二（明治十五）年一月二十五日から東京で、外務卿井上馨が議長となって、条約改正の予議会（本会議の前に行われる、意見調整のための予備会議）が開催された。イギリス、ドイツ、フランス、ロシア、オーストリア、イタリア、スペインのほか、遅れて参加したアメリカなどをいれて、計一五カ国が出席した合同会議方式を採用し、計二一回の会議がおこなわれた。

岩倉使節の派遣から九年たって、ようやく諸国との、条約改正のテーブルにつくことができたのだった。政府が招いた外国人の学者や技術者（御雇外国人）は、日本の近代化のスピードに驚いていた。しかも西南戦争後に軌道を修正して、伝統に配慮した、日本独自の近代化をすすめるのを、外交官たちは好意的に見るようになっていたのである。条約改正交渉の開始には、このような背景があった。

四月五日の第九回会議で、井上外務卿がはじめて、日本の意向について説明した。日本の法律に従う限りにおいて、外国人に内地を開放（通商や旅行の自由、不動産の所有もみとめる）する用意があるとの内容だった。内地解放は外国がつよく求めていたもので、日本にとっては交渉の切り札だ。そして、そのかわりに関税自主権と治外法権（領事裁判）について考慮してほしい、と要望したのである。

井上の発言は、ひとまず各国代表から本国に報告され、本国の方針を定めたうえで本会議に移るという手順だ。本会議（条約改正会議）は一八八六（明治十九）年五月一日に第一回がおこなわれ、外務大臣井上馨から、条約案が提出された。

関税の引き上げ（関税自主権の回復までは要求しない）。治外法権の一部回復（領事裁判の廃止ではなく、内容は交渉次第になる）。この二件が、日本にとって承認できるものであれば、内地を開放する。このような内容である。

ところが会議の主導権をにぎることにこだわるイギリス公使プランケットが、ドイツをひきこんで、六月十五日に、イギリス・ドイツ案を提出し、この案で議論することを要求した。要点をあげておこう。

①条約批准書の交換後、二年以内に日本は内地を開放する。

②おなじく二年以内に、日本は「泰西《たいせい》（欧米）主義」に基づいた法典（民法、刑法、商法など）を公布する。ただし公布の八カ月前までに、その法典の英訳文を各国に送って、審査をうける（合格しなければならない）。

③日本に居住する外国人は、日本の裁判所の管轄に属する。ただし控訴院（第2審）と大審院（最高裁判所）の判事は、過半数を外国人とし、公用語を英語とする。

翌一八八七（明治二十）年四月二十三日の、第二六回会議で、イギリス・ドイツ案を一部修正のうえ議決した。

この改正をまっさきに批判したのが、政府の法律顧問フランス人法学者ボアソナードだった。法典編纂すなわち立法権に外国の干渉をゆるすこと、司法権（裁判）に外国人が強い影響力をもつこと、これらは国の主権を外国に売り渡すようなものではないか。これでは前の不平等条約よりも劣るとさえいう。

農商務大臣谷干城《たにたてき》も声をあげた。欧米主義の法典編纂は、外国の歓心を買おうとするものであり、立法に外国人の干渉をゆるすのは、亡国のきざしだと強硬だった。世論も反対論が圧倒的になり、反対運動にもりあがっていった。こうしたなかで、七月二十九日、井上外相は、条約改正の無期延期を各国に通告し、九月十七日に、外相を辞職した。

国家の最重要課題とし、まちにまって臨んだ条約改正が、見るも無残な結果に終わってしまった。井上ひとりの責任ではないのだが、もっと毅然とした姿勢をしめしてもよかったと思う。井上は、結果をだすことにこだわりすぎたのだ。

国民にとっても、待望の条約改正だった。しかしこの改正案には満足しなかった。それは日本の国民が、官民一体となって近代化を進めていくなかで成長をとげた、その証しであったといえよう。

一八九四（明治二十七）年七月十六日、日英通商航海条約で領事裁判権の廃止と関税率引き上げを実現し、一九一一（明治四十四）年二月二十一日、日米新通商航海条約でようやく関税自主権を確立した。条約改正は、このように難しいものなのである。

†大日本帝国憲法

憲法の起草は、一八八六（明治十九）年一一月ころから、伊藤首相が指名した、外国の憲法、なかでもドイツ憲法にくわしい井上毅《こわし》によって着手された。翌一八八七（明治二十）年四月末頃に、最初の「甲《こう》案・乙《おつ》案」草案を書き上げた。乙案は天皇の大権を憲法条文に明記し、甲案は明記しないという違いがある。

伊藤は、ヨーロッパ憲法調査に同行した伊東巳代治と、ハーバードを出た金子堅太郎《けんたろう》の両秘書官をつれて、神奈川県金沢（横浜市）の旅館で、井上案の検討に入った。ついで八月から、夏島（横須賀市）に完成した別荘に移って、井上も呼んで検討を重ねた。その結果が八月中旬にまとめられた、いわゆる「夏島草案」で、これに四人で手を加えたのが「十月草案」。これに修正がくわえられて、ほぼ成稿に近いものになったのが、一八八八（明治二十一）年二月で「二月草案」である。そして多少の修正と加筆のうえで、最終草案として天皇に奉呈し、枢密院の審議に付された。

枢密院会議で議論となったのが、天皇大権を規定した第五条だった。草案では「天皇ハ帝国議会ノ承認ヲ経テ立法権ヲ施行ス」とあったが、「承認」は下から上に、認可をもとめる意味で用いるから、天皇が主語となるこの条文で使用するべきではないというのが反対意見だった。

用語の問題を議論しているようにみえるが、背景には天皇と議会が同等の力をもつことに違和感があり、議会は天皇の諮問機関であってもよいという、議会の権限を制限するべきだとする発想にもとづくものだった。結果は「天皇ハ帝国議会ノ協賛ヲ以テ立法権ヲ行

新宮殿（海の見える杜美術館蔵）

ウ」と改められた。協賛は「天皇にたいして、法案の成立に必要な意思表示をする」という意味で、賛同し協力するという意味ではない。

伊藤は立憲政体を採用する以上は、議会の承認をえないで、国政を運営するべきではないとする立場を崩さなかった。また天皇を立法などの最終決定者とする意見にも、断固として反対した。立憲政治の根本は、君主権の制限にあり、したがって天皇の行使する大権は、憲法の定める範囲内にあること、そして行政に責任をもつのは天皇ではなく、総理大臣であることを、明確に主張していたのだった。

一八八九（明治二十二）年二月十一日、大日本帝国憲法が発布された。激動する一九世紀末から二〇世紀なかばまでを生きぬいた、立憲君主制を採用したレベルの高い近代憲法だったといえよう。漸次立憲政体樹立の詔（一八七五年）から、わずか一四年で、日本の近代化がここまで到達したことは、誇ってもよいとおもう。

同日、皇位の継承は、皇統に属する男系の男子にかぎるとする皇室典範を制定、議院法、貴族院令、衆議院議員選挙法も公布された。官僚が総力を結集した成果だった。憲法は四人だけで起草したかのようにみえるが、官僚たちの労を惜しまぬ協力がささえていたのである。

東京の市民は、お祭り気分で憲法の発布を歓迎した。医師ベルツは、憲法の内容もわからないで喜んでいると皮肉っていたが、市民は、日本が近代憲法を制定するまでたちなおり、成長したことを祝っていたのである。ベルツは日本びいきだが、日本がかかえこんでいた屈辱に、思いが至らなかったのだ。

この日、皇居の宮殿で晩餐会が催された。もちろん西洋様式で。午後七時過ぎ、天皇が皇后に片腕をさしだし、天皇と皇后が腕を組んで会場にはいってきた。天皇がみずから望んだとは思えない。だれかの発案であろう。欧米の習慣にならったものだが、ここまでするのか、とも思う。

†近代日本が選んだ道

あるいは別の意図があったのか。このとき、アジアで近代憲法を持っているのは日本だけだった。日本は、アジアでもっとも進んだ、欧米諸国に近づいた、近代国家になったとの意識が強くなりつつあった。アジアのなかのヨーロッパであり、福沢諭吉《ふくざわゆきち》流にいえば、脱亜入欧だった。

天皇と皇后は、日本が欧米列強の一員になることを、アピールしていたのではないだろうか。アジアから抜け出ようとしている日本には、明らかな兆候があらわれていた。一八八六（明治十九）年に軍事費が増額され、翌年には陸軍現役軍人の数が大幅に増加し、この傾向は以後も継続する。軍備拡張である。

軍拡の目的にも、はっきりとした変化があった。これまで軍事にかんする政府と軍部の姿勢は、外敵とくにロシアの東方侵略にいかに対応するか、というのが最大の関心事で、国家防衛が基本だった。しかし軍拡は、防衛のみではなく、外征を想定した建軍構想に転化したのである。

外征が朝鮮と中国への進出だったことは、アジア近代史が証言している通りだ。たちなおった日本が選んだのは、この道だった。こうしたなかで、あの希望をこめていきいきとひびいた言葉「日本の将来のために」が、「天皇のために」にすりかわってゆく。そして日本をよみがえらせるために「挙国一致」で立ち向かおうとのスローガンが、国民を総動員して戦争を続行するための「挙国一致」に転化した。これもまた、近代の明暗を映し出した、日本の姿だったのである。

あとがき

本書は、欧米列強にたいして手も足も出すことができなかった軍事的弱小国家日本が、屈辱をバネにして立ち直って近代化を達成した、国家建設の物語として述べられている。幕末の史料に「屈辱」という言葉はあまりみられないが、この語は口に出すこともつらい言葉だったからだ。

倒幕あるいは討幕運動の歴史として書かれる幕末史には、かなり早くから違和感をもっていた。西郷隆盛は、幕府は自ら倒れると断言し、薩摩は討幕はしないと明言しているのに、なぜ倒幕あるいは討幕を目標とするのか納得できる説明がなかったからである。真木和泉は幕府に痛烈な批判を浴びせるが、幕府を倒せとはいっていない。にもかかわらず尊攘倒幕運動の巨頭との評価があたえられるのは、先入観をもって史料を読むから誤った理解となっていることがわかった。

史料を読みなおそう、というのが私の結論だった。いわば先入観という手あかのついた史料を読みなおす作業をはじめ、同時に、史料上の言葉を私の言葉で説明できるように、置き換える試みもはじめた。幕末期史料は漢文脈の文章だから漢和辞典は必携である。愚直に辞典のページを繰る日が続いた。

この作業の中で発見したのが「攘夷」だった。この言葉がいろいろな意味で用いられていたことは本文でくわしく述べたとおりであるが、当時、中央政局の最大の論点となっていたのは「破約攘夷」すなわち近代の条約改正である。いわゆる尊攘派の長州と公武合体派の薩摩は、挙国体制で不平等条約を改めなければならないとする点において、共通した理解のもとで行動していたのであり、両者の違いは実現するための手段・方法だった。だからこそ、日本の将来のため、立ち直り、よみがえらせるために薩長誓約を結ぶことが可能となったのである。

国家建設の物語として幕末史を書いてみようとおもいだしたのが、五年ほど前からである。構想の一端は「挙国一致」をキイワードの一つに用いた『幕末政治と薩摩藩』（二〇〇四年刊行）で述べているが「屈辱」にはふれていない。この本は有志舎代表の永滝稔さんの協力により出版となったものであるが、その永滝さんにすすめられて、京都大学を退職した数年後から明治維新の通史執筆に取りかかり、分量的には四分の一ほど書いたところだった。

しかし私の都合で状況がかわった。海の見える杜美術館に収蔵されていた岩倉具視関係史料の翻刻出版を手伝うことになったのである。この史料は岩倉家に残された原文書に、岩倉の伝記編纂のために蒐集された文書をくわえたもので、重要文化財に指定されたように、岩倉具視に関係する原文書の中核をなすものである。この貴重な史料を翻刻出版することは、私の書物の出版などとは比較にならない重要なことで、今後の明治維新研究のためにも、完成度の高いものにしなければならないと判断した私は、通史執筆を中断して、この仕事に専念することを決断したのである。編者諸兄（藤井譲治、三澤純、谷川穣）の多忙な中での惜しまぬご努力があって、ほぼ予定通り出版（二〇一二年十二月）出来たのは幸いだった。

眼の老化がすすみ、頭の回転も鈍ってきた老人にとって、原文書やコピーでの校正作業は容易でなかったが、まったく苦痛は感じなかった。何日ながめても解読できなかった字が読めた時などは、大学院生時代に戻ったような気分になっていた。ただし体調の変化には気が付いていた。そして重要文化財指定を記念して開催された、美術館の展示解説の原稿を送ったところで緊急入院の始末となったのである（二〇一三年六月）。大腸癌が原因で腸閉塞となり、危険な状態だとの診断だった。腸の動きが回復するのをまって、一ヵ月後に手術となった。人工肛門を設けたが、癌が大きく体力面でのリスクに配慮して切除しなかったこと、癌には化学療法（抗癌剤点滴）で対応する方針であることが告げられた。

幸運にも抗癌剤点滴がヒットして、いまでは癌がかなり小さくなっているが、当初は自分に残された時間は、どれくらいあるのかとベッドの上で考える日が続いていた。筑摩書房の編集者小船井健一郎さんから、幕末史のタイトルで新書を書いてみないかと丁寧な手紙をもらったのがこのころである。永滝さんには悪いと思ったが、整理して少なくなった蔵書と手持ちの資料だけで明治維新の通史を書くことは難しいから、通史執筆はほぼ断念していた。そんな時に小船井さんからの手紙だった。新書なら一年くらいあれば執筆可能で、体力も持つだろう、手元には通史のために作った執筆メモもある。小船井さんに書いてみたいと返事をするのに時間はかからなかった。執筆の期間を短縮したため、体力的にはきつい仕事になったが、幕末の日本が立ち直っていく姿を伝えたいというおもいと気力がエネルギーとなった。七四歳の、癌と共生しながらよたよたと歩いている老人の、生きている証である。

二〇一四年九月末日

佐々木　克

参考文献

本書を執筆するにあたって参考・引用した文献に限る。巻数の多い文献は第一巻の刊行年。

『孝明天皇紀』平安神宮、一九六七年
『明治天皇紀』吉川弘文館、一九六八年
『大久保利通文書』日本史籍協会、一九二七年
『大久保利通日記』日本史籍協会、一九二七年
『大久保利通関係文書』吉川弘文館、一九六五年
『木戸孝允文書』日本史籍協会、一九二九年
『西郷隆盛全集』大和書房、一九七六年
『坂本龍馬全集』光風社出版、一九八〇年
『真木和泉守遺文』伯爵有馬家修史所、一九一三年
『久坂玄瑞全集』マツノ書店、一九七七年
『高杉晋作全集』新人物往来社、一九七四年
『勝海舟全集』勁草書房、一九七七年
『岩倉公実記』岩倉公旧蹟保存会、一九二七年

『岩倉具視関係史料』思文閣出版、二〇一二年
『伊藤博文伝』春畝公追頌会、一九四〇年
『徳川慶喜公伝』龍門社、一九一七年
『昔夢会筆記』平凡社、一九六六年
『松平春嶽全集』原書房、一九七三年
『続再夢紀事』日本史籍協会、一九二一年
『再夢紀事・丁卯日記』東京大学出版会、一九七四年
『朝彦親王日記』日本史籍協会、一九二九年
『嵯峨実愛日記』日本史籍協会、一九二九年
『伊達宗城在京日記』日本史籍協会、一九一六年
『大和国高瀬道常年代記』清文堂、一九九九年
『山口県史』資料編・幕末維新3、二〇〇七年
『防長回天史』柏書房、一九八〇年
『山内家史料　幕末維新』六、山内神社宝物資料館、一九八四年
『鹿児島県史料　忠義公史料』全7巻、一九七三年
『鹿児島県史料　玉里島津家史料』全12巻、一九九二年

＊　＊

明治維新史学会編『世界史のなかの明治維新』講座明治維新第1巻、有志舎、二〇一〇年
明治維新史学会編『幕末政治と社会変動』講座明治維新第2巻、有志舎、二〇一一年
明治維新史学会編『維新政権の創設』講座明治維新第3巻、有志舎、二〇一一年
坂野潤治『日本近代史』ちくま新書、二〇一二年
井上勝生『開国と幕末変革』日本の歴史18、講談社、二〇〇二年
古川薫『幕末長州藩の攘夷戦争』中公新書、一九九六年
梅溪昇『高杉晋作』人物叢書、吉川弘文館、二〇〇二年
高村直助『小松帯刀』人物叢書、吉川弘文館、二〇一二年
家近良樹『徳川慶喜』人物叢書、吉川弘文館、二〇一四年
高木不二『横井小楠と松平春嶽』吉川弘文館、二〇〇五年
母利美和『井伊直弼』吉川弘文館、二〇〇六年
松尾正人『廃藩置県の研究』吉川弘文館、二〇〇一年

＊　＊

佐々木克『大久保利通と明治維新』吉川弘文館、一九九八年
佐々木克『幕末政治と薩摩藩』吉川弘文館、二〇〇四年
佐々木克『幕末の天皇・明治の天皇』講談社学術文庫、二〇〇五年
佐々木克『岩倉具視』吉川弘文館、二〇〇六年

佐々木克『坂本龍馬とその時代』河出書房新社、二〇〇九年
佐々木克『官僚国家への道』さかのぼり日本史、ＮＨＫ出版、二〇一一年
佐々木克『坂本龍馬と京都』吉川弘文館、二〇一三年
佐々木克「松平春嶽と明治維新」(『福井県文書館研究紀要』八号)、二〇一一年
佐々木克「井伊大老襲撃計画と薩摩藩誠忠組」(『茨城県史研究』九四号)、二〇一〇年

や行

ら行

わ行

ま行

な行

は行

た行

さ行

か行

索引

あ行

ちくま新書
1096

幕末史《ばくまつし》

二〇一四年一一月一〇日　第一刷発行

著　者　佐々木克（ささき・すぐる）

発行者　熊沢敏之
発行所　株式会社筑摩書房
東京都台東区蔵前二-五-三　郵便番号一一一-八七五五
振替〇〇一六〇-八-四一二三
装幀者　間村俊一
印刷・製本　株式会社精興社

乱丁・落丁本の場合は、左記宛にご送付下さい。
送料小社負担でお取り替えいたします。
ご注文・お問い合わせも左記へお願いいたします。
〒三三一-八五〇七　さいたま市北区櫛引町二-六〇四
筑摩書房サービスセンター　電話〇四八-六五一-〇〇五三

ISBN978-4-480-06800-2 C0221

948 日本近代史 坂野潤治

この国が革命に成功し、わずか数十年でめざましい近代化を実現しながら、やがて崩壊へと突き進まざるをえなかったのはなぜか。激動の八〇年を通観し、捉えなおす。

1019 近代中国史 岡本隆司

中国とは何か？　その原理を解く鍵は、近代史に隠されている。グローバル経済の奔流が渦巻きはじめた時代から、激動の歴史を構造的にとらえなおす。

1082 第一次世界大戦 木村靖二

第一次世界大戦こそは、国際体制の変化、女性の社会進出、福祉国家化などをもたらした現代史の画期である。戦史的経過と社会的変遷の両面からたどる入門書。

935 ソ連史 松戸清裕

二〇世紀に巨大な存在感を持ったソ連。「冷戦の敗者」「全体主義国家」の印象で語られがちなこの国の内実を丁寧にたどり、歴史の中での冷静な位置づけを試みる。

951 現代語訳 福澤諭吉 幕末・維新論集 福澤諭吉 山本博文訳／解説

激動の時代の人と風景を生き生きと描き出した傑作評論選。勝海舟、西郷隆盛をも筆で斬った福澤思想の核心とは。「瘦我慢の説」「丁丑公論」他二篇を収録。

994 やりなおし高校世界史——考えるための入試問題8問 津野田興一

世界史は暗記科目なんかじゃない！　大学入試を手掛かりに、自分の頭で歴史を読み解けば、現在とのつながりが見えてくる。高校時代、世界史が苦手だった人、必読。

932 ヒトラーの側近たち 大澤武男

ナチスの屋台骨である側近たち。ゲーリング、ヘス、ゲッベルス、ヒムラー……。独裁者の支配妄想を実現、ときに強化した彼らは、なぜ、どこで間違ったのか。

ちくま新書

ちくま新書

980 アメリカを占拠せよ！　ノーム・チョムスキー　松本剛史訳

アメリカで起きつつある民衆の自発的蜂起が止まらない。金持ちから社会を奪還できるか。連帯は可能か。政治に絶望するのはこの本を読んでからでも遅くない！

953 生きるための論語　安冨歩

『論語』には、人を「学習」の回路へと導き入れる叡智がある。その思想を丁寧に読み解き、ガンジー、サイバネティクス、ドラッカーなどと共鳴する姿を描き出す。

946 日本思想史新論 ——プラグマティズムからナショナリズムへ　中野剛志

日本には秘められた実学の系譜があった。『TPP亡国論』で話題の著者が、伊藤仁斎、荻生徂徠、会沢正志斎、福沢諭吉の思想に、日本の危機を克服する戦略を探る。

910 現代文明論講義 ——ニヒリズムをめぐる京大生との対話　佐伯啓思

殺人は悪か？　民主主義はなぜ機能しないのか？——ニヒリズムという病が生み出す現代社会に特有の難問について学生と討議する。思想と哲学がわかる入門講義。

906 論語力　齋藤孝

学びを通した人生の作り上げ方、社会の中での自分の在り方、本当の合理性、柔軟な対処力——。『論語』の中には、人生に必要なものがすべてある。決定的入門書。

893 道徳を問いなおす ——リベラリズムと教育のゆくえ　河野哲也

ひとりで生きることが困難なこの時代、他者と共に生きるための倫理が必要となる。「正義」「善悪」「権利」とは何か？　いま、求められる「道徳」を提言する。

881 東大生の論理 ——「理性」をめぐる教室　高橋昌一郎

東大生は理詰めで、知的で、クールなの？　東大の論理学講義で行った対話をもとにして、その発想、論法、倫理にふれる。理性の完全性を考えなおす哲学エッセイ。

ちくま新書

861
現代語訳 武士道
新渡戸稲造
山本博文訳／解説
日本人の精神の根底をなした武士道。その思想的な源泉はどこにあり、いかにして普遍性を獲得しえたのか？ 世界的反響をよんだ名著が、清新な訳と解説でいま甦る。

877
現代語訳 論語
齋藤孝訳
学び続けることの中に人生がある。——二千五百年間、読み継がれ、多くの人々の「精神の基準」となった古典中の古典を、生き生きとした訳で現代日本人に届ける。

852
ポストモダンの共産主義
——はじめは悲劇として、二度めは笑劇として
スラヴォイ・ジジェク
栗原百代訳
9・11と金融崩壊でくり返された、グローバル危機という掛け声に騙されるな——闘う思想家が混迷の時代を分析、資本主義の虚妄を暴き、真の変革への可能性を問う。

819
社会思想史を学ぶ
山脇直司
社会思想史とは、現代を知り未来を見通すための、過去の思想との対話である。近代啓蒙主義からポストモダニズムまで、その核心と限界が丸ごとわかる入門書決定版。

805
12歳からの現代思想
岡本裕一朗
この社会や人間の未来を考えるとき、「現代思想」はさまざまな手がかりを与えてくれる。子どもも大人も知っておきたい8つのテーマを、明快かつ縦横に解説する。

623
1968年
絓《すが》秀実
フェミニズム、核家族化、自分さがし、地方の喪失などに刻印された現代社会は「1968年」によって生まれた。戦後日本の分岐点となった激しい一年の正体に迫る。

680
自由とは何か
——監視社会と「個人」の消滅
大屋雄裕
快適で安心な監視社会で「自由」に行動しても、それはあらかじめ制約された「自由」でしかないかもしれない。「自由」という、古典的かつ重要な概念を問い直す。

ちくま新書

578 「かわいい」論　四方田犬彦

キティちゃん、ポケモン、セーラームーン――。日本製のキャラクター商品はなぜ世界中で愛されるのか？「かわいい」の構造を美学的に分析する初めての試み。

532 靖国問題　高橋哲哉

戦後六十年を経て、なお問題でありつづける「靖国」を、具体的な歴史の場から見直し、それが「国家」の装置としていかなる役割を担ってきたのかを明らかにする。

569 無思想の発見　養老孟司

日本人はなぜ無思想なのか。それはつまり、「ゼロ」のようなものではないか。「無思想の思想」を手がかりに、日本が抱える諸問題を論じ、閉塞した現代に風穴を開ける。

764 日本人はなぜ「さようなら」と別れるのか　竹内整一

一般に、世界の別れ言葉は「神の身許によくあれかし」、「また会いましょう」、「お元気で」の三つだが、日本人にだけ「さようなら」がある。その精神史を探究する。

769 独学の精神　前田英樹

無教養な人間の山を生んだ教育制度。世にはびこる賢しらな教育論。そこに決定的に欠けた視座とは？　身ひとつで学び生きるという人間本来のあり方から説く学問論。

469 公共哲学とは何か　山脇直司

滅私奉公の世に逆戻りすることなく私たちの社会に公共性を取り戻すことは可能か？　個人を活かしながら公共性を開花させる道筋を根源から問う知の実践への招待。

432 「不自由」論――「何でも自己決定」の限界　仲正昌樹

「人間は自由だ」という考えが暴走したとき、ナチズムやマイノリティ問題が生まれる――。逆説に満ちたこの問題を解きほぐし、21世紀のあるべき倫理を探究する。

ちくま新書

964 科学哲学講義　森田邦久
科学的知識の確実性が問われている今こそ、科学の正しさを支えるものは何かを、根源から問い直さねばならない！　気鋭の若手研究者による科学哲学入門書の決定版。

967 功利主義入門 ──はじめての倫理学　児玉聡
「よりよい生き方のために常識やルールをきちんと考えなおす」技術としての倫理学において「功利主義」は最有力のツールである。自分で考える人のための入門書。

907 正義論の名著　中山元
古代から現代まで「正義」は思想史上最大のテーマのひとつでありつづけている。プラトンからサンデルに至る主要な思想のエッセンスを網羅し今日の課題に応える。

901 ギリシア哲学入門　岩田靖夫
「いかに生きるべきか」という問題は一個人の幸福から「正義」への問いとなり、共同体＝国家像の検討へつながる。ギリシア哲学を通してこの根源的なテーマに迫る。

776 ドゥルーズ入門　檜垣立哉
没後十年以上を経てますます注視されるドゥルーズ。哲学史的な文脈と思想的変遷を踏まえ、その豊かなイマージュと論理を読む。来るべき思想の羅針盤となる一冊。

589 デカルト入門　小林道夫
デカルトはなぜ近代哲学の父と呼ばれるのか？　行動人としての生涯と認識論・形而上学から自然学・宇宙論におよぶ壮大な知の体系を、現代の視座から解き明かす。

533 マルクス入門　今村仁司
社会主義国家が崩壊し、マルクス主義が後退した今、マルクスを読みなおす意義は何か？　既存のマルクス像からはじめて自由になり、新しい可能性を見出す入門書。